THE REDEMPTION HAGGADAH

הגדה של פסח

YIZKOR

5565–5765 1804–2004

לעלוי נשמת

The Holy Maggid of Dubno, Maggid Mesharim

Rabbi Yaakov ben Zeev (Wolf) Kranz זצ״ל

who tragically departed from this world in the prime of his life at the age of 63 and entered into the Divine Presence on 17 Teves 5565 (19 December 1804). His last resting place on earth is in Zamosc, Poland in the 16th-Century Beis HaChaim at ul Levovska (now ul Partyzantow) together with his beloved Rebbetzin, the righteous Adel, זצ״ל aged only 56 (whose yahrtzeit is 8 Nisan 5571 (2 April 1811), along with many successive generations of their family and the holy congregation of Zamosc, up to the years of World War II. ז״ע

ת.נ.צ.ב.ה.

THE REDEMPTION HAGGADAH

הגדה של פסח

with

EMES L'YAAKOV / אמת ליעקב

COMMENTARY ON THE HAGGADAH OF PESACH

by

The Maggid of Dubno

Rabbi Yaakov ben Zeev (Wolf) Kranz זצ״ל

In commemoration of the 200th anniversary of his passing 17 Teves 5765 (29 December 2004)

Commentary translated and adapted into English by
Menachem Silver

FELDHEIM PUBLISHERS
JERUSALEM · NEW YORK

The original edition of this commentary was published
in Hebrew in Zolkiew 1836 by Saul Meyerhoffer.

Hebrew commentary text vocalized by Menachem Silver.
Commentary translated and adapted into English by Menachem Silver.

The sections "Checking for Chametz", "Erev Pesach",
"How the Pesach Sacrifice Was Done", and the Haggadah text itself
are taken from *The Heritage Haggadah* by R' Eliyahu Kitov
(Feldheim Publishers, 1999).

ISBN 1-58330-792-3

Copyright © 2005 by Mrs. Sheila Grossnass

All rights reserved.
No part of this publication may be translated, reproduced, stored in a
retrieval system or transmitted, in any form or by any means, electronic,
mechanical, photocopying, recording or otherwise, without prior
permission in writing from the publishers.

FELDHEIM PUBLISHERS
POB 43163, Jerusalem, Israel
208 Airport Executive Park, Nanuet, NY 10954
www.feldheim.com

Printed in Israel

All the profits from this publication will be donated towards the reclamation, restoration, refencing, and maintenance of the Jewish cemetery in Zamosc, Poland, wherein lie the holy remains of our beloved ancestors, the Maggid of Dubno and his family, as well as religious and lay leaders of the holy Sephardic and Ashkenazic congregations, may we be protected by their great merit.

Whoever would like to participate in this holy work can make their donations payable to SOFT 1648, *and send to Mr. and Mrs. S. Grossnass, The Yaacov Maggid of Dubno Fund,* POB *33628, London* N16 6AW, *England.*

Rabbi Paysach J. Krohn

117-09 85th Avenue • Kew Gardens, NY 11418
(718) 846-6900 • Fax (718) 847-6041 • e-mail: krohnmohel@aol.com

My dear readers:

I remember years ago when Rav Sholom Schwadron the Maggid of Yerushalayim came to America the first time. At my father's initiative, the Maggid stayed in our home in Kew Gardens, New York. He was going to be with us for a few days, which turned into a few weeks and then turned into a few months. We were absolutely enamored by him. He always had the right words, the right story and the right parable. And he lived what he spoke!

Rav Sholom had acquired the title *Maggid of Yerushalayim* after Rav Ben Zion Yadler had passed away. Rav Ben Zion was a legend in his time, inspiring thousands in Yerushalayim with his stories, parables, and insights. His most electrifying *drosha* took place on Tisha b'Av in one of the large squares of Yerushalayim.

However, the concept of *maggidus* goes back generations. There was the Kelemer Maggid, Rav Moshe HaDarshan, who once gave 60 *droshos* in the month of Elul! However, the "father" of *maggidus* as we know it is unquestionably the Maggid of Dubno, Rav Yaakov Kranz, who set the standard for all who would come after him. His parables were always on target and he was followed by crowds wherever he went. He was the itinerant Maggid who traveled from town to town, inspiring, warning, encouraging, rebuking, and elevating his listeners, be they men, women, or children.

What a *zechus* it is for all of us to be able to read the Maggid's comments on the Haggadah. One of the categories during the Seder is "Maggid" and no one fits this bill better than the great Dubner. You will recognize some of these legendary parables but find many others that are new and repeatable. You will gain from the Dubner's innovative understanding of the many phrases in the Haggadah.

May the publication of this work be a *zechus* for all his descendants and for all who worked on this noble project.

Respectfully,

Paysach J. Krohn
Kew Gardens, New York

RABBI E. SCHLESINGER
45 St. Kildas Road
London N16 5BS
Tel: 020 8802 6386
Fax: 020 8800 0279

אליקים שלעזינגער
ר"מ ישיבה הרמה
ק"ק לאנדאן יע"א

בס"ד

ער"ק ד' אד' תשס"א

לכבוד ידידי הרב שמעון גראסמאן נ"י

זה זמן שאני יודע על פעולותיו הטובות של כ"ת להוציא ספרי עיון, ואני
שמח לשמוע שעלתה בידכם הקי' מתרגמת בשם "חסדי אבות" ויה"ר שיהי' בהצלחה
רבה. ידוע וגם כי הוצאת להוציא ספרי עיון באנגלית עושה טובה לכל ישראל
אבל אין הקומץ משביע להוציא אלפי ספרי חיים וכל מי שמשתדל בזה ברוך יהי',
כי ידעתי לכל מחבריו הגדולים של דור זה שאין להפקיר ח"ו את דברי רבות
הקדושים, אשר רק זה נשאר לנו מן הקודש דאורייתא דמשכן אלקים שלנו, ויקרי
אבותינו ורבותינו זצ"ל. אמן שיברך ושים לב לעיין בזה בגדרי הלכה
ולעמוד בקשר עם בעלי נסיון וביחד המומחים בזה. מצד הזמן שאנו
נשאר לעצמנו שה' גם להבא,

וברכתי שתזכה לברכה בכל מילי דמיטב

מוקירו

אליקים שלעזינגער

Rabbi E. Schlesinger
45 St Kildas Road
London N16 5BS
Tel: (020) 8802 6386
Fax: (020) 8800 0279

Elyokim Schlesinger
Rosh Yeshivath Haromo
Holy Congregation
London

BS"D 34th day of the Omer 5764

To my learned friend Reb Shimon Grossnass
and his distinguished wife:

I write to express my admiration for your efforts to save the Jewish cemetery [of Zamosc], which is the burial site of your famous ancestor the great and holy Maggid of Dubno of blessed memory. Fortunately these efforts appear to be showing positive results. This mitzva has also brought further mitzvos in its turn, in your participation in our efforts to save other Polish Jewish cemeteries.

I was also pleased to hear of your intention to republish the Haggodoh commentary written by your illustrious ancestor, who was renowned for his amazing talent to find wonderful parables with which to illustrate deep insights, thereby bringing Jews closer to their Creator. The idea of publishing his commentary together with an English translation is most appropriate, as the translation of the Haggodoh into the vernacular in order to impress the important lessons of faith in the hearts of women, children and those not conversant with Hebrew, is specifically mentioned in Halocho. I express my best wishes for your continued success in your holy work. May the merit of your saintly ancestor bring you continued success in all your endeavours with the realization of all your good wishes, and may the *zechus* of the Maggid of Dubno bring protection to us and to all of Klal Yisroel,

Respectfully yours,

[Rabbi] Elyokim Schlesinger

לעלוי נשמת

הרה"ג המפורסם כש"ת דיין ארי' ליב בר' מרדכי הלוי גרוסנס זצ"ל
(נולד בבולשובצה (גאליציה)

אשר חזקת התורה הביאתו ללמוד לרגלי
החפץ חיים זצ"ל בראדין
והרב הצדיק ר' ברוך בר לייבוביץ' זצ"ל בישיבת קמניץ.
אח"כ מלא בחכמה ובמסירות במשך 30 שנה את מקומו
של דיין אברמסקי זצ"ל כראש בית דין צדק בלונדון.
כשעלה לארץ ייסד ישיבת קול ירושלים
להוראה ועמד בראשה בגאון ועוז עד
עלות נשמתו הטהורה בש"ק ג' ניסן תשנ"ז לפ"ק –
זכותו יגן עלינו.

In everlasting memory of

HaRav Hagaon Rabbi Arye Leib
ben R' Mordechai Halevi Grossnass זצ"ל
(born in Bolshovtse, Galicia),

whose strength in Torah brought him to learn
at the feet of the Chofetz Chaim זצ"ל in Radin and
HaRav HaTzaddik Rav Boruch Ber Leibovitz זצ"ל
in the Yeshiva at Kamenitz Litovsk.
He subsequently succeeded the late Dayan Abramsky זצ"ל
as head of the Beth Din in London,
a post he held with wisdom and clarity for 30 years.
Upon moving to Eretz Yisroel he founded
and led his *kollel*, Kol Yerushalayim,
for aspiring dayonim, where his insight
and diligence were a sparkling inspiration to all,
till Shabbos Kodesh 3rd Nissan 5756 (23.3.96).

May his memory be a blessing; *zechuso yogen oleinu.*

Table of Contents

15	A Few Words from a Descendant
	Introduction by Rabbi Yehuda Simcha Storch
17	...The Power of a Parable
19	...The Maggid's Life and Way of Life
22	Letters from the Vilna Gaon to the Dubno Maggid
	Before the Festival (by R' Eliyahu Kitov *zt"l*)
27	...Checking for Chametz
32	...Erev Pesach
39	...The Pesach Sacrifice
48	Candle Lighting
49	The Pesach Haggadah with the Emes L'Yaakov Commentary
186	Shir haShirim
193	In Memoriam
	...*Names and Places*

*With warm wishes to the
Yaacov Maggid of Dubno Fund
for the success of this project
and all future endeavors,
from Alan and Nena Blake,
together with Gidon, Boaz,
Meir, Talya, Chana and Batya,
ninth- and tenth-generation
descendants of the Maggid,
London, England.*

Acknowledgments

We gratefully acknowledge and thank the *Ribbono shel Olam* for His Divine guidance, protection, and deliverance throughout many trials, to be alive on the profound and unique occasion of the 200th Yahrtzeit of our beloved ancestor, the holy Maggid of Dubno זצ"ל, and to have the privilege of marking the occasion with this publication. We are researching and collecting as much documentation as we can find for our family tree. Our cousins in Canada provided us with two very important links, which completed all the generations of our branch of the family. In 1994, other cousins visited Zamosc and Reivitz, and brought back news of the devastation of the Jewish cemeteries there. This information spurred on our research and ב"ה led to the establishment of the Yaacov Maggid of Dubno Fund. May the Holy One Blessed Be He bring about the Ingathering of the Exiles to their true inheritance and bestow upon His people the bounty of His salvation with the coming of *Mashiach Tzidkeinu* speedily in our days. Amen.

יהי רצון שנזכה לבנין בית המקדש בביאת גואל-צדק במהרה בימינו אמן

Sincerest thanks and appreciation are extended to:

R' Shimon Grossnass עמו"ש נ"י, my husband, whose patience, wit, and wisdom has enabled this work to be published;

Rabbi & Mrs. C.Y. Davis לאי"ט – Executive Director of Agudath Israel and The Society of Friends of the Torah – London;

Rabbi Y.M. Abramowicz שליט"א, Chairman of Vaad HaPoel of World Agudath Israel, Jerusalem;

Rabbi Elyokim Schlesinger שליט"א, Rosh Yeshivath Haramah and founder of the Committee for the Preservation of Jewish Cemeteries in Europe;

Dayan J Padwa שליט"א;

Mr. J. Lobenstein נ"י M.B.E. – Vice President of the Union of Orthodox Hebrew Congregations;

The Interlink Foundation, London ;

Vista Training, London;

The British Library – Mrs. I. Tahan שתחי׳, Hebrew and Oriental Book Dept.;

Harvard College Library;

The London School of Jewish Studies (Formerly Jews' College) – The Librarian;

Mr. & Mrs. Emanuel Silver לאי״ט – former Curator, Hebrew Manuscripts Dept., British Museum in London:

Musee Juif de Belgique – M. Philippe Pierret;

Mr. Henry Heinemann נ״י;

Rabbi & Mrs. Arye Kranz לאי״ט and Mr. & Mrs. Aron Kreiswirth לאי״ט of Lakewood, New Jersey;

Kalmanovich family לאי״ט – London;

Rochelle K. Pollero שתחי׳ – Maryland, USA;

Rabbanit A. Shalom שתחי׳ – London;

Rabbi & Mrs. M. Newman – Jerusalem;

Zehnwirth family לאי״ט and Mrs. Dvora Teitelboam שתחי׳ – Israel;

The Israeli Organizations of survivors of Reivitz, Zamosc and Miedzyrzec (Landsmanschaft); Worldwide Jewish Genealogical research groups; The Polish State Archives; The National Center for Historical Monuments and Documentation, Warsaw, Poland;

Sir Martin Gilbert, historian;

Dr. Margot Zutshi.

Our heartfelt thanks and appreciation to all those who have contributed to the Yaacov Maggid of Dubno Fund and to family members and friends for their reminiscences and active help.

S. Grossnass   Teveth 5765

A Few Words from a Descendant

It is not only a great privilege ב"ה to be a descendant of the very famous and holy Maggid of Dubno, of blessed memory, but also a great responsibility. When our cousins visited Reivitz and Zamosc (where the Kranz family resided in Poland) in 1994, a shock awaited them, for the local people did not know that a Jewish cemetery existed in these towns! It was then that בס"ד we founded the Yaacov Maggid of Dubno Fund because of the mounting tasks ahead of us after the chaos and destruction left by the terrible Holocaust.

We are delighted that this book will א"יה be published in Jerusalem, because "from Zion will go forth the Law and the Word of HaShem from Jerusalem" (*Yeshayahu* 2:3); and also because of the following.

On the Maggid's tombstone (which, sadly, is missing) was written שנת יבא יעקב שלם (*shnat yavo Yaakov shalem*), which means "the year that Yaakov will come in peace." In his book *The Maggid of Dubno and His Parables* (p. 274), Dr. Benno Heinemann explains that this phrase is "an allusion to the first three words of *Bereishis* 33:18, 'and Yaakov came in peace' – יבא יעקב שלם – the letters of which comprise the numerical value of 565, an allusion in turn to the year that the great Maggid departed from this earth, which was 5565 (1804)."

However, "*shalem*", according to the holy Ibn Ezra, is also one of the ancient names of Jerusalem, as we see in *Bereishis*, *Parashas Lech Lecha* 14:18 that "Malkitzedek King of *Shalem* brought forth bread and wine." Thus we feel that by publishing *Emes L'Yaakov* in the Holy City of Jerusalem on this 200th anniversary we have the privilege of participating in bringing anew the spiritual holiness of the Maggid to Jerusalem and Eretz HaKodesh!

The Torah portion of the week the Maggid returned his pure soul to his Maker is the heading of the final *parashah* of *Bereishis* 47:28 – "and Yaakov will live." Rashi states (*parashas Noach* 11:32) that "the righteous are called 'alive' even when they have left their earthly existence."

We are also taught that "A good name is superior to good oil" (*Koheles* 7:1). There is a profound meaning for us when we examine these two ideas: the life of a *tzaddik* and the nature of oil. When oil, which was a very precious commodity in those days, is buried, it remains buried; but when the holy remains of a *tzaddik* are interred in his earthly resting place, his good deeds rise up beyond the grave and are alive for all the generations to come.

ספר

יום ישועה

על

הגדת פסח

נכברות מדובר בו בתבונת המאמרים הקשים . מסיר ראשי הספקות אשר העירו המפרשים . והכל בדרך מחקר צח המשמח אלהים ואנשים .

בו חסד ואמת נפגשו — בו תום וויושר נשקו · לאדם גבר במסלתו ילבו עוד איש את אחיו לא ירחקו . המה השני באורים הנעימים מצוף לחיך מתקו .

האחד

אמת ליעקב

מלקוטי הרב המאור . הדרשן הגדול תהלתו מלאה הארץ . בק״ש המנוח מהו׳ **יעקב** זלה״ה מ״מ דק״ק רובנא :

השני

חסד לאברהם

מאת הרב המופלג הדרשן המפואר . כבוד מהו״ר **אברהם דוב** בעריש נ״י במוהר״ר **דוד** פלאחם יצ״ו נ״י מילידי ק״ק מעזריטש אשר בחבל ווארשא :

הבאורים הללו באו בדפוס בשנת תקצ״ה · אכן הפעם נדפסו ביותר שלמות · כי עתה באו לידי הבאורים על כלל ההגדה כלה · וכר לשונה לא נדפסו כ״א עד הלל ·—

נדפס פה ק״ק **זאלקווא**

בדפוס של הרבני הנגיד המפורסם מהור״ר **שאול דוב** מאיראפער .

Jom Jeschuah

Reimprimatur den 21 9ber 1836

Zolkiew bey Saul Meyerhoffer 1836

שנת **אקבץ עליו לנקבציו** לפ״ק

Original 1836 Title Page from the Dubno Maggid's Haggadah commentary, Emes L'Yaakov

(Image provided by the President and Fellows of Harvard College)

Introduction

The Power of a Parable

Today, parables are not often used as tools for teaching. In the past, however, great teachers used them as a powerful means to convey lessons, whether subtle, complex or nearly transparent. The Hebrew word for parable is *"mashal,"* whose root also denotes the meaning "to rule." We see that a parable, if constructed and delivered properly, can have the power of rulers and kings. The words of wisdom of King Solomon, the wisest of all men, are referred to as "the parables of Shlomo ben David, King of Yisrael" (*Mishlei* 1:6).

The word *"maggid"* means "tell" or "speak." A maggid is one who tells stories or parables as a means for teaching Torah wisdom and values. Throughout our history, there have been numerous *maggidim*, but the one who has achieved worldwide stature as "The Maggid" is the Maggid of Dubno, Rabbi Yaakov Kranz, זצ"ל.

The Maggid was renowned for his uncanny success in arousing people from all walks of life to awaken their hearts to Hashem and His Torah. He was especially known for his frequent travels to far-flung towns and villages in order to reach even the simplest Jews with his teachings. Jewish communities throughout Europe that suffered and were left disheartened through the long years of dark Exile were uplifted and moved to repentance and love for Hashem through the Maggid's words. Many of the well-known parables told and retold in our generation are from the Maggid of Dubno.

The Maggid's relationship with the Gaon of Vilna is profound testimony to his greatness. The Gaon entreated the Maggid to leave Dubno and live in Vilna so that he would be able to hear the Maggid's words of Torah and reproof regularly. The Gaon's affection for the Maggid and his desire to receive admonishment from him is well-documented, and letters to that effect appear in this *sefer*. A few words about the Gaon will clarify the profound significance of this relationship.

The Vilna Gaon was a Gaon in Torah scholarship, a Gaon in interpersonal relationships, and a Gaon in his fear of Heaven. He was well-known for his constant Torah study, to the point where he wept for repentance before his passing, for the *four minutes* of his life — according to his calculation — that he spent unjustifiably not involved in Torah study.

The Gaon's concern for the feelings of others was extraordinary. His grandfather had a fund to support Torah scholars, which of course included the Gaon as well. A stipend was regularly sent for him with a messenger who sometimes kept the money for himself, knowing that the Gaon would have mercy on him and not report the theft to the treasurer of the fund. The Gaon would undoubtedly choose to continue his Torah study in poverty rather than shame another person.

The fear of Heaven possessed by the Gaon was renowned. It is told that the Gaon once touched an eggshell on the Sabbath, and fainted for fear that he may have violated the prohibition of *muktzeh*. His wife, who was aware of her husband's purity of soul, ate the shell to allay his concern, saying, "See, the shell is fit to eat and therefore is not *muktzeh!*"

How could one dare to surmise that it would be possible to rebuke and admonish someone as wise, righteous, and of the spiritual stature of the Gaon? This ability on the part of the Maggid of Dubno, demonstrates not only his own righteousness but also his unmatched ability to delve into the depths of understanding another's soul and touch it in his unique manner of wisdom.

What is truly mystifying is that the Maggid was not only able to uplift the Gaon of Vilna in serving Hashem, but he was also able to reach the simplest of Jews and inspire them to *teshuvah* and fear of Heaven. Virtually no one in his generation was as successful as the Maggid in arousing his fellow Jews. His secret was the *mashal* — the parable.

A farmer understands matters of crops, herds, and flocks, the life of such an environment. If he were to be told exalted words of *mussar* and novel Torah thoughts, he would not understand and appreciate the teachings. Most likely he would fall asleep! But if a preacher told stories about the details of the agricultural life which his listeners themselves lived, they could easily identify with the characters and the situations. When such people, who truly desired to be good Jews, would hear his stories, they would realize that they related to themselves, and the embers in their hearts would begin to burn with the fire of holiness and they would search for the way to come closer to Hashem.

The Maggid of Dubno succeeded in using his tremendous power of speech and beautifully crafted parables for reaching out to a multitude of people, from many places and backgrounds, to endear his fellow Jews with the love of Torah and fear of Heaven.

The Maggid's Life and Way of Life

Rabbenu Yaakov Kranz was born in the community of Zhetil (now Dyatlovo, Belarus) to the renowned *tzaddik* Rabbi Zeev and the righteous Hinda who was the daughter of the saintly Gaon Rabbi Nochum of Kobryn. At the age of 18 he traveled to Miedzyrzec (Mezritch) de Lita and learned with great intensity in the city's Beis Midrash. There he began to share with the other students his ethical teachings in the form of parables. The number of students who gathered to hear the words of this brilliant young scholar grew daily. When there was not enough room for the crowd around his table, he was invited by the yeshiva to speak from the pulpit to the entire congregation.

The people of the city soon became aware of this special young man and appointed him the official Maggid of the city. Two years later, at the age of 20, the community of Zolkiew requested that he become the Maggid of their city, and he consented. Later he moved to the community of Dubno, which had a large Jewish population, and he served as Maggid there for eighteen years. Afterwards, the Gaon of Vilna urged him to come to Vilna to deliver words of *mussar* and reproof.

On his way to Vilna, something extraordinary occurred. The Maggid had left the large city of Dubno and his honored position of Maggid there to become the personal Maggid of the Gaon of Vilna. On his way, he came to a small congregation in the town of Wlodowa and was persuaded by the townsfolk that their spiritual needs were such that he must remain with them and not continue to Vilna. Indeed, the Maggid remained in their community for an entire year, to strengthen the people in Torah and fear of Heaven, and only afterwards continued on his way to Vilna.

It is not known exactly what convinced the Maggid to be persuaded to postpone his arrival in Vilna for a year on account of a small community. Perhaps they were without a *mikveh* or sufficient Torah lessons. Perhaps there was a quarrel among the members of the community or lack of domestic harmony. Or perhaps he saw there a community thirsting to hear the Word of Hashem and lacking the person who would teach them Torah.

He was the Maggid in the major city of Dubno with its large population, and he gave that up for the privilege of being near the Gaon of Vilna. How could he, therefore, possibly delay his trip for the sake of a mere few families there? His decision would depend on a single consideration. "What does Hashem want of me?" When he arrived at the conclusion that now Hashem did not want him to be in the large city of Dubno, nor with the Gaon of Vilna, but rather here, to help in some way in this small place, he did so without hesitation!

The Maggid of Dubno, with his pure heart, lived according to his teachings.

From the age of 18, he would arise every night at midnight, Shabbos and Yom Tov included, without missing even one night; from the age of 18 he would fast every Monday and Thursday; during prayers, he would stand the entire time, humbly bent over like a servant in front of his master, without moving any part of his body; it was said that his *tallis* was always wet with his tears; before Rosh Chodesh, he would fast for two days in a row.

For his fifteen final years, Rabbenu Yaakov Kranz served as *maggid mesharim* of the community of Zamosc. When he awakened at midnight, he would weep with bitterness over the destruction of the *Beis HaMikdash* and would then study until daybreak. He would then immerse in the *mikveh* in preparation for morning prayers and pray with great devotion. While still adorned in his *tallis* and *tefillin*, he would learn and teach Mishnayos and Gemara. At noon he would return to his home to eat "breakfast," after which he would return to the yeshiva in the great Zamoscer Synagogue and learn Tur and Shulchan Aruch with his students until the evening. During this session of learning he would also approach the Holy Ark and recite a number of chapters of Tehillim with sorrowful weeping as special supplications for Hashem to help the individual members of the congregation.

The Maggid showed extraordinary concern not only for the community, but for each individual, providing necessary assistance for each person. It was while Rabbenu Yaakov was Maggid in Zamosc that Rabbi Yehuda Aaron Kluger of Komarov, who was in ill health, came there to consult with doctors and suddenly passed away (1799). The Maggid delivered a stirring eulogy for the Rabbi, telling a parable which explained why the *tzaddik* passed away specifically in this larger city as opposed to his own town of Komarov. The story, however, does not end here.

Following the funeral, the young orphaned son of the Rabbi of Komarov remained behind. The Maggid approached him and took him into his own home. He raised him like a son and took responsibility for the young man's Torah education, personally devoting a great amount of time learning together with him. This youth grew up to become one of the greatest rabbis of his generation, Rabbi Shlomo Kluger, זצ"ל, the Rabbi of Brody and author of many renowned *sefarim*.

In 1804, the Maggid passed from this world and was buried in Zamosc. He left behind one son, Rabbi Yitzchak, who continued in his father's ways and later became *maggid mesharim* of Miedzyrzec.

After his only son Rabbi Yitzchak, the Maggid's closest spiritual heir was Rabbi Avraham Dov Berish Flahm. Born in the year of the Maggid's passing (1804), he became a Maggid in his own right in Miedzyrzec and Lublin. He always emphasized that the Maggid of Dubno's most outstanding trait was his righteousness.

The Maggid himself only prepared one work for publication in his lifetime — *Sefer HaMiddos*. He left behind copious notes. His students also collected many of his parables and commentaries that they had gleaned from his teachings. These collections found their way into various publications. The Maggid's son, Rabbi Yitzchak, had intended to publish all of his father's works, but tragically, he died in a cholera epidemic in 1831. He had succeeded in publishing only *Kol Yaakov* in 1819 (commentaries on the five *Megillos*) and part of *Ohel Yaakov* on the Five Books of Moses. His assistant was Rabbi Avraham Dov Berish Flahm, and after Rabbi Yitzchak's untimely passing it fell to Rabbi Flahm to continue to edit and publish the Maggid's works, including *Emes L'Yaakov* on the Haggadah of Pesach, which is the basis for this publication. Towards the end of his life, Rabbi Flahm passed the Maggid's notes on the Haftaros, which he called *Kochav MiYaakov*, to Naphtali, the son of Rabbi Avraham Maskileison, who subsequently published this work in Warsaw in 1872. The rest of the Maggid's manuscripts remained unpublished and the whereabouts are unknown.

It is a *Yom Tov* for *Klal Yisrael* to have *Emes L'Yaakov* published in this edition on the occasion of the 200th yahrtzeit of the Maggid. May Hashem help those involved in its publication to merit seeing all of the Maggid's works reprinted soon and play a role in bringing *Mashiach Tzidkeinu* and the rebuilding of the *Beis HaMikdash* speedily in our days, Amen.

Rabbi Yehuda Simcha Storch
The Holy City of Jerusalem
5765 (2004)

Letters from the Vilna Gaon to the Dubno Maggid

In the following two letters from the Zera Gad Haggadah, Vilna, 1860, the Gaon Rabbi Eliyahu of Vilna demonstrates his great love for the Maggid of Dubno by expressing his wish that the Maggid come to see him at the earliest opportunity.

הקדמה מבן המחבר

הרב המ"מ ז"ל אינם צריכים חיזוק כי הוא נודע בכל תפוצות מדינתינו באמרותיו אמרי נופת צופים ומתוקים מדבש · ושני אלה יחדיו יהיו תמים ערבים ונעימים · וכל חיך יטעם · יאמר כי הם מטעמים · ועל טוב יזכרו לעולמים גם אותי : וכאשר החילותי להוציא לאור החבור הזה · כן יעזרני ה' להחל ולהוציא לאור יתר הכתבים ממר אבא ז"ל · ומאבי זקני הרב הגאון מהור"ר תנחום ז"ל הראב"ד מהורדנא · ומאא"ז הרב הגאון מהור"ר אליעזר ז"ל אב"ד מהורדנא · אשר תורת אמת היתה בפיהם · ודבריהם יקרים המה · הם בצדקתם יעמדו לימיני . לנהלני על הארץ כי נטמה · בימין ה' רוממה · ומשכורתי תהיה שלמה · מאל רכב שמים לפ"ק :

דברי בן המחבר נחמן בהרב הג' המנוח מוה' צבי הירש ז"ל בהגאון מהורדנא

לדעת יקרת ערך הרב הדרשן הג' מ"מ דדובנא בעיני כבוד הגר"א זצוק"ל מווילנא העתקנו שני מכתביו אשר קראהו לבא אליו באהבה · בחבה יתירה נודעת לו שיחיש ביאתו · —

ב"ה יום ב' פ' וישב ת.ק.נ.א

שלום רב לאו"נ ה"ה הרב המופלא ומופלג בתורה המפורסם לשבח כבוד מוהר"ר יעקב מ"מ דק"ק דובנא.
אחרי דרישת שלום כמשפט לאהובי · אבקשה את שאהבה נפשי שיבא אצלי · ונפלאת היא בעיני אשר לא בא אלי עד הנה זה שלש עשרה שנה · עתה באתי לעוררו · כנפש א"נ הד"ש ומוקירו אליהו במהו' ש"ז זצלה"ה :

גם אנכי הכותב הכוסף אליו אדרוש את שלומו · ונפשי בשאלתי למלאות משאלות אדונינו מורנו אבי הגאון נ"י לראות את נפשו פעם עיפה הפן · כי חברתו זורעת היראה · ולוממות ההשכלה · וקוצרת התבונה ומוספת שמחה וגיל · ומעת העתקתו ממחנינו ביום חתונתי · שמתי אהבתו לנגד פני · ושויתיה בין עיני · ואכין לה כסא בין קירות לבבי · לבי ומעי המו מדי דברי בו · נפשי יצאה מדי זכרתי אמריו כי נעמו · גם איפים קדושים הצמאים מים · נעים ובכנעים ואשאוב כורעים · חשבו אשר המה מי מתנים · אחת שאלתי שלא יאחר נסיעתו כי למלוה רבה ירצה לו . להחיות נפש אדונינו מורנו ורבינו אבי הגאון נ"י .

א"נ הדוש"ת הנאמן בבריתו אברהם בהגאון החסיד מוהר"ר אליהו נ"י יצ"ו

אגרת השנית

ב"ה יום ב' י"ד סיון תיקן הפלתי

שלום רב לאהובי ידידי ה"ה הרב המופלג דובר צדק ומישרים כבוד מו"ה יעקב נ"י

אספרה נא לידידי כעל גמולות אשר גמלני ה' כרב טובו · חלץ נפשי מתחלואות קשות · הפליא לעשות עמדי · יבוא ידידי לביתי ואל יאחרו פעמיו להשיב רוחי ולהשתעשע אתי כפעם בפעם · כראות כתב זה יזרז נסיעתו ואל יאחר .

דברי אהובו נאמנו המצפה על ביאתו לשלום אליהו במהו' ש"ז זללה"ה

זה היום שקויתי מצאתי שראיתי אדוני אבי קורא למאהבי בחבה יתירה נודעת לו · ע"כ ידיד נפשנו חמדת ישראל בא יבא ולא יאחר · כי אתם ידעתם את נפש אדוני אבי הגאון נ"י אין לך מצוה גדולה מלקיים פקודתו ורצונו כי נפשו משקה מאוד לראותכם במהרה :

דברי ידידו נצח נאמן בריתו אברהם בהגאון החסיד המפורסם מוהר"ר אליהו יצ"ו נ"י

First Letter from the Vilna Gaon

Monday, Parashas Vayeshev 5551 (1790)

Much peace to the beloved of my soul, one who is exceptional and outstanding in Torah study, whose qualities are widely recognized, the honorable Rabbi Yaakov, Maggid of Dubno!

After inquiring of your welfare as a good friend, I ask my beloved one to come to me. I am surprised that you have not come to visit me for the last thirteen years, but now I wish to awaken you [to come].

[These are] the wishes of a dear friend, who enquires after your welfare and good status.

Eliyahu son of Rabbi Shlomo Zalman of blessed memory

[The son of the Gaon adds to his father's letter the following words:]

> *I, too, long for you and join in inquiring after your welfare, and ask you to fulfill the wishes of my father, our master and teacher the Gaon, to satisfy the thirst of his soul [for you] as your company implants [in others] the fear [of G-d], engenders the growth of wisdom and the reaping of understanding, and increases joy and happiness. From the time that you left our community on the day of my wedding, I have placed your love before my face, between my eyes and in the depths of my heart. My heart and all my being longs for you when I speak of you, and my soul departs when I remember the sweetness of your words. Even men of holiness thirst for your water, they sway and are humbled and bend down to draw [from your wellsprings] deeming that these are waters of great strength. One thing I ask of you, please do not delay your journey as it will be considered a great mitzvah to revive the soul of our master teacher and instructor, my father the Gaon.*
>
> *[These are the words of one] who inquires after the welfare of your learned and honorable self, who is loyal in a covenant of friendship.*
>
> *Avraham, son of the Gaon*
> *the pious Rabbi Eliyahu,*
> *may his light shine!*

Second Letter from the Vilna Gaon

Monday 14th Sivan 5556 (1795)

Many greetings to my dear friend, the exceptional speaker of righteousness and justice, the honorable Rabbi Yaakov.

I wish to inform my friend of the great reward which G-d has bestowed upon me in His great goodness. He has saved my soul from serious illness, performing wondrous things with me. I ask my friend to come to my house without delay to revive my spirits, and to enjoy his company as in the past. When receiving this letter, hasten your journey without delay.

These are the words of your loyal friend who awaits your safe arrival.

Eliyahu son of Rabbi Shlomo Zalman of blessed memory

[The son of the Gaon adds the following words to this letter also:]

> *This is the day I have awaited, when my father and master calls for my beloved one with the exceptional love that he has for him. Therefore, dear friend, the choicest of Israel, come quickly without delay, as you are acquainted with the soul of my father and master the Gaon, [and appreciate that] there is no greater mitzvah than fulfilling his command and request, as his soul longs to see you soon.*
>
> *These are words of your friend forever, who is loyal in a covenant of friendship [with you].*
>
> *Avraham son of the famous Gaon*
the pious Rabbi Eliyahu,
may his light shine!

Before the Festival

Checking for Chametz

ON THE 14th OF NISSAN (the night before the Seder) after nightfall, one searches and inspects his property, using the light of a candle, checking for *chametz*. (If the 14th is Shabbos night, the search is done the night of the 13th.) Every room of one's house must be checked, as well as one's yard, car, office, store, etc. The rule is that checking is required for every place that is considered one's own, and in these places, one must check everywhere that there is reason to suspect that there may be *chametz*. One should not forget to carefully check closets, briefcases, children's schoolbags, purses, baby carriages and the pleats and pockets of one's clothing.

It is advisable to sweep and clean up on the afternoon of the 13th of Nissan, so that later, at the time of the search, one does not get dirty and does not find an overabundant amount of *chametz*. After the afternoon clean-up, it is customary for someone who will not be conducting the search to hide small bits of *chametz* around the house, remembering where he put them (today, the small pieces of *chametz* are usually wrapped in separate plastic bags). This is to guard against the possibility that the afternoon's prior clean-up was so thorough that it removed all of the *chametz*. Once the pieces of *chametz* are "planted" around the house, it is certain that the search will turn up at least these pieces of *chametz*, so that the one who said the blessing beforehand will not have made a blessing in vain. Some follow the custom, based on Kaballah, of hiding away exactly ten pieces of *chametz* for this purpose.

The search must begin immediately after the *Ma'ariv* evening prayers, without delay. A person should not eat a meal or do anything else before he performs this mitzvah. It is best for the head of the household to conduct the search, but he is allowed to appoint others to help him. Women and children can be his helpers, but it is preferable that the search be done only by males of at least the age of bar mitzvah. When the blessing on the search is said, the one who says the blessing must be careful to start checking for *chametz* immediately, without any delay whatever, for if he says or does anything in between, he must say the blessing again.

Before the blessing that is said prior to the search, one washes his hands. At this point, some say the following:

הִנְנִי מוּכָן וּמְזוּמָן לְקַיֵּם מִצְוַת עֲשֵׂה וּמִצְוַת לֹא תַעֲשֶׂה שֶׁל בְּדִיקַת חָמֵץ.

Here I am, ready and willing to fulfill the positive and negative commandments associated with the search for chametz.

Then the blessing on the search is said:

בָּרוּךְ אַתָּה יְהֹוָה אֱלֹהֵינוּ מֶלֶךְ הָעוֹלָם
אֲשֶׁר קִדְּשָׁנוּ בְּמִצְוֹתָיו וְצִוָּנוּ עַל בִּיעוּר חָמֵץ.

Blessed are You, Hashem our G-d, King of the Universe, Who has sanctified us with His mitzvos, and has commanded us regarding the removal of chametz.

Once the search is under way, one should try to complete it without stopping to do anything else, though he is allowed to drink something, if he really must, in order to continue. While the search is in process, neither should anyone who is searching say anything that is not directly related to the mitzvah.

As soon as the search is completed, one disowns his chametz, making the following declaration, with a sincere heart (the Sephardic custom is to say this three times). If he does not understand the Aramaic declaration, he should state the declaration in a language that he knows:

כָּל חֲמִירָא וַחֲמִיעָא דְּאִיכָּא בִּרְשׁוּתִי,
דְּלָא חֲמִתֵּיהּ, וּדְלָא בִעַרְתֵּיהּ, וּדְלָא יְדַעְנָא לֵיהּ,
לִבָּטֵל וְלֶהֱוֵי הֶפְקֵר כְּעַפְרָא דְאַרְעָא.

All chametz, leaven, and leavened bread in my possession, which I did not see and did not remove, and that of which I am not aware – is all null and ownerless, as dust of the earth.

At this stage, *chametz* still may be eaten. That is, after the search on the night of the 14th, people usually save some *chametz* for breakfast on the following morning. In the morning, however, before the end of the fifth hour of daylight, one physically must remove all *chametz* from one's possession, by burning it.

After doing so, he again disavows ownership of his chametz, by saying (three times, according to the Sephardic custom):

כָּל חֲמִירָא וַחֲמִיעָא דְּאִכָּא בִּרְשׁוּתִי, (דַּחֲזִתֵּהּ וּדְלָא חֲזִתֵּהּ,)
דַּחֲמִתֵּהּ וּדְלָא חֲמִתֵּהּ, דְּבִעַרְתֵּהּ וּדְלָא בִעַרְתֵּהּ,
לִבָּטֵל וְלֶהֱוֵי הֶפְקֵר כְּעַפְרָא דְאַרְעָא.

All chametz, leaven, and leavened bread in my possession, whether I have seen it or not, and whether I have removed it or not, is all null and ownerless, as dust of the earth.

In the *Zohar*, we find the following about the search and removal of *chametz*:

Man's evil inclination is called "the leaven in the dough" for as leaven, when it is put into dough, makes it ferment and become chametz, the evil inclination in man is what entices him to sin. Our Sages taught: Chametz symbolizes the evil inclination, which is a foreign god, while matzah symbolizes the good inclination ... The Blessed One said: All those years a foreign nation [Egypt] enslaved you, and forces of evil controlled you. Now, though, you are free [for I have lifted your bondage]!

When the Torah states, Remove leaven from your homes. You shall not eat anything that is leavened [and] leaven shall not be seen in your possession – it hints that Pesach and matzah stand for freedom, from the forces of evil which chametz symbolizes. At Pesach time – the festival of freedom and redemption – while a Jew carefully rids himself of his chametz, he also should be thinking about how he can rid himself of his evil inclination.

(Zohar, Shemos 40, Riya Mehemna)

In fact, some have the custom of saying a special prayer which incorporates this idea at the time that they burn their *chametz*:

Just as we have merited to rid ourselves of this chametz, may we also merit to rid our hearts of our evil inclination, and may we also see impurity and evil uprooted from the world.
(Sefer Zikaron l'Tziyon and Haggadah of Chasam Sofer)

According to the book *Bnei Yissachar*, destroying *chametz* particularly represents the destruction of idolatry and false religions. The Scriptures substantiate this, for in *Sefer Melachim II*, it says that the Jewish King Yoshiyahu cleared the Land of Israel of all idol worship, and that year, *It was a Pesach unlike any other one since the days of the Judges (23:22–24)*. It says in *Shemos*, as well, *You shall not make graven images* and immediately afterwards *Observe the festival of matzos* is written. The *Bnei Yissachar* states that if the nation of Israel, when destroying its *chametz*, were to intend also to be destroying idolatry, the terrible strain of our nation's exile would be greatly eased.

When we check for *chametz*, our pockets need checking, too (i.e., for *chametz*; see *Rabbenu* Yerucham, cited by the Rema in *Shulchan Aruch, siman* 434). Similarly, one also should check his "pockets" before Pesach to make sure they do not contain money that may have been obtained dishonestly, by means of theft, cheating, or unfair business practices (*Sefer haShelah*).

"*Chametz*" in One's Character

The numerical value of the Hebrew word *chametz* (חמץ) is 138, while that of matzah (מצה) is 135. The difference (3) represents the three bad character traits that, according to *Pirkei Avos, remove a person from this world* – jealousy (קנאה), desire for physical pleasures (תאוה), and the thirst for honor (כבוד). Just as during the course of the year, we do not keep ourselves at a distance from *chametz*, we are not sufficiently careful to distance ourselves from these three negative character traits. Another similarity is that on Pesach, if a Jew eats *chametz*, his punishment is כרת, a Divine "cutting off" or "removal" from the world. Thus, a person must set aside time to carefully check himself for these traits, searching out and destroying them completely, just as he does regarding *chametz* before Pesach (*Chasam Sofer*).

Erev Pesach

Eruv Tavshilin

If the second day of Pesach falls on a Friday, (outside of Israel) one must prepare an *eruv tavshilin*, a halachic device which makes it permissible to prepare for Shabbos on the holiday. An *eruv* must also be prepared when the seventh day of Pesach falls on a Friday.

Before the holiday begins, one sets aside on a plate some matzah (no less than the volume of a large egg) along with a cooked food (such as an egg, meat, or fish, no less than the volume of two present-day olives), saying the following blessing:

בָּרוּךְ אַתָּה יְהֹוָה אֱלֹהֵינוּ מֶלֶךְ הָעוֹלָם אֲשֶׁר קִדְּשָׁנוּ בְּמִצְוֹתָיו וְצִוָּנוּ עַל מִצְוַת עֵרוּב.

Blessed are You, Hashem our G-d, King of the Universe, Who has sanctified us with His mitzvos and commanded us regarding the mitzvah of eruv.

Then he says:

בַּהֲדֵין עֵרוּבָא יְהֵא שָׁרֵא לָנָא לְמֵיפָא וּלְבַשָּׁלָא וּלְאַטְמָנָא וּלְאַדְלָקָא שְׁרָגָא וּלְמֶעְבַּד כָּל צָרְכָנָא מִיּוֹמָא טָבָא לְשַׁבַּתָּא (לָנוּ וּלְכָל יִשְׂרָאֵל הַדָּרִים בָּעִיר הַזֹּאת).

Through this eruv we shall be permitted on Yom Tov to prepare for Shabbos – to bake, cook, fry, and to insulate food for the sake of preserving its warmth, to kindle lights, and do any other necessary acts for the sake of Shabbos (for ourselves and for all Jews who live in this city).

Needs for the Seder

These items must be obtained before the holiday for the sake of the Seder:

- ☑ Wine (enough for four cups for each participant)
- ☑ Matzos
- ☑ Seder plate and its contents
    A ROASTED BONE: An animal shank with meat on it
    AN EGG: Roasted or boiled, or boiled and then roasted
    MAROR: Horseradish, endive, or Romaine lettuce
    CHAROSES: A mixture of grated apples, nuts, red wine, cinnamon and other spices and fruits
    KARPAS: Celery, parsley, radish, carrot, or potato, but not a bitter vegetable that can be used for *maror*
    CHAZERES: Usually defined as Romaine lettuce [also horseradish]
- ☑ Salt water
- ☑ Candles (ready to be lit)
- ☑ Cups (for each participant, even children. Also, a large cup for the cup of Eliyahu)

The mitzvah of the Four Cups should be performed with wine of the highest quality that one can afford, as long as it does not bring on drunkenness, or cause one to fall asleep before he can complete the Seder. Preferably, the wine should be red, unless one can obtain white wine that is better.

Regarding matzah, those who want to perform the mitzvah in the optimal fashion should use only *shemurah* matzah, made from wheat that was guarded especially for Pesach not only during its growth, but also after its harvest. There also is a preference for matzos that were made by hand, as opposed to machine, and some are particular to use only hand-made *shemurah* matzah that was prepared the afternoon before the Seder.

If *challah* has not been separated from the matzah, it must be separated before the holiday begins. All the matzos are gathered together in a cloth. The cloth is then draped to cover them all. Next, the blessing is said. Immediately, one matzah is taken out of the pile and *challah* is taken from it for the sake of the entire pile. Many have the custom of separating no less than the size of two modern-day olives (a *k'zayis*). *Challah* must be separated only in the case that, after it is separated, the amount of matzos remaining would itself be enough to require *challah* separation, or if the remainder came from a dough batch which was large enough to require it. Some say that this minimum measure is 1.68 kilograms of flour, but others maintain that while 1.68 kilograms does obligate that *challah* be separated, no blessing should be said on less than 2.25 kilograms.

When doubt exists as to whether separating *challah* is required, the separation should be done without the blessing. If the original dough contained less than 1.2 kilograms of flour, there is no obligation to separate *challah* at all.

Preferably, the woman of the home should perform the mitzvah of separating *challah*. Some place the matzos one atop the other in a container that is specially designated for this mitzvah. Otherwise, as described above, a cloth can serve as the "container" with the separation being done on an ordinary table or counter.

The Seder Plate

The Seder Plate should be large enough to hold the six different items that need to be on it, so that the items do not touch one another and cannot mix with each other. Some have the custom of having a place for the matzos on the Seder Plate, as well.

THE ROASTED BONE, preferably a shank, should have meat on it. If an animal shank containing a bone is not available, one simply roasts some meat, over a fire, before the holiday starts. The roasting cannot be done once Pesach begins, for on the Seder night, eating roasted meat is forbidden, and thus roasting is forbidden, too (lest someone think that the meat is from the *Pesach* sacrifice, which was unlawfully slaughtered outside the Temple. Roasting meat on the Seder night is permitted only if one intends to serve the meat for a meal on Pesach day). The animal shank is placed on the Seder Plate on the upper right.

THE EGG is boiled or roasted, or roasted after it is boiled, and is placed on the left side of the Seder Plate, opposite the animal shank.

The roasted bone is in remembrance of the *Pesach* sacrifice, while the egg is in remembrance of the *Chagigah* or Holiday sacrifice, both of which were brought in the days of the Temple and were eaten on the Seder night, the *Chagigah* on the left, the *Pesach* on the right.

MAROR, or "bitter herbs," is usually lettuce or endive – their leaves and stalks, but not their roots. Horseradish also is used, or any other local vegetable that is sufficiently bitter. Some use lettuce leaves for *maror* for the time in the Seder that *maror* is eaten alone, while stalks of the lettuce are used for when the *maror* is eaten between matzos as part of a "sandwich" (i.e., for the *Korech*). The *maror* must be thoroughly washed and carefully checked to see that there are no insects or worms in it. On the Seder Plate the *maror* is placed between the egg and the roasted bone, slightly below them, because the Torah states (*Bemidbar* 9), *You shall eat the Pesach sacrifice with matzos and maror*, indicating that *maror* is eaten for the sake of the *Pesach* sacrifice, and is secondary to it. Thus, the *maror* is placed near the roasted bone – which commemorates the *Pesach* sacrifice – but slightly below it.

CHAROSES is a sauce or dip composed mainly of grated apples (some use mashed dates with honey as the main ingredient). Chopped almonds and other nuts are mixed in, along with cinnamon, ginger, and red wine, so that in the end, *charoses* resembles the wet, clay-like building material made of straw, mud, and water. *Charoses* also should be prepared before the holiday begins. If one forgot, it can be made at night (but with a "change," i.e., in some unusual fashion) using the same ingredients. It should be kept paste-like, though. That is, not all the wine should be mixed in until the Seder, when the *charoses* is needed as a dip. In the case where one forgot to add wine or some other liquid to the *charoses* before the holiday, and the Seder falls on Shabbos, halachic authorities differ as to whether he is allowed to add the wine (or other liquid) on the Seder night at all, even with a "change."

On the Seder Plate, the *charoses* is placed near the *maror*, to the right of it and below it, for *charoses* is a dip for the *maror*, and being secondary to it, it is placed below it. Accordingly, the *charoses* lies opposite the roasted bone, which also is on the right on the Seder Plate.

Charoses is an Aramaic term for a mixture of this sort, and the term closely resembles the Hebrew word *cheres*, which means "something made of clay." As a result, not only does the food itself remind us of the bricks the Jews made in Egypt, but so does the Aramaic term for the food.

KARPAS means "celery," but one can also use other vegetables that, unlike *maror*, are not bitter, for example, cooked potato or carrot, or fresh radish. The *karpas* is placed on the left side of the Seder Plate beneath the *maror*, below the egg and parallel to the *charoses*. Like *charoses*, *karpas* is secondary to the *maror*, and this is why it is placed below it.

CHAZERES is Romaine lettuce leaves, or horseradish, or any other vegetable that can be used for *maror*. In fact, the vegetable that is used for *maror* at the Seder can also be used for *chazeres*. *Chazeres* is placed at the very bottom of the Seder Plate, between the *charoses* and the *karpas*, but beneath them. *Maror* and *chazeres* really mean the same thing, but *maror* is mentioned in the Torah and on the Seder night is used for a mitzvah, while *chazeres* is not mentioned in the Torah and is only a remembrance.

Thus the arrangement of the six items on the Seder Plate resembles the Hebrew vowel *segol* – one *segol* atop the other (i.e., the points of two triangles, each pointing downwards, one atop the other). The upper *segol* is made of the roasted bone, the egg, and the *maror*, while the lower *segol* is made of the *charoses*, the *karpas*, and the *chazeres*. The items in the upper *segol* are rooted in actual Torah mitzvos of the Seder, while those in the lower *segol* serve to accompany these items (see illustration).

The *Ari, z"l* wrote:

THE 3 MATZOS *correspond to* חכמה (*Wisdom*), בינה (*Understanding*), *and* דעת (*Knowledge*).

THE ROASTED BONE, *on the right, represents Hashem's trait of* חסד (*Kindness*).

THE EGG, *on the left, represents Hashem's* גבורה (*Strength*).

THE MAROR, *between the bone and the egg, stands for* תפארת *(Glory), which mediates between* חסד *(Kindness) and* גבורה *(Strength).*

THE CHAROSES, *below and on the right, corresponds to* נצח *(Eternity).*

THE KARPAS, *below and on the left side, corresponds to* הוד *(Honor).*

THE CHAZERES, *at the bottom, corresponds to* יסוד *(Foundation).*

THE SEDER PLATE, *containing all its components,* represents מלכות *(Kingship).*

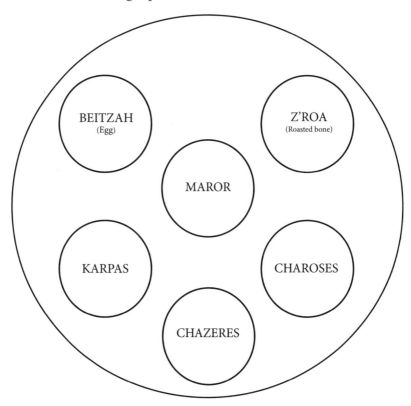

These are the ten sefiros of חכמה *(Wisdom). Thus, one must not deviate from this arrangement, and happy is the one who arranges his Seder Plate with these deeper meanings in mind!*

The Seder Plate, with this arrangement, is placed above the three matzos, which are covered by a special cloth. Today, now that we do not have the Temple, matzah is the only item that the Torah obligates us to eat on the Seder night. Everything else on the Seder Plate is eaten either as a Rabbinic mitzvah or as a remembrance. It therefore has become a custom to make a separate place for the matzos, and not to put them on the Seder Plate at all. Some, however, do have the custom of putting the matzos on the Seder Plate.

One also prepares the salt water before the holiday begins, for the sake of dipping the *karpas* into it during the first part of the Seder (and those whose custom is to eat the egg during the Seder also use the salt water for dipping the egg). The salt water should be made of two parts salt and one part water. If one forgot to prepare this mixture before the holiday, it can be done at night but it should be made weaker, with just a small amount of salt compared to the water. If the Seder night falls on Shabbos and one forgot to prepare salt water beforehand, not only should it be made weak, but also the amount that is made should be no more than is necessary for the Seder.

Instead of salt, some use a mixture of lemon juice and water, while others mix vinegar with water. These mixtures also should be prepared the previous day.

Before the night arrives one should also rinse the cups that will be used for the four cups of wine. The cups then should be placed on the table, which should be set with one's finest silverware and dishes. Pillows for reclining also should be prepared ahead of time.

If the day before Pesach is Shabbos, on Shabbos one cannot prepare for the Seder at all, even if the acts would be permitted for the sake of Shabbos itself. One must wait for nightfall, and then prepare in the ways described above.

Once everything is ready for the Seder, one goes to the synagogue for the afternoon and evening prayers (*Minchah* and *Ma'ariv*). On this day, some have the custom of praying *Minchah* earlier than usual, so that after *Minchah* they have time to read the order of the *Pesach* sacrifice, and also so that in case they are troubled by last-minute preparations, they do not allow the time of *Minchah* to pass.

For details of candle lighting, see p. 48.

How the Pesach Sacrifice Was Done
(Based on the version of R. Yaakov Emden)

[Said the Holy One, blessed be He, to the Jewish people: "Even though the Beis haMikdash will someday be destroyed and the sacrifices cease, do not let yourselves forget the way to bring the sacrifices; be careful to read and review their laws. If you study them, I will count it as if you are actually making the sacrifices."

"This is the Torah of the burnt-sacrifice; that is the burnt-sacrifice...." [Vayikra 6:2]

Said R. Acha in the name of R. Chanina bar Pappa: [The Torah equates the laws of sacrifice with the sacrifice itself, to tell you that] "The Jewish people must not say, 'In the past we used to bring sacrifices and study their laws; now that there are no more sacrifices, why should we study their laws?' [In answer to this,] G-d says to them: 'Seeing as you study their laws, I count it to your credit as if you were making the sacrifices.'"

R. Huna said: "The Diaspora will be regathered by the merit of the Mishnah [which teaches about sacrifices]. What is the proof for this? '... in every place sacrifice and incense is made in My name, and pure offering; for My name is great among the nations.' [Malachi 1:11] Are sacrifices made in the Diaspora? [No,] but G-d says, 'Seeing as you study the Mishnayos [of the sacrifices] it is as if you were making the sacrifices.'"]

סֵדֶר אֲמִירַת קָרְבַּן פֶּסַח

(כנוסח רבי יעקב עמדין בסידור "בית יעקב")

רִבּוֹן הָעוֹלָמִים, אַתָּה צִוִּיתָנוּ לְהַקְרִיב קָרְבַּן פֶּסַח בְּמוֹעֲדוֹ בְּאַרְבָּעָה עָשָׂר לַחֹדֶשׁ הָרִאשׁוֹן, וְלִהְיוֹת כֹּהֲנִים בַּעֲבוֹדָתָם וּלְוִיִּם בְּדוּכָנָם וְיִשְׂרָאֵל בְּמַעֲמָדָם קוֹרְאִים אֶת הַהַלֵּל.

וְעַתָּה בַּעֲוֹנוֹתֵינוּ חָרַב בֵּית הַמִּקְדָּשׁ וּבָטַל קָרְבַּן הַפֶּסַח. וְאֵין לָנוּ לֹא כֹהֵן בַּעֲבוֹדָתוֹ וְלֹא לֵוִי בְּדוּכָנוֹ וְלֹא יִשְׂרָאֵל בְּמַעֲמָדוֹ, וּנְשַׁלְּמָה פָרִים שְׂפָתֵינוּ.

לָכֵן יְהִי רָצוֹן מִלְּפָנֶיךָ יְהֹוָה אֱלֹהֵינוּ וֵאלֹהֵי אֲבוֹתֵינוּ שֶׁיִּהְיֶה שִׂיחַ שִׂפְתוֹתֵינוּ חָשׁוּב לְפָנֶיךָ כְּאִלּוּ הִקְרַבְנוּ אֶת הַפֶּסַח בְּמוֹעֲדוֹ וְעָמַדְנוּ עַל מַעֲמָדוֹ וְדִבְּרוּ הַלְוִיִּם בְּשִׁיר וְהַלֵּל וְהוֹדוֹת לַיהֹוָה. וְאַתָּה תְּכוֹנֵן מִקְדָּשְׁךָ עַל מְכוֹנוֹ וְנַעֲלֶה וְנַקְרִיב לְפָנֶיךָ אֶת הַפֶּסַח בְּמוֹעֲדוֹ כְּמוֹ שֶׁכָּתַבְתָּ עָלֵינוּ בְּתוֹרָתֶךָ עַל יְדֵי מֹשֶׁה עַבְדֶּךָ כָּאָמוּר.

שמות יב ג דַּבְּרוּ אֶל־כָּל־עֲדַת יִשְׂרָאֵל לֵאמֹר בֶּעָשֹׂר לַחֹדֶשׁ הַזֶּה וְיִקְחוּ לָהֶם
אִישׁ שֶׂה לְבֵית־אָבֹת שֶׂה לַבָּיִת: ד וְאִם־יִמְעַט הַבַּיִת מִהְיוֹת מִשֶּׂה וְלָקַח
הוּא וּשְׁכֵנוֹ הַקָּרֹב אֶל־בֵּיתוֹ בְּמִכְסַת נְפָשֹׁת אִישׁ לְפִי אָכְלוֹ תָּכֹסּוּ עַל־הַשֶּׂה:
ה שֶׂה תָמִים זָכָר בֶּן־שָׁנָה יִהְיֶה לָכֶם מִן־הַכְּבָשִׂים וּמִן־הָעִזִּים תִּקָּחוּ: ו וְהָיָה
לָכֶם לְמִשְׁמֶרֶת עַד אַרְבָּעָה עָשָׂר יוֹם לַחֹדֶשׁ הַזֶּה וְשָׁחֲטוּ אֹתוֹ כֹּל קְהַל
עֲדַת־יִשְׂרָאֵל בֵּין הָעַרְבָּיִם: ז וְלָקְחוּ מִן־הַדָּם וְנָתְנוּ עַל־שְׁתֵּי הַמְּזוּזֹת וְעַל־
הַמַּשְׁקוֹף עַל הַבָּתִּים אֲשֶׁר־יֹאכְלוּ אֹתוֹ בָּהֶם: ח וְאָכְלוּ אֶת־הַבָּשָׂר בַּלַּיְלָה
הַזֶּה צְלִי־אֵשׁ וּמַצּוֹת עַל־מְרֹרִים יֹאכְלֻהוּ: ט אַל־תֹּאכְלוּ מִמֶּנּוּ נָא וּבָשֵׁל
מְבֻשָּׁל בַּמָּיִם כִּי אִם־צְלִי־אֵשׁ רֹאשׁוֹ עַל־כְּרָעָיו וְעַל־קִרְבּוֹ: י וְלֹא־תוֹתִירוּ
מִמֶּנּוּ עַד־בֹּקֶר וְהַנֹּתָר מִמֶּנּוּ עַד־בֹּקֶר בָּאֵשׁ תִּשְׂרֹפוּ: יא וְכָכָה תֹּאכְלוּ אֹתוֹ
מָתְנֵיכֶם חֲגֻרִים נַעֲלֵיכֶם בְּרַגְלֵיכֶם וּמַקֶּלְכֶם בְּיֶדְכֶם וַאֲכַלְתֶּם אֹתוֹ בְּחִפָּזוֹן
פֶּסַח הוּא לַיהֹוָה:

The Order of the Pesach Sacrifice

L-rd of the Universe, You commanded us to make the Pesach sacrifice in its proper time, the fourteenth of Nissan, and You commanded the Kohanim to be at their work, and the Leviyim to be on their platform singing, and the Jewish people to be present saying the Hallel.

But now, for our sins, the Beis haMikdash is destroyed and the Pesach sacrifice cannot be made; we have neither Kohanim at their work nor Leviyim with their song nor the people with their sacrifices, so we must offer our sacrifices with our lips.

Therefore may it be Your will, G-d our L-rd and L-rd of our fathers, to account what we say as if we had brought the Pesach sacrifice in its proper time and had been present at its offering, and the Leviyim had sung the Hallel to thank You. For Your part, may You re-establish Your Mikdash; and we will go up and make the Pesach sacrifice before You in its proper time, as You wrote for us in Your Torah by the hand of Your servant Moshe (Shemos 12:3–11):

> *Speak to the whole Jewish people thus: On the tenth of this month they shall each of them take a lamb for his family, a lamb for each household. If the household are too few for a lamb, he and the neighbor who is closest to his house shall take [a lamb together] according to the number of people; you shall assess the lamb according to each person's eating.*
>
> *Your lamb must be an unblemished male in its first year; you may take it from the sheep or from the goats. It shall be in your care until the fourteenth day of this month, and then the whole assembled Jewish people shall slaughter it in the afternoon. They shall take some of its blood and put it on the two doorposts and on the lintel of the houses where they will be eating it. They shall eat the meat that night roasted over the fire; with matzos and bitter herbs they shall eat it. Do not eat any of it half-cooked or boiled in any way with water: only roasted over the fire with its head, its feet, and its innards. You shall not [deliberately] leave any of it until morning, and what is left of it until morning you shall burn in the fire. This is how you shall eat it: your belt tied around your waist, your shoes on your feet, and your staff in your hand; you shall eat it hastily – it is a Pesach for Hashem.*

כָּךְ הָיְתָה עֲבוֹדַת קָרְבַּן פֶּסַח בְּאַרְבָּעָה עָשָׂר בְּנִיסָן.

אֵין שׁוֹחֲטִין אוֹתוֹ אֶלָּא אַחַר תָּמִיד שֶׁל בֵּין הָעַרְבַּיִם, עֶרֶב פֶּסַח בֵּין בְּחוֹל בֵּין בְּשַׁבָּת הָיָה הַתָּמִיד נִשְׁחָט בְּשֶׁבַע וּמֶחֱצָה וְקָרֵב בִּשְׁמוֹנָה וּמֶחֱצָה. וְאִם חָל עֶרֶב פֶּסַח לִהְיוֹת עֶרֶב שַׁבָּת, הָיוּ שׁוֹחֲטִין אוֹתוֹ בְּשֵׁשׁ וּמֶחֱצָה וְקָרֵב בְּשֶׁבַע וּמֶחֱצָה, וְהַפֶּסַח אַחֲרָיו.

כָּל אָדָם מִיִּשְׂרָאֵל אֶחָד הָאִישׁ וְאֶחָד הָאִשָּׁה, כָּל שֶׁיָּכֹל לְהַגִּיעַ לִירוּשָׁלַיִם בִּשְׁעַת שְׁחִיטַת הַפֶּסַח, חַיָּב בְּקָרְבַּן פֶּסַח. מְבִיאוֹ מִן הַכְּבָשִׂים אוֹ מִן הָעִזִּים. זָכָר תָּמִים בֶּן שָׁנָה. וְשׁוֹחֲטוֹ בְּכָל מָקוֹם בָּעֲזָרָה, אַחַר גְּמַר עֲבוֹדַת תָּמִיד הָעֶרֶב וְאַחַר הֲטָבַת הַנֵּרוֹת. וְאֵין שׁוֹחֲטִין הַפֶּסַח וְלֹא זוֹרְקִין הַדָּם וְלֹא מַקְטִירִין הַחֵלֶב עַל הֶחָמֵץ.

שָׁחַט הַשּׁוֹחֵט וְקִבֵּל דָּמוֹ כֹּהֵן שֶׁבְּרֹאשׁ הַשּׁוּרָה בִּכְלִי שָׁרֵת וְנוֹתֵן לַחֲבֵרוֹ וַחֲבֵרוֹ לַחֲבֵרוֹ, כֹּהֵן הַקָּרוֹב אֵצֶל הַמִּזְבֵּחַ זוֹרְקוֹ זְרִיקָה אַחַת כְּנֶגֶד הַיְסוֹד. וְחוֹזֵר הַכְּלִי רֵיקָן לַחֲבֵרוֹ וַחֲבֵרוֹ לַחֲבֵרוֹ, מְקַבֵּל אֶת הַמָּלֵא וּמַחֲזִיר אֶת הָרֵיקָן. וְהָיוּ הַכֹּהֲנִים עוֹמְדִים שׁוּרוֹת וּבִידֵיהֶם בָּזִיכִים שֶׁכֻּלָּן כֶּסֶף אוֹ כֻּלָּן זָהָב, וְלֹא הָיוּ מְעֹרָבִים, וְלֹא הָיוּ לַבָּזִיכִין שׁוּלַיִם שֶׁלֹּא יַנִּיחוּם וְיִקְרַשׁ הַדָּם.

אַחַר כָּךְ תּוֹלִין אֶת הַפֶּסַח בְּאוּנְקְלִיּוֹת, וּמַפְשִׁיט אוֹתוֹ כֻּלּוֹ וְקוֹרְעִין בִּטְנוֹ וּמוֹצִיאִים אֵימוּרִין. הַחֵלֶב שֶׁעַל הַקֶּרֶב וְיוֹתֶרֶת הַכָּבֵד וּשְׁתֵּי הַכְּלָיוֹת וְחֵלֶב שֶׁעֲלֵיהֶן וְהָאַלְיָה לְעֻמַּת הֶעָצֶה, נוֹתְנָן בִּכְלִי שָׁרֵת וּמוֹלְחָן וּמַקְטִירָן הַכֹּהֵן עַל הַמַּעֲרָכָה חֶלְבֵי כָּל זֶבַח וָזֶבַח לְבַדּוֹ, בְּחוֹל, בַּיּוֹם וְלֹא בַּלַּיְלָה שֶׁהוּא יוֹם טוֹב. אֲבָל אִם חָל עֶרֶב פֶּסַח בְּשַׁבָּת מַקְטִירִין וְהוֹלְכִין כָּל הַלַּיְלָה וּמוֹצִיא קְרָבָיו וּמְמַחֶה אוֹתָן עַד שֶׁמֵּסִיר מֵהֶן הַפֶּרֶשׁ. שְׁחִיטָתוֹ וּזְרִיקַת דָּמוֹ וּמִחוּי קְרָבָיו וְהֶקְטֵר חֲלָבָיו דּוֹחִין אֶת הַשַּׁבָּת, וּשְׁאָר עִנְיָנָיו אֵין דּוֹחִין.

בְּשָׁלֹשׁ כִּתּוֹת הַפֶּסַח נִשְׁחָט, וְאֵין כַּת פְּחוּתָה מִשְּׁלֹשִׁים אֲנָשִׁים. נִכְנְסָה כַּת אַחַת נִתְמַלְּאָה הָעֲזָרָה נוֹעֲלִין אוֹתָהּ. וּבְעוֹד שֶׁהֵן שׁוֹחֲטִין וּמַקְרִיבִין וְכֹהֲנִים תּוֹקְעִין, הֶחָלִיל

THE ORDER OF THE PESACH SACRIFICE

[This is how the sacrifices were made in the Holy Temple each day:

The Temple day was divided into twelve hours, each of them lasting one-twelfth of the time between sunrise and sunset. In the morning, after the altar was cleared of ashes, the fire was laid again and a lamb was brought for the Tamid sacrifice, the "perpetual sacrifice" that was made every morning and evening. After it was slaughtered and its blood thrown on the altar, the great golden Menorah was cleaned and refilled with new oil and wicks, and then the limbs of the Tamid were put up on the altar to burn.

Afterwards every man might bring his sacrifices. Every sacrifice has four mitzvos: slaughtering, catching the blood and bringing it to the altar, throwing the blood on the altar, and burning its eimurim on the altar: its organ fat, its kidneys, and the protruding lobe of its liver. Every Jew is allowed to do the first mitzvah himself, but the mitzvos from there on are only for the Kohanim.

The last work of the day was to offer the afternoon Tamid and light the golden Menorah. Afterwards no more sacrifices might be brought that day. But the Pesach sacrifice is unlike any other: it may only be slaughtered after the afternoon Tamid-sacrifice.]

Every Jew, whether man or woman, who is able to get to Yerushalayim in time for the slaughtering is obligated to bring the Pesach sacrifice. It may be a lamb or a kid: an unblemished male in its first year. It may be slaughtered anywhere in the Temple Court, after the offering of the afternoon Tamid is finished and the Menorah has been lit for the night.

[All year long, the Tamid was slaughtered at eight-and-a-half hours of the day and offered on the altar at nine-and-a-half hours.] But on Erev Pesach, whether Shabbos or a weekday, the Tamid was slaughtered at seven-and-a-half hours and offered at eight-and-a-half hours [to allow time for everyone to offer his Pesach sacrifice]. And if Erev Pesach fell on Erev Shabbos, then they would slaughter it as early as possible, at six-and-a-half hours, and offer it at seven-and-a-half hours, with the Pesach sacrifice coming after it. The Pesach may not be slaughtered, nor its blood caught and thrown on the altar, nor its eimurim burned, as long as its owners and certain Kohanim have any chametz in their possession.

This is how the Pesach sacrifice was offered on the fourteenth of Nissan:

The Pesach was slaughtered in three groups, with never less than thirty men in each. The first group would go in to the middle courtyard, which was called the Court of Am Yisrael, because no one but Kohanim could go in any further. When the courtyard was full the gates were locked. As the people began to

מַכֶּה לִפְנֵי הַמִּזְבֵּחַ. הַלְוִיִּם קוֹרִין אֶת הַהַלֵּל. אִם גָּמְרוּ קֹדֶם שֶׁיַּקְרִיבוּ כֻּלָּם, שָׁנוּ. אִם שָׁנוּ שִׁלְּשׁוּ. עַל כָּל קְרִיאָה תָּקְעוּ וְהֵרִיעוּ וְתָקְעוּ. גָּמְרָה כַּת אַחַת לְהַקְרִיב, פּוֹתְחִין הָעֲזָרָה, יָצְאָה כַּת רִאשׁוֹנָה נִכְנְסָה כַּת שְׁנִיָּה. נָעֲלוּ דַּלְתוֹת הָעֲזָרָה. גָּמְרָה יָצְאָה שְׁנִיָּה נִכְנְסָה שְׁלִישִׁית. כְּמַעֲשֵׂה הָרִאשׁוֹנָה כָּךְ מַעֲשֵׂה הַשְּׁנִיָּה וְהַשְּׁלִישִׁית.

אַחַר שֶׁיָּצְאוּ כֻּלָּן רוֹחֲצִין הָעֲזָרָה מִלִּכְלוּכֵי הַדָּם וַאֲפִלּוּ בַּשַּׁבָּת. אַמַּת הַמַּיִם הָיְתָה עוֹבֶרֶת בָּעֲזָרָה, כְּשֶׁרוֹצִין לְהָדִיחַ הָרִצְפָּה סוֹתְמִין מְקוֹם יְצִיאַת הַמַּיִם וְהִיא מִתְמַלְּאָה עַל כָּל גְּדוֹתֶיהָ, עַד שֶׁהַמַּיִם עוֹלִין וְצָפִין וּמְקַבְּצִין אֲלֵיהֶם כָּל דָּם וְלִכְלוּךְ שֶׁבָּעֲזָרָה. אַחַר כָּךְ פּוֹתְחִין הַסְּתִימָה וְיוֹצְאִין הַמַּיִם עִם הַלִּכְלוּךְ. נִמְצֵאת הָרִצְפָּה מְנֻקָּה, זֶהוּ כְּבוֹד הַבַּיִת.

יָצְאוּ כָּל אֶחָד עִם פִּסְחוֹ וְצָלוּ אוֹתָם. כֵּיצַד צוֹלִין אוֹתוֹ, מְבִיאִין שִׁפּוּד שֶׁל רִמּוֹן, תּוֹחֲבוֹ מִתּוֹךְ פִּיו עַד בֵּית נְקוּבָתוֹ, וְתוֹלֵהוּ לְתוֹךְ הַתַּנּוּר וְהָאֵשׁ לְמַטָּה, וְתוֹלֶה כְּרָעָיו וּבְנֵי מֵעָיו חוּצָה לוֹ. וְאֵין מְנַקְּרִין אֶת הַפֶּסַח כִּשְׁאָר בָּשָׂר.

בַּשַּׁבָּת אֵינָן מוֹלִיכִין אֶת הַפֶּסַח לְבֵיתָם, אֶלָּא כַּת רִאשׁוֹנָה יוֹצְאִים בְּפִסְחֵיהֶם וְיוֹשְׁבִין בְּהַר הַבַּיִת. הַשְּׁנִיָּה יוֹצְאִין עִם פִּסְחֵיהֶם וְיוֹשְׁבִין בַּחֵיל. הַשְּׁלִישִׁית בִּמְקוֹמָהּ עוֹמֶדֶת. חֲשֵׁכָה יָצְאוּ וְצָלוּ אֶת פִּסְחֵיהֶן.

כְּשֶׁמַּקְרִיבִין אֶת הַפֶּסַח בָּרִאשׁוֹן מַקְרִיבִין בְּיוֹם י"ד זֶבַח שְׁלָמִים מִן הַבָּקָר אוֹ מִן הַצֹּאן גְּדוֹלִים אוֹ קְטַנִּים זְכָרִים אוֹ נְקֵבוֹת. וְהִיא נִקְרֵאת חֲגִיגַת אַרְבָּעָה עָשָׂר. עַל זֶה נֶאֱמַר בַּתּוֹרָה וְזָבַחְתָּ פֶּסַח לַה' אֱלֹהֶיךָ צֹאן וּבָקָר. וְלֹא קְבָעָהּ הַכָּתוּב חוֹבָה אֶלָּא רְשׁוּת בִּלְבַד. מִכָּל-מָקוֹם הִיא כְּחוֹבָה מִדִּבְרֵי סוֹפְרִים כְּדֵי שֶׁיְּהֵא הַפֶּסַח נֶאֱכָל עַל הַשֹּׂבַע.

אֵימָתַי מְבִיאִין עִמּוֹ חֲגִיגָה, בִּזְמַן שֶׁהוּא בָּא בְּחוֹל בְּטָהֳרָה וּבְמוּעָט וְנֶאֱכֶלֶת לִשְׁנֵי יָמִים וְלַיְלָה אֶחָד. וְדִינָהּ כְּכָל תּוֹרַת זִבְחֵי הַשְּׁלָמִים, טְעוּנָה סְמִיכָה וּנְסָכִים וּמַתַּן דָּמִים שְׁתַּיִם שֶׁהֵן אַרְבַּע וּשְׁפִיכַת שִׁירַיִם לַיְסוֹד.

זֶהוּ סֵדֶר עֲבוֹדַת קָרְבַּן פֶּסַח וַחֲגִיגָה שֶׁעָשׂוּ בְּבֵית אֱלֹהֵינוּ שֶׁיִּבָּנֶה בִּמְהֵרָה בְיָמֵינוּ אָמֵן.

יִהְיוּ לְרָצוֹן אִמְרֵי פִי וְהֶגְיוֹן לִבִּי לְפָנֶיךָ יְהֹוָה צוּרִי וְגֹאֲלִי.

slaughter their sacrifices and the blood and eimurim were passed along to the altar, the Kohanim blew the shofar, the Levite musicians began to play before the altar, and the Leviyim of the choir sang the Hallel.

The Kohanim stood in rows, stretching all the way across the inner courtyard to the altar, while the people entered with their sacrifices. Each man came up to the head of a line of Kohanim and slaughtered his sacrifice. The Kohen at the head of the line caught its life-blood in a holy vessel and passed it to the next Kohen, and he to the next, and the Kohen closest to the altar would throw it, all in one go, towards the base of the altar. Then the empty vessel was passed back from hand to hand: each one would pass a full vessel forward and an empty one back. The Kohanim stood thus in rows with vessels all of silver or all of gold in their hands, only one kind in each row. The vessels had no feet so that they could not be put down, for if the blood of one of the sacrifices were allowed to clot it would no longer be fit to throw and that Pesach would be forbidden to eat.

Next the Pesach was hung on a hook and skinned. The belly was slit open and the eimurim, that go on the altar, were removed: the belly fat, the protruding lobe of the liver and a bit of the liver with it, the two kidneys and their fat, and (if it was a sheep) the fat tail with a bit of the spine. The Kohanim put the parts in a holy vessel, salted them, and burned them in the fire on the altar, the parts from each sacrifice separately. When Erev Pesach falls on a weekday they are burned right away, and all the parts must be put up on the altar fire before nightfall, for by then it would be Yom Tov. But things made holy on Shabbos are an exception to this rule, so when Erev Pesach falls on Shabbos, if any of the parts were forgotten and not put up on the altar right away they may be put up and burned all night long, even though it is Yom Tov.

After this the intestines are pulled out and squeezed to remove the excrement from them. Slaughtering the Pesach, throwing its blood, cleaning its intestines, and burning its parts override Shabbos, but the other things that need to be done must wait until the night.

If the Leviyim finished singing the Hallel before everyone was finished with his sacrifice, they would sing the Hallel again, and a third time, too, if necessary. Every time they began to sing, a Teki'ah-Teru'ah-Teki'ah was blown. When the first group was all finished, the gates were opened; one group went out and the next came in, and the gates were locked again. When they were finished, they went out and the third group came in. Everything was done in the second and third groups the same as in the first.

After everyone had left, the Kohanim would wash the Inner Court clean of the blood, even if it was Shabbos. It was done like this: an aqueduct passed through the Court, and whenever the Kohanim wanted to wash the floor they would stop up the exit, and the water would overflow into the Court and mix with all the blood and dirt. Then they would open the exit and the water would rush out with all the blood and dirt, and there would be a clean floor in honor of Shabbos.

As soon as he left the Court of Am Yisrael, each man hurried home with his Pesach and roasted it. This is how it is roasted: a spit of pomegranate wood is passed from the mouth to the anus, and the Pesach is hung on it in the oven with the fire below. The feet and innards are hung on the spit away from the body. The Pesach is not cut open and cleaned in the same way as other meat, so as to keep it whole. Pomegranate wood is used for the spit because other woods exude sap when heated, which "boils" the Pesach, but pomegranate wood does not. A metal spit cannot be used because it becomes hot enough to cook the meat around it, and the Torah says, "roasted over the fire", not with heated metal; but a grill of metal bars over the fire may be used.

On Shabbos the Pesach was not brought home right away: instead, the first group would come out of the Court of Am Yisrael with their sacrifices and sit on the Temple Mount, then when the second group came out they would sit in the Outer Court, and the third would just sit where they were. When it was dark and Shabbos was over they would all go home and roast their sacrifices.

All those who bring their sacrifice on the fourteenth of Nissan also offer a Shelamim-sacrifice: any kind of sheep, goat, or cattle, young or old, male or female. This kind of Shelamim is called a Chagigah, a Festival-sacrifice, and the Torah calls this one a "Chagigah of the Fourteenth [of Nissan]." And where is it mentioned in the Torah? "You shall slaughter a Pesach sacrifice to G-d your L-rd, sheep and cattle." (Devarim 16:2). The Pesach itself can never be from cattle, so we learn that a Chagigah must come with it. According to the Torah this sacrifice is voluntary, but the Rabbis made it almost an obligation, so that the Pesach should be eaten when the company are already full.

However, the Chagigah is not always brought with the Pesach. When Erev Pesach falls on a weekday, and all are purified, and their Pesach is too small to satisfy all of them, then they bring a Chagigah too. But if Erev Pesach falls on Shabbos, or all are not purified, or there is enough meat on their Pesach to satisfy them all completely, then they do not bring a Chagigah.

The Chagigah may be eaten for two days and the night in between them. It comes under the laws of a regular Shelamim sacrifice: the one who brings it must lay his hands on its head, wine for the nesachim must be brought with it and poured over the horn of the altar, and the blood must be thrown on the altar "twice that makes four times": the Kohen goes over to one corner of the altar and throws half the blood, making it run along two sides of the altar at once. Then he goes to the opposite corner and does the same, so that in two throws the blood has touched all four sides. The blood left in the vessel must be poured out at the base of the altar.

This is how to offer the Pesach sacrifice and the Chagigah sacrifice with it in the House of our L-rd, may it be built soon, in our days, Amen.

May the words of my mouth and the meditation of my heart be pleasing before You, O Eternal, my Rock and my Redeemer.

Candle Lighting

BEFORE KIDDUSH, the woman of the house lights candles, saying two blessings:

בָּרוּךְ אַתָּה יְהֹוָה אֱלֹהֵינוּ מֶלֶךְ הָעוֹלָם אֲשֶׁר קִדְּשָׁנוּ בְּמִצְוֹתָיו וְצִוָּנוּ לְהַדְלִיק נֵר [שֶׁל שַׁבָּת וְ] שֶׁל־יוֹם טוֹב.

Blessed are You, Hashem our G-d, King of the Universe, Who has sanctified us with His mitzvos, and has commanded us to light the candles of [Shabbos and of] the Festival.

בָּרוּךְ אַתָּה יְהֹוָה אֱלֹהֵינוּ מֶלֶךְ הָעוֹלָם שֶׁהֶחֱיָנוּ וְקִיְּמָנוּ וְהִגִּיעָנוּ לַזְּמַן הַזֶּה.

Blessed are you, Hashem our G-d, King of the Universe, Who has kept us alive, sustained us, and brought us to this season.

If Pesach falls on a weekday, she can wait until after *Ma'ariv* to light the candles, or she can light at sunset, or even earlier. She says the blessings first, and then she lights. If she is lighting after sunset, however, she must remember not to strike a match, as she is accustomed to do when she is lighting candles for Shabbos, which is always done before sunset. Rather, she lights the Festival candles from an existing flame.

If Pesach falls on Shabbos, she lights the candles as she normally lights for Shabbos – before sunset – and says the blessings after lighting. In her blessing, she mentions Shabbos, as well: "and has commanded us to light the candles of Shabbos and of the Festival." Then she says the *Shehecheyanu* blessing.

While saying *Shehecheyanu*, she should have in mind that her blessing refer to all the mitzvos of Pesach, just as the leader of the Seder has this in mind when he recites the *Shehecheyanu* after reciting Kiddush.

הַגָּדָה
שֶׁל
פֶּסַח

The Pesach Haggadah

❊ קַדֵּשׁ ❊

Pour the first cup, pick it up with both hands, and hold it in the right hand. Before beginning to recite the blessings, some say aloud:

הִנְנִי מוּכָן וּמְזוּמָן לְקַיֵּם מִצְוַת קִדּוּשׁ וּמִצְוַת כּוֹס רִאשׁוֹן
שֶׁל אַרְבַּע כּוֹסוֹת.

If the Seder falls on Shabbos, start here:

(In an undertone:) וַיְהִי עֶרֶב וַיְהִי בֹקֶר

(Out loud:)

יוֹם הַשִּׁשִּׁי. וַיְכֻלּוּ הַשָּׁמַיִם וְהָאָרֶץ וְכָל צְבָאָם: וַיְכַל אֱלֹהִים בַּיּוֹם הַשְּׁבִיעִי מְלַאכְתּוֹ אֲשֶׁר עָשָׂה וַיִּשְׁבֹּת בַּיּוֹם הַשְּׁבִיעִי מִכָּל מְלַאכְתּוֹ אֲשֶׁר עָשָׂה: וַיְבָרֶךְ אֱלֹהִים אֶת יוֹם הַשְּׁבִיעִי וַיְקַדֵּשׁ אֹתוֹ כִּי בוֹ שָׁבַת מִכָּל מְלַאכְתּוֹ אֲשֶׁר בָּרָא אֱלֹהִים לַעֲשׂוֹת:

When the Seder comes on a weekday, start here:

סַבְרִי מָרָנָן וְרַבָּנָן וְרַבּוֹתַי:

בָּרוּךְ אַתָּה יְהֹוָה אֱלֹהֵינוּ מֶלֶךְ הָעוֹלָם
בּוֹרֵא פְּרִי הַגָּפֶן:

בָּרוּךְ אַתָּה יְהֹוָה אֱלֹהֵינוּ מֶלֶךְ הָעוֹלָם אֲשֶׁר בָּחַר בָּנוּ מִכָּל עָם וְרוֹמְמָנוּ מִכָּל לָשׁוֹן וְקִדְּשָׁנוּ בְּמִצְוֹתָיו. וַתִּתֶּן לָנוּ יְהֹוָה אֱלֹהֵינוּ בְּאַהֲבָה (לשבת: שַׁבָּתוֹת לִמְנוּחָה וּ) מוֹעֲדִים לְשִׂמְחָה, חַגִּים וּזְמַנִּים לְשָׂשׂוֹן (לשבת: אֶת יוֹם הַשַּׁבָּת הַזֶּה וְ) אֶת יוֹם חַג הַמַּצּוֹת הַזֶּה זְמַן חֵרוּתֵנוּ (לשבת: בְּאַהֲבָה) מִקְרָא קֹדֶשׁ זֵכֶר לִיצִיאַת מִצְרָיִם. כִּי בָנוּ בָחַרְתָּ וְאוֹתָנוּ קִדַּשְׁתָּ מִכָּל

🕮 Kadesh — The Pesach Kiddush 🕮

Pour the first cup, pick it up with both hands, and hold it in the right hand. Before beginning to recite the blessings, some say aloud:

Here I am, ready and willing to fulfill the mitzvah of Kiddush and drink the first cup of the Four Cups.

If the Seder falls on Shabbos, start here:
(In an undertone:) It was evening, and it was morning,

(Out loud:)

The sixth day. Heaven and earth were finished with all their legions. On the seventh day G-d finished His work that He had been doing, and He desisted on the seventh day from His work that He had been doing. G-d Blessed the seventh day and made it holy, for on it He desisted from all His work that He had created and made.

When the Seder comes on a weekday, start here:
Your attention, gentlemen!

*B*LESSED ARE YOU, *Hashem our G-d, King of the Universe, Who creates the fruit of the vine.*

BLESSED ARE YOU, *Hashem our G-d, King of the Universe, Who chose us out of all peoples and exalted us more than any tongue, and made us holy with His mitzvos. Hashem our G-d, You gave us with love [*On Shabbos: *Sabbaths for rest and] Festivals for happiness, celebrations and times for joy: this [*On Shabbos: *Shabbos day and this] day of the Festival of Matzos, the time of our liberty, a hallowed day [*On Shabbos: *with love] in memory of the Exodus. For You chose us and made us holy out of all peoples, and gave*

הָעַמִּים. (לשבת: וְשַׁבָּת) וּמוֹעֲדֵי קָדְשֶׁךָ (לשבת: בְּאַהֲבָה וּבְרָצוֹן) בְּשִׂמְחָה וּבְשָׂשׂוֹן הִנְחַלְתָּנוּ. בָּרוּךְ אַתָּה יְהֹוָה מְקַדֵּשׁ (לשבת: הַשַּׁבָּת וְ) יִשְׂרָאֵל וְהַזְּמַנִּים:

If the Seder falls on Motza'ei Shabbos, add these two berachos before Shehecheyanu:

בָּרוּךְ אַתָּה יְהֹוָה אֱלֹהֵינוּ מֶלֶךְ הָעוֹלָם
בּוֹרֵא מְאוֹרֵי הָאֵשׁ:

בָּרוּךְ אַתָּה יְהֹוָה אֱלֹהֵינוּ מֶלֶךְ הָעוֹלָם הַמַּבְדִּיל בֵּין קֹדֶשׁ לְחֹל בֵּין אוֹר לְחֹשֶׁךְ בֵּין יִשְׂרָאֵל לָעַמִּים בֵּין יוֹם הַשְּׁבִיעִי לְשֵׁשֶׁת יְמֵי הַמַּעֲשֶׂה. בֵּין קְדֻשַּׁת שַׁבָּת לִקְדֻשַּׁת יוֹם טוֹב הִבְדַּלְתָּ. וְאֶת יוֹם הַשְּׁבִיעִי מִשֵּׁשֶׁת יְמֵי הַמַּעֲשֶׂה קִדַּשְׁתָּ. הִבְדַּלְתָּ וְקִדַּשְׁתָּ אֶת עַמְּךָ יִשְׂרָאֵל בִּקְדֻשָּׁתֶךָ: בָּרוּךְ אַתָּה יְהֹוָה הַמַּבְדִּיל בֵּין קֹדֶשׁ לְקֹדֶשׁ:

When saying Shehecheyanu, have in mind that it covers the Yom Tov itself and all the mitzvos of this night.
Women [and men, too] who made this berachah when lighting the candles should not make it again during Kiddush, and should not answer Amen to it.

בָּרוּךְ אַתָּה יְהֹוָה אֱלֹהֵינוּ מֶלֶךְ הָעוֹלָם
שֶׁהֶחֱיָנוּ וְקִיְּמָנוּ וְהִגִּיעָנוּ לַזְּמַן הַזֶּה:

Recline on the left side and drink the whole cup, or at least most of it, without pausing in the middle. Everyone should have in mind that they are doing the mitzvah of drinking the first of the Four Cups.

us Your holy [On Shabbos: *Shabbos and*] *Festivals* [On Shabbos: *with willing love and*] *with happiness and joy, to be our inheritance. Blessed are you, G-d our L-rd, Who makes* [On Shabbos: *Shabbos and*] *the Jewish people and the times holy.*

> *If the Seder falls on Motza'ei Shabbos, add these*
> *two berachos before Shehecheyanu:*

BLESSED ARE YOU, *Hashem our G-d, King of the Universe, Who creates lights of fire.*

BLESSED ARE YOU, *Hashem our G-d, King of the Universe, Who separates between holy and secular, between light and darkness, between the Jewish people and the gentiles, between the seventh day and the six days of activity. You made a separation between the holiness of Yom Tov and the holiness of Shabbos, and made the seventh day more holy than the six days of activity; You separated and hallowed Your people Israel with Your holiness. Blessed are you, Hashem, Who separates between one holiness and another.*

> *When saying Shehecheyanu, have in mind that it covers*
> *the Yom Tov itself and all the mitzvos of this night.*
> *Women [and men, too] who made this berachah when lighting the candles*
> *should not make it again during Kiddush, and should not answer Amen to it.*

*B*LESSED ARE YOU, *Hashem our G-d, King of the Universe, Who has given us life, sustained us, and brought us to this time.*

> *Recline on the left side and drink the whole cup, or at least most of*
> *it, without pausing in the middle. Everyone should have in mind that*
> *they are doing the mitzvah of drinking the first of the Four Cups.*

וּרְחַץ

Everyone washes his hands (some people's custom is that only the leader of the Seder washes); the berachah for hand-washing is not said.

כַּרְפַּס

Take less than a k'zayis, dipping it into salt water or vinegar, saying the following blessing. Have in mind that the blessing also will pertain to the maror which is eaten later. Eat without reclining, and distribute to all who are at the table.

בָּרוּךְ אַתָּה יְהֹוָה אֱלֹהֵינוּ מֶלֶךְ הָעוֹלָם
בּוֹרֵא פְּרִי הָאֲדָמָה:

יַחַץ

Break the middle matzah into two pieces. Place the larger half in a white cloth, and hide it for the Afikoman. Replace the smaller half between the two whole matzos.

מַגִּיד

While saying the Haggadah we need to have in mind that telling the Pesach story on the Seder night is one of the mitzvos of the Torah.

Before beginning the story, some say:

הִנְנִי מוּכָן וּמְזוּמָן לְקַיֵּם הַמִּצְוָה לְסַפֵּר בִּיצִיאַת מִצְרַיִם.

Some say:

בִּבְהִילוּ יָצָאנוּ מִמִּצְרַיִם.

U'RECHATZ — WASHING

Everyone washes his hands (some people's custom is that only the leader of the Seder washes); the berachah for hand-washing is not said.

KARPAS

Take less than a k'zayis, dipping it into salt water or vinegar, saying the following blessing. Have in mind that the blessing also will pertain to the maror which is eaten later. Eat without reclining, and distribute to all who are at the table.

BLESSED ARE YOU, *Hashem our G-d, King of the Universe, Who creates the fruit of the earth.*

YACHATZ — DIVIDING THE MATZAH

Break the middle matzah into two pieces. Place the larger half in a white cloth, and hide it for the Afikoman. Replace the smaller half between the two whole matzos.

MAGGID — THE PESACH STORY

While saying the Haggadah we need to have in mind that telling the Pesach story on the Seder night is one of the mitzvos of the Torah.

Before beginning the story, some say:
Here I am, ready and willing to fulfill the mitzvah of telling about the Exodus.

Some say:
Our exit from Egypt was in haste.

The head of the household lifts the Seder plate, with the matzos on it, and says together with everyone at the table, in a clear voice, happily:

הָא לַחְמָא עַנְיָא
דִּי אֲכָלוּ אַבְהָתָנָא
בְּאַרְעָא דְמִצְרָיִם.
כָּל דִּכְפִין יֵיתֵי וְיֵכוֹל.
כָּל דִּצְרִיךְ יֵיתֵי וְיִפְסַח.
הָשַׁתָּא הָכָא
לְשָׁנָה הַבָּאָה בְּאַרְעָא דְיִשְׂרָאֵל.
הָשַׁתָּא עַבְדֵי
לְשָׁנָה הַבָּאָה בְּנֵי חוֹרִין:

אמת ליעקב

"הָא לַחְמָא עַנְיָא דִּי אֲכָלוּ אַבְהָתָנָא בְּאַרְעָא דְמִצְרָיִם". הַנִּרְאֶה הַהֶבְדֵּל בֵּין נוּסְחַת **"הָא כְּלַחְמָא"** וּבֵין נוּסְחַת **"הָא לַחְמָא"**, עַל פִּי מָשָׁל –

לְעָנִי אֶחָד סוֹבֵב עַל עֲיָרוֹת וּבְיָדוֹ הָיָה אֵיזֶה סְחוֹרוֹת אֲשֶׁר דֶּרֶךְ עֲנִיִּים לַעֲשׂוֹת מִסְחָר בָּהֶם: צִיצִית, מְזוּזוֹת, וְכַדּוֹמֶה. פַּעַם בָּא לְעִיר וְהִתְחִיל לְסַבֵּב עֲבוּר עִסְקוֹ זֶה, וַיְהִי אִישׁ מַצְלִיחַ וַיֵּלֶךְ הָלוֹךְ וְגָדֵל עַד כִּי גָדַל מְאֹד, וַיִּגְמֹר אֹמֶר אֲשֶׁר הַיּוֹם הַהוּא שֶׁבָּא בּוֹ לָעִיר הַזֹּאת, לַעֲשׂוֹתוֹ יוֹם-טוֹב בְּכָל תְּקוּפוֹת הַשָּׁנָה עַל הֱיוֹת בּוֹאוֹ בְּשָׁעָה מֻצְלַחַת, וְהָיָה קוֹרֵא אֶת הַיּוֹם הַהוּא "תַּרְמִיל יוֹם-טוֹב" עַל כִּי בָּא שָׁם אַךְ בְּיַלְקוּטוֹ וּבְתַרְמִילוֹ. וּבְהַגִּיעַ הַיּוֹם-טוֹב הַזֶּה הָיָה מִנְהָגוֹ לָקַחַת יַלְקוּטוֹ זֶה עַל כְּתֵפוֹ לְזִכָּרוֹן, וְהָיָה מִנְהָגוֹ אֲשֶׁר הַיּוֹם-טוֹב הַזֶּה הָיָה חָבִיב אֶצְלוֹ מִכָּל הַמּוֹעֲדִים, עַד כִּי גַּם הַמַּלְבּוּשִׁים הַנְּהוּגִים לַעֲשׂוֹתָם עַל הַמּוֹעֲדִים לֹא עָשָׂה בְּכֻלָּם, לְבַד בְּ"תַרְמִיל יוֹם-טוֹב" הַזֶּה עָשָׂה לוֹ וּלְבָנָיו בְּגָדִים יְקָרִים.

וַיְהִי הַיּוֹם וַיִּקֶר מִקְרֶה לְהָאִישׁ הַהוּא וְאִבֵּד אֶת כָּל הוֹנוֹ וּרְכוּשׁוֹ אֲשֶׁר רָכַשׁ בָּעִיר הַזֹּאת, וְהָיָה יוֹשֵׁב וְדוֹאֵג לֵאמֹר, "מַה נַּעֲשֶׂה מֵעַתָּה, כִּי אִם תַּם הַכֶּסֶף, וּמֵאַיִן נִתְפַּרְנֵס?" וַתֹּאמֶר לוֹ אִשְׁתּוֹ: "מַה לְּךָ כִּי תִדְאַג כָּל כָּךְ? הֲלֹא עָלֶיךָ לִזְכֹּר מִחְיָתְךָ תְּחִלָּה, טֶרֶם הִשַּׂגְנוּ הָעֹשֶׁר הַהוּא, שֶׁהָיִיתָ לָבוּשׁ בְּיַלְקוּטְךָ וּבְתַרְמִילְךָ – וְהַהֶכְרֵחַ לֹא יְגֻנֶּה! לְבַשׁ גַּם עַתָּה עוֹד הַפַּעַם הַיַּלְקוּט הַזֶּה."

The head of the household lifts the Seder plate, with the matzos on it, and says together with everyone at the table, in a clear voice, happily:

THIS IS THE BREAD *of poverty that our forefathers ate in the land of Egypt. Whoever is hungry, let him come and eat! Whoever is in need, let him come and join in the Pesach! This year, we are here; next year, in the Land of Israel. This year, we are slaves; next year, free men!*

∽ EMES L'YAAKOV ∽

הא לחמא עניא **This is the bread of poverty that our forefathers ate in the land of Egypt.** This is the most familiar version of this paragraph. There is another version, found in some manuscripts and printed editions of the Haggadah, that begins: כהא לחמא עניא, literally, "**Like this, is the bread of poverty…**" [A third version, less common, reads: הא כלחמא עניא "**This is like the bread of poverty…**"]

According to the first version, this matzah before us is actually the bread of poverty; in the others, matzah is a symbol or reminder of the bread of poverty.

The difference can be explained by means of a parable:

A certain poor man used to travel around the small towns peddling merchandise of the sort usually sold by poor men: *tzitzis, mezuzos,* and the like. One day he arrived at a certain place and had unusual success, and thenceforward his luck continued to grow until he became a rich man. He decided that each year he would celebrate the date on which his luck had turned, treating the day as a Yom Tov. He called it "The Knapsack Yom Tov," to commemorate the knapsack with which he had gone around peddling until that time, and on every anniversary of the day he would put on his knapsack in memory of those hard times. In fact, he became so fond of this new holiday that when it came around he would do things that people normally do on a real holiday: he would buy new clothes for all the family, not on the official festivals, but on his "Knapsack Yom Tov."

However, there came a day when his luck turned again, and eventually he lost all his wealth and was again reduced to poverty. He was worried: "What will we do now? How will I feed the family?" His wife was very practical. "What are you worried about? Remember what you used to do before we were rich? You used to put your knapsack on your back and go around peddling! Necessity is no disgrace. Put your knapsack on your back again, and go out and earn some money!"

Pour the second cup of wine, and remove the Seder plate from the table, as if the meal were finished, in order that the children see, and ask. Here, the youngest of those at the table asks:

מַה נִּשְׁתַּנָּה הַלַּיְלָה הַזֶּה מִכָּל הַלֵּילוֹת.

שֶׁבְּכָל הַלֵּילוֹת אָנוּ אוֹכְלִין חָמֵץ וּמַצָּה.
הַלַּיְלָה הַזֶּה כֻּלּוֹ מַצָּה:

שֶׁבְּכָל הַלֵּילוֹת אָנוּ אוֹכְלִין שְׁאָר יְרָקוֹת.
הַלַּיְלָה הַזֶּה (כֻּלּוֹ) מָרוֹר:

שֶׁבְּכָל הַלֵּילוֹת אֵין אָנוּ מַטְבִּילִין אֲפִילוּ פַּעַם אֶחָת.
הַלַּיְלָה הַזֶּה שְׁתֵּי פְעָמִים:

שֶׁבְּכָל הַלֵּילוֹת אָנוּ אוֹכְלִין בֵּין יוֹשְׁבִין וּבֵין מְסֻבִּין.
הַלַּיְלָה הַזֶּה כֻּלָּנוּ מְסֻבִּין:

אמת ליעקב

וְהִנֵּה בְּנֵי הֶעָנִי הַזֶּה, הָיָה לָהֶם סִימָן לִתְבּוֹעַ מֵאֵת אֲבִיהֶם לַעֲשׂוֹת לָהֶם מַלְבּוּשִׁים, בִּרְאוֹתָם אוֹתוֹ לָבוּשׁ בְּיַלְקוּטוֹ זֶה עַל כְּתֵפוֹ, שֶׁזֶּה הָיָה לָהֶם לְאוֹת עַל הַיּוֹם־טוֹב הַהוּא אֲשֶׁר אָז דַּרְכּוֹ לְפַזֵּר וְלַעֲשׂוֹת לָהֶם מַלְבּוּשֵׁי כָבוֹד. וְהִנֵּה, בִּרְאוֹתָם עַתָּה הַיַּלְקוּט עַל כְּתֵפוֹ, בָּאוּ וְהִפְצִירוּ בּוֹ לַעֲשׂוֹת לָהֶם מַלְבּוּשִׁים כְּמִנְהָגוֹ מִיָּמִים יָמִימָה.

אָמַר לָהֶם: "מַה תַּחְשׁוֹבוּ, כִּי כְּאָז כֵּן עַתָּה?! הֲלֹא אָז הָיִיתִי בֶּאֱמֶת עָשִׁיר, אַךְ הָיָה מִנְהָגִי לָקַחַת הַיַּלְקוּט עַל כְּתֵפִי לְזִכְרוֹן הַחֶסֶד וְהַהַצְלָחָה, וְהָיִיתִי אַךְ כְּמִתְחַפֵּשׂ בִּדְמוּת עָנִי. לֹא כֵן עַתָּה, אֲנִי עָנִי בֶּאֱמֶת וְצָרִיךְ אֲנִי לָשֵׂאת הַיַּלְקוּט עַל שִׁכְמִי לֹא לְזִכָּרוֹן."

וְזֶה מַמָּשׁ הָעִנְיָן, כִּי בִּזְמַן הַבַּיִת הָיוּ אוֹכְלִים לֶחֶם עֹנִי בְּלֵילֵי פֶּסַח לְזִכְרוֹן הַנֵּס שֶׁנַּעֲשָׂה לַאֲבוֹתֵינוּ בְּמִצְרַיִם, וְהָיָה זֶה אַךְ לְדוּגְמָא וּלְזִכָּרוֹן, עַל כֵּן הָיָה נָכוֹן לוֹמַר אָז, **"הָא כְּלַחְמָא עַנְיָא כו'"**, כְּלוֹמַר, אַךְ דֶּרֶךְ דִּמְיוֹן. לֹא כֵן אַחַר חָרְבַּן הַבַּיִת, כִּי חָזַרְנוּ לְמַעֲמָדֵנוּ הָרִאשׁוֹן, אִם כֵּן יָאוּת לוֹמַר **"הָא לַחְמָא עַנְיָא כו'"**, כִּי הוּא זֶה מַמָּשׁ **"דִּי אֲכָלוּ אֲבָהָתָנָא בְּאַרְעָא דְמִצְרָיִם"**.

"מַה נִּשְׁתַּנָּה הַלַּיְלָה הַזֶּה מִכָּל הַלֵּילוֹת?" עַד **"עֲבָדִים הָיִינוּ לְפַרְעֹה בְּמִצְרָיִם"**. רָאוּי לְהָעִיר בְּתַכְלִית סִפּוּר עִנְיָן זֶה אֲשֶׁר, לִכְאוֹרָה, הַדָּבָר מַפְלִיא לֵב הָאָדָם מְאֹד.

כִּי זֶה יִתָּכֵן בְּשֶׁיִּקְרֶה לְאֶחָד, חַס וְשָׁלוֹם, מִקְרֶה רָעָה, שֶׁבֶר יָד אוֹ שֶׁבֶר רֶגֶל, וְיֵלֵךְ אֶל

Pour the second cup of wine, and remove the Seder plate from the table, as if the meal were finished, in order that the children see, and ask. Here, the youngest of those at the table asks:

WHY IS THIS NIGHT DIFFERENT FROM EVERY OTHER NIGHT?

Other nights we eat chametz and matzah;
this night, only matzah.

Other nights we eat every kind of vegetable;
this night, maror.

Other nights we do not dip [vegetables] even once;
this night, twice.

Other nights we eat either sitting or reclining;
this night we all recline.

~ EMES L'YAAKOV ~

The erstwhile peddler accepted his wife's good advice and, taking out his knapsack, filled it with cheap merchandise and put it on his back as before. His little children, upon seeing their father with his knapsack on his back, assumed that "Knapsack Yom Tov" had come again. "Where are our new clothes, Daddy?" they asked.

"Don't you understand?" he replied. "Things have changed! When I was really a rich man, I used to pretend that I was a poor peddler, with the knapsack on my back. Now, however, I am really a poor man, and I am wearing the knapsack for real!"

This then is the difference between the two versions. When we had the *Beis HaMikdash*, the Holy Temple in Jerusalem, we used to eat matzah as a symbolic reminder of the miracles of our deliverance from Egypt, and it was appropriate to say, **"This is *like* the bread of poverty that our forefathers ate in the land of Egypt."** However, now that we are bereft again, we can genuinely say **"*This* is the bread of poverty!"**

Why is this night different from every other night?...We were slaves to Pharaoh in Egypt! Concerning the purpose of this part of the narration, it is worth noting that, on the surface, it sounds very strange indeed.

Suppose that a person had an accident and broke an arm or a leg, and then went to a doctor, who patched him up and saw to it that his injury

Return the Seder plate to its original place, uncover the matzos and say:

עֲבָדִים הָיִינוּ לְפַרְעֹה בְּמִצְרָיִם, וַיּוֹצִיאֵנוּ יְהֹוָה אֱלֹהֵינוּ מִשָּׁם בְּיָד חֲזָקָה וּבִזְרוֹעַ נְטוּיָה, וְאִלּוּ לֹא הוֹצִיא הַקָּדוֹשׁ בָּרוּךְ הוּא אֶת אֲבוֹתֵינוּ מִמִּצְרַיִם, הֲרֵי אָנוּ וּבָנֵינוּ וּבְנֵי בָנֵינוּ מְשֻׁעְבָּדִים הָיִינוּ לְפַרְעֹה בְּמִצְרָיִם. וַאֲפִילוּ כֻּלָּנוּ חֲכָמִים, כֻּלָּנוּ נְבוֹנִים, כֻּלָּנוּ זְקֵנִים, כֻּלָּנוּ יוֹדְעִים אֶת הַתּוֹרָה, מִצְוָה עָלֵינוּ לְסַפֵּר בִּיצִיאַת מִצְרָיִם. שֶׁכָּל הַמַּרְבֶּה לְסַפֵּר בִּיצִיאַת מִצְרַיִם הֲרֵי זֶה מְשֻׁבָּח:

אמת ליעקב

הָרוֹפֵא וִירַפְּאֵהוּ, הִנֵּה הַחִיּוּב עַל הָאָדָם הַנִּרְפָּא הַהוּא לָבוֹא לְהַחֲזִיק טוֹבָה אֶל הָרוֹפֵא וּלְהוֹדוֹת לוֹ חַסְדּוֹ, כִּי הָעֲלָה אֲרוּכָה לְמִקְרֵהוּ. לֹא כֵן אִם הָרוֹפֵא עַצְמוֹ שִׁבֵּר יָדוֹ שֶׁל זֶה וְאַחַר כָּךְ רִפֵּא אוֹתוֹ, אֵין עַל הַנִּרְפָּא הַהוּא לָחוּשׁ עַל טוֹבָתוֹ וּלְהוֹדוֹת עַל רְפוּאָתוֹ, כִּי טוֹב הָיָה לוֹ בְּאִם לֹא הֶחֱלָהוּ וְלֹא הָיָה צָרִיךְ אֶל הָרְפוּאָה.

כֵּן הַדָּבָר בְּגָלוּתֵנוּ בְּמִצְרַיִם. כִּי אִם הָיָה עִנְיַן גָּלוּתֵנוּ עַל דֶּרֶךְ מִקְרֶה, כִּי בָא פַּרְעֹה וְהֶגְלָה אוֹתָנוּ מֵאֲחוּזָתֵנוּ וַיִּכְבֹּשׁ אוֹתָנוּ תַּחַת יָדוֹ, הָיָה הַחִיּוּב עָלֵינוּ לְהוֹדוֹת אֵלָיו יִתְבָּרַךְ עַל הַחֶסֶד הַגָּדוֹל הַזֶּה שֶׁהוֹצִיאָנוּ מִבֵּית עֲבָדִים; אֲבָל אַחַר כִּי הוּא יִתְבָּרַךְ בְּעַצְמוֹ הֶגְלָנוּ וְהוֹבִיל אוֹתָנוּ בְּיָד לְאֶרֶץ מִצְרַיִם, כְּמַאֲמַר "אָנֹכִי אֵרֵד עִמְּךָ מִצְרַיְמָה" (בראשית מו ד) וְכַמָּה גִּלְגֵּל עַל יוֹסֵף עַד אֲשֶׁר הֵבִיא יַעֲקֹב וְכָל זַרְעוֹ מִצְרַיְמָה – אִם כֵּן מַה לָּנוּ לְשַׁבֵּחַ עַל הַגְּאֻלָּה? יוֹתֵר טוֹב הָיָה בְּאִם לֹא הָיָה גּוֹלֶה אוֹתָנוּ מִתְּחִלָּה!

אָמְנָם, לָבוֹא אֶל הָעִנְיָן נַקְדִּים מִדְרְשָׁם ז"ל (פרשת ראה): "רְאֵה אָנֹכִי נוֹתֵן לִפְנֵיכֶם הַיּוֹם בְּרָכָה וּקְלָלָה" (דברים יא כו), לֹא לְרָעַתְכֶם נָתַתִּי לָכֶם בְּרָכוֹת וּקְלָלוֹת. לֹא נָתַתִּי לָכֶם אֶלָּא לְטוֹבַתְכֶם. מִנַּיִן? מִמַּה שֶּׁקָּרֵינָן בָּעִנְיָן: "רְאֵה אָנֹכִי נוֹתֵן לִפְנֵיכֶם הַיּוֹם בְּרָכָה וּקְלָלָה".

Return the Seder plate to its original place, uncover the matzos and say:

WE WERE SLAVES to Pharaoh in Egypt, and Hashem our G-d took us out of there with a strong hand and an outstretched arm. And if the Holy One, Blessed is He, had not taken our forefathers out of Egypt, then we, our children, and our children's children would still be enslaved to Pharaoh in Egypt. And even if we all were Sages, all wise, all elders, all learned in Torah, it would still be a mitzvah for us to tell about the Exodus from Egypt; and whoever elaborates on the story is to be praised.

◈ EMES L'YAAKOV ◈

healed perfectly. That person would be duty-bound to express his gratitude to the doctor for his services in assisting his recovery! But what if the doctor *himself* had broken someone's arm and then proceeded to repair it? Surely the victim would owe him *no* debt of gratitude for his services. It would be far better if he had not broken his limb in the first place!

It is the same with our Exile in Egypt. If it had all happened just "by chance," that Pharaoh had come and conquered our land and carried us off into Exile and enslaved us, then we would be duty-bound to thank and praise Hashem for His great kindness in rescuing us from bondage. But seeing that He Himself sent us into Exile and personally delivered us into the land of Egypt – as He said to Yaakov on his way down to Egypt (*Bereishis* 46:4): "I shall go down with you to Egypt" – and how convoluted was the whole story of Yosef in order that Yaakov and his entire family should be brought there – in view of all this, why are we expected to give thanks and praises for our Redemption? Would it not have been far better for us if He had never sent us into Exile in the first place?

To explain this, we will first cite a Midrash on *Devarim* 11:26: "See! I am setting before you today a blessing and a curse!" Says the Midrash, "Not for your harm have I given you blessings and curses. I have given you them for your good. How do we know this? From what we read in this verse, 'See! I am setting before you today a blessing and a curse!'"

וְהַהוֹכָחָה הַזֹּאת, מַה שֶּׁאָמַר "מִנַּיִן? כו'", הוּא לִכְאוֹרָה כְּדִבְרֵי הַסֵּפֶר הֶחָתוּם, כִּי אֵיכָכָה נִשְׁמַע מִמַּאֲמָר זֶה שֶׁהַכֹּל הוּא לְטוֹבַתְכֶם?

אָמְנָם, הִנֵּה כְּבָר כָּתַבְנוּ (באהל יעקב חלק א' פרשת לך) אֲשֶׁר מִדַּרְכֵי אֱלֹקֵינוּ יִתְבָּרַךְ לְבִלְתִּי הַעֲנִישׁ עוֹבְרֵי רְצוֹנוֹ עַד שֶׁהוּא מוֹדִיעַ לְאַנְשֵׁי סוֹדוֹ לֵאמֹר, כָּךְ עָלָה עַל רוּחִי, כַּאֲשֶׁר הוּעַד בַּנָּבִיא (עמוס ג ז): "כִּי לֹא יַעֲשֶׂה ה' אֱלֹקִים דָּבָר כִּי אִם גָּלָה סוֹדוֹ אֶל עֲבָדָיו הַנְּבִיאִים"; וּבַמִּדְרָשׁ (שמות רבה יב א): "הֵן אֵל יַשְׂגִּיב בְּכֹחוֹ מִי כָמוֹהוּ מוֹרֶה" (איוב לו כב), שֶׁמּוֹרֶה דֶּרֶךְ לַעֲשׂוֹת תְּשׁוּבָה.

כִּי הִנֵּה מִדָּתוֹ יִתְבָּרַךְ אֵינָהּ כְּמִדַּת בָּשָׂר וָדָם, כִּי בָּשָׂר וָדָם כַּאֲשֶׁר יִרְצֶה לַעֲשׂוֹת לַחֲבֵרוֹ רָעָה הוּא מַסְתִּיר דְּבָרָיו, לְמַעַן לֹא יִתְוַדַּע הַדָּבָר אֵלָיו וְיִתֵּן מוֹעֵצוֹת בְּנַפְשׁוֹ לְהָחִישׁ מִפְלָט לוֹ וְלֹא יוּכַל לַעֲשׂוֹת לוֹ מְאוּמָה. אֲבָל מִדַּת הַקָּדוֹשׁ בָּרוּךְ הוּא, בִּהְיוֹת עִקַּר רְצוֹנוֹ בְּקִיּוּם אִישֵׁי הָעוֹלָם וְחָפֵץ חֶסֶד הוּא, עַל כֵּן זֶה דַּרְכּוֹ לְהוֹדִיעַ אֵלֵינוּ אֶת אֲשֶׁר עִם לְבָבוֹ, לֵאמֹר כִּי רָעָה הוּא עוֹשֶׂה, חַס וְשָׁלוֹם, לְמַעַן יִשְׁמְעוּ הָאֲנָשִׁים וְיֶחֶרְדוּ עַל דְּבָרוֹ וְיִקְחוּ מוּסָר, וְלֹא יָבוֹא.

וּכְמַאֲמַר (תהלים עו ט): "מִשָּׁמַיִם הִשְׁמַעְתָּ דִּין". כְּלוֹמַר שֶׁהוּא מוֹדִיעַ לָהֶם כִּי הַדִּין מָתוּחַ, חַס וְשָׁלוֹם, וְעַל יְדֵי כֵּן "אֶרֶץ יָרְאָה וְשָׁקָטָה", וּכְדִבְרֵי הַדְּרָשׁ (שבת פח ע"א) מִתְּחִלָּה יָרְאָה וּלְבַסּוֹף שָׁקְטָה.

וְזֶהוּ מַמָּשׁ מַאֲמַר "לֹא לְרָעַתְכֶם נָתַתִּי לָכֶם בְּרָכוֹת וּקְלָלוֹת", כְּלוֹמַר לֹא תַחְשְׁבוּ כִּי חָפֵץ אָנֹכִי לְהָעִיק לָכֶם וְכֵן מִדָּתִי חָלִילָה אַךְ לְהָרַע; לֹא נָתַתִּי לָכֶם אֶלָּא לְטוֹבַתְכֶם, כִּי עִקַּר רְצוֹנִי לְהַצְמִיחַ עַל יְדֵי כֵן פְּעֻלַּת הַתְּשׁוּבָה.

וְהָרְאָיָה, סִיְּמוּ וְאָמְרוּ, "מִנַּיִן? מִמַּה שֶּׁקָּרֵינָן בָּעִנְיָן: 'רְאֵה אָנֹכִי נוֹתֵן לִפְנֵיכֶם הַיּוֹם בְּרָכָה וּקְלָלָה'", כְּלוֹמַר, הֲלֹא גַּם הַקְּלָלָה הִיא כְּתוּבָה וּגְלוּיָה לְפָנֵינוּ, וְאִם חָלִילָה יֹאבֶה בֶּאֱמֶת לְהָפִיק פְּעֻלָּה רָעָה, מַדּוּעַ הוֹדִיעַ זֹאת בַּכָּתוּב מְפֹרָשׁ? אִם לֹא שֶׁכָּל עִקַּר רְצוֹנוֹ בִּצְמִיחַת הַפְּעֻלָּה הַטּוֹבָה, וּכְמוֹ שֶׁבֵּאַרְנוּ.

וּמֵעַתָּה נֹאמַר בְּדֶרֶךְ כְּלָל, כִּי גַּם מַה שֶּׁחִיֵּב אוֹתָנוּ בְּסִפּוּרֵי גָּלוּת מִצְרַיִם וּלְסַפֵּר בִּתְהִלָּתוֹ עַל שֶׁגְּאָלָנוּ מִשָּׁם, הִנֵּה הַסִּבָּה בָּזֶה כְּמוֹ שֶׁאָמַרְנוּ, כִּי כָּל הַמִּקְרִים הָרָעִים שֶׁעָבְרוּ עָלֵינוּ בְּמִצְרַיִם, הֵמָּה סִבְּבוּ לָנוּ פְּעֻלּוֹת גְּדוֹלוֹת גְּבוֹהוֹת וְרָמוֹת. וְאֵין הַכַּוָּנָה

The logic of this Midrash seems problematic. How are we to deduce from these words in *Devarim* that everything Hashem has foretold for us is for our good?

As we have written in *Ohel Yaakov* [the author's commentary on the Torah] on *Parashas Lech Lecha*, it is Hashem's practice not to punish those who transgress His will without first informing His "counselors" (the Prophets) what He has in mind, as we read (*Amos* 3:7): "For Hashem does not do anything unless He has revealed His secret to His servants the Prophets." Why? Because, as we see in the Midrash (*Shemos Rabbah* 12:1): "'Behold, the Al-mighty exalts in His might, who is a teacher like Him?' (*Iyov* 36:22). [He exalts the righteous (the Prophets) with strength] in order to teach the wicked to repent."

That is to say, unlike mortals, who, when they intend to harm their fellowman, hide their intentions lest their victim find out and take measures to thwart their plans, Hashem, who really wishes to preserve all His creatures and extend His kindness to them, lets us know His intentions when He has in mind to harm us (Heaven forbid), so that we should listen and take note of His words, and mend our ways so that the evil will not happen!

This is what it says (*Tehillim* 76:9): "From the heavens You let judgment be heard; the earth trembled, and was at peace." This means that Hashem makes known his intention to execute judgment upon the inhabitants of the earth and as a result, the inhabitants of the earth are afraid, and repent, and then they are at peace and no harm comes to them. (See *Shabbos* 88a, where Chizkiyahu interpreted the apparent contradiction between "trembled" and "was at peace" in this way.)

Accordingly, this is just what the Midrash on *Devarim* 11:26 means: "Not for your harm have I given you blessings and curses. Do not think that I wish to harm you and that my intentions are for your discomfort! I have given them to you for your good! My whole idea was to give you the opportunity to repent."

How do we know this? We know this from what we read in this verse, "See! I am setting before you today a blessing and a curse!" That is to say, the curse, too, is written explicitly in the Torah and not concealed from us, whereas if Hashem had really intended to do us harm why did He inform us of His intention in advance? Only because His ultimate intention was for our good.

Now we can explain why we have been instructed to tell about the Exile in Egypt as well as the Redemption from it. It is because all the bad things that happened to us there were for our ultimate good and resulted in great and exalted achievements for us. The purpose of narrating the miracles

בְּסִפּוּרֵי הַנִּסִּים עַל שֶׁעָשָׂה יִתְבָּרֵךְ אוֹתָנוּ חָפְשִׁים בְּגוּף מֵעֶבֶד אֶת מִצְרַיִם - כִּי הֲלֹא כְּהַיּוֹם אֵין בֶּצַע וְיִתְרוֹן בַּגְּאֻלָּה הַהִיא בִּהְיוֹתֵנוּ מְשֻׁעְבָּדִים אֶל עַם אַחֵר, וּמַה לִי הָכָא [מַה לִי הָכָא].

אֲבָל עִקַּר הַדָּבָר הוּא כִּי בִּגְאֻלַּת מִצְרַיִם קָנוּ יִשְׂרָאֵל הַתּוֹעֶלֶת הָרַב וְהַשְׁלֵמוּת הַגָּדוֹל לְאֵין עֲרֹךְ, בְּהִזְדַּכֵּךְ נַפְשָׁם מִכָּל סִיג וְזוּהֲמָא, כְּהָגוֹ סִיגִים מִתּוֹךְ כֶּסֶף, וְנַעֲשׂוּ מוּכְשָׁרִים לְקַבֵּל תּוֹרַת אֱלֹקִים, כְּמַאֲמַר רַבִּי שִׁמְעוֹן בֶּן יוֹחַאי עָלָיו הַשָּׁלוֹם (ברכות ה ע"א): "שָׁלֹשׁ מַתָּנוֹת טוֹבוֹת נִתְּנוּ לְיִשְׂרָאֵל, וְכֻלָּם לֹא נִתְּנוּ אֶלָּא עַל יְדֵי יִסּוּרִין – תּוֹרָה, וְאֶרֶץ יִשְׂרָאֵל, [וְעוֹלָם הַבָּא]". וְהוּא מַה שֶׁסִּדֵּר אַחַר כָּךְ - "**בָּרוּךְ הַמָּקוֹם, בָּרוּךְ הוּא, בָּרוּךְ שֶׁנָּתַן תּוֹרָה לְעַמּוֹ יִשְׂרָאֵל כו'**" "**מִתְּחִלָּה עוֹבְדֵי עֲבוֹדָה זָרָה הָיוּ אֲבוֹתֵינוּ כו'**" – אֲשֶׁר כָּל זֶה שַׁיָּךְ לְמַתַּן תּוֹרָה וְלֹא בְּסִפּוּרֵי יְצִיאַת מִצְרַיִם. אֲבָל לִדְבָרֵינוּ הוּא כָּךְ, כִּי תְּחִלָּה הוּא מֵשִׁיב עַל שְׁאֵלַת "**מַה נִּשְׁתַּנָּה**" לֵאמֹר כִּי זֶהוּ אוֹת וְזִכָּרוֹן עַל הַטּוֹבָה הַנִּפְלָאָה שֶׁהֵטִיב יִתְבָּרֵךְ עִמָּנוּ בַּזְּמַן הַזֶּה. וּלְמַעַן לֹא נַחְשׁוֹב לוֹמַר כִּי הַגָּלוּת הָיָה עִנְיַן מִקְרֶה וְהִזְדַּמֵּן וְאֵין לְהוֹדוֹת רַק עַל הַהַצָּלָה, עַל כֵּן בָּא לַהֲבִינֵנוּ פְּעֻלַּת הַגָּלוּת וּמַה שֶּׁנִּצְמַח מִמֶּנּוּ, וְאָמַר: "**בָּרוּךְ הַמָּקוֹם, בָּרוּךְ הוּא, בָּרוּךְ שֶׁנָּתַן תּוֹרָה לְעַמּוֹ יִשְׂרָאֵל וכו'**" עַד "**וְיַעֲקֹב וּבָנָיו יָרְדוּ מִצְרָיְמָה**".

רָצָה לוֹמַר, כִּי לְקָרֵב אוֹתָנוּ לַעֲבוֹדָתוֹ יִתְבָּרֵךְ וְלָתֵת לָנוּ תּוֹרָתוֹ הָיָה מֵהַצֹּרֶךְ לִהְיוֹתֵנוּ תְּחִלָּה גּוֹלִים בְּמִצְרַיִם, כִּי מִלְּבַד הַזִּכּוּךְ וְהַבֵּרוּר הַגָּדוֹל שֶׁקָּנוּ עַל יְדֵי סֵבֶל גָּלוּתָם – מַמָּשׁ כְּהִתּוּךְ כֶּסֶף בְּתוֹךְ כּוּר – עוֹד הִשִּׂיגוּ תּוֹעֶלֶת הַיּוֹתֵר נִמְרָץ, כִּי טֶרֶם צֵאתָם מִמִּצְרַיִם הֶרְאָה לָהֶם יִתְבָּרֵךְ כֹּחוֹ הַגָּדוֹל וְיָדוֹ הַחֲזָקָה, עַל יְדֵי הָאוֹתוֹת הַנּוֹרָאוֹת אֲשֶׁר עָשָׂה בְּפַרְעֹה וּבְכָל מִצְרַיִם עַל פִּי שִׁדּוּד הַמַּעֲרֶכֶת, אֲשֶׁר מִזֶּה קָנוּ יִשְׂרָאֵל הַדֵּעָה הַנְּכוֹנָה וְהַהַכָּרָה הָאֲמִתִּית כִּי הוּא הַיּוֹצֵר הוּא הַבּוֹרֵא וְהוּא הַשַּׁלִּיט בְּעוֹלָמוֹ, וּכְמוֹ שֶׁכָּתוּב: "וַיַּרְא יִשְׂרָאֵל אֶת הַיָּד הַגְּדֹלָה אֲשֶׁר עָשָׂה ה' בְּמִצְרַיִם, וַיִּירְאוּ הָעָם אֶת ה' וַיַּאֲמִינוּ בַּה'".

וּכְמוֹ שֶׁדִּיֵּק הַכָּתוּב בְּעַצְמוֹ בְּמַאֲמָר הָרִאשׁוֹן מֵעֲשֶׂרֶת הַדִּבְּרִים: "אָנֹכִי ה' אֱלֹקֶיךָ אֲשֶׁר הוֹצֵאתִיךָ מֵאֶרֶץ מִצְרַיִם", לֵאמֹר, כִּי שָׁם הִכַּרְתָּנִי, וְשָׁם נִתְוַדַּע אֵלֶיךָ כֹּחִי וֶאֱלָהוּתִי וְהַשְׁגָּחָתִי.

וְאִם כֵּן, כְּמוֹ שֶׁיֵּשׁ לְהוֹדוֹת אֶת שְׁמוֹ יִתְבָּרֵךְ עַל הַגְּאֻלָּה, כֵּן עָלֵינוּ לְהוֹדוֹת וּלְסַפֵּר מַעֲשֵׂי הַגָּלוּת, לִהְיוֹתוֹ טוֹבָה נִפְלָאָה לְהַכְשִׁירֵנוּ לְכָל הַטּוֹבוֹת הַמְּאֻשָּׁרוֹת.

that Hashem performed for us is not just to recall that He liberated us from physical enslavement to the Egyptians, since today we are again "enslaved" to other nations. So, of what use would that be?

The purpose is that through their sufferings in Egypt, the People of Israel attained the greatest benefit and the unequaled advantage of purification of their souls from every kind of dross and imperfection – like refining silver in a crucible – and they became fit for receiving the Holy Torah. As Rabbi Shimon ben Yochai said (*Berachos* 5a): "Three choice gifts the Holy One, blessed be He, granted Israel, and all of them are attainable only through suffering." The first of them is the Torah. This is indeed why there follows:

Blessed is the Everpresent One. Blessed is He! Blessed is He Who gave the Torah to His People, Israel…"And Yaakov and his sons descended into Egypt."

This seems to refer to the giving of the Torah rather than to the Redemption from Egypt. But according to our explanation, all this is in reply to the question, **"Why is this night different from every other night?"** All that we are doing on this night is to remind us of the enormous favor that Hashem did for us at that time; and lest we imagine that the Exile was just a "chance happening" and we need to give thanks only for the Redemption from it, these words come to teach us that our suffering in Egypt and the benefits resulting from it were also part of the Divine plan for which we must express gratitude.

In order for Hashem to bring us near to His service and to give us His Torah, it was necessary for us to first go into Exile in Egypt. There, in addition to the great purification which our souls underwent we received an even greater benefit, namely, that before our ancestors left Egypt, Hashem showed them His infinite power and "strong hand" which are capable of shattering the laws of nature! From this experience Yisrael became aware of the truth that Hashem is the Creator of the world and He wields ultimate power over it, as it is written (*Shemos* 14:31): "And Yisrael saw the great hand [mighty deeds] which Hashem had performed against Egypt, and the people feared Hashem, and they believed in Hashem and in Moshe His servant."

Indeed, the Torah states exactly this point in the first of the Ten Commandments: "I am Hashem your G-d Who brought you out of the land of Egypt." [It was there that you got to know Me and recognized My existence, My power, and My providence!]

Thus, just as we have to give thanks for our Redemption, we must also express gratitude for the Exile and tell the story of it on this night. That is why the paragraph, **"We were slaves…"** continues:

וְזֶהוּ שֶׁאָמַר - "**וַאֲפִילוּ כֻּלָּנוּ חֲכָמִים, כֻּלָּנוּ נְבוֹנִים כו' ... מִצְוָה עָלֵינוּ לְסַפֵּר בִּיצִיאַת מִצְרָיִם**". כִּי כָּל מַה שֶׁהוּא חָכָם יוֹתֵר וְנָבוֹן יוֹתֵר, הוּא הַמְחוּיָּב עַתָּה לְהַפְלִיג בַּסִּפּוּר הַהוּא, כִּי לוּלֵא הַגָּלוּת הַזֶּה אֵין חָכְמָה וְאֵין בִּינָה, וְלֹא הָיָה שׁוּם מַעֲלָה בִּבְנֵי אָדָם מֵאֶחָד עַל זוּלָתוֹ מִבַּלְעֲדֵי הֶכְשֵׁר יִשְׂרָאֵל בְּמִצְרַיִם. וְזֶהוּ שֶׁסִּיֵּים - "**שֶׁכָּל הַמַּרְבֶּה לְסַפֵּר בִּיצִיאַת מִצְרַיִם, הֲרֵי זֶה מְשֻׁבָּח**". הִנֵּה מַאֲמַר "הֲרֵי זֶה מְשֻׁבָּח" אֵין לוֹ מוּבָן כְּלָל, אָמְנָם לְדַרְכֵּנוּ, יִתָּכֵן.

כִּי הִנֵּה בְּלֶכֶת אֹרְחַת סוֹחֲרִים עִם סְחוֹרָתָם בָּאֳנִיָּה עַל הַיָּם, וְגַלָּיו יֶהֱמָיוּן, יַעֲלוּ שָׁמַיִם יֵרְדוּ תְהוֹמוֹת, וְהָאֳנִיָּה חִשְּׁבָה לְהִשָּׁבֵר, וְנֶפֶשׁ הַסּוֹחֲרִים הָאֵלֶּה בְּרָעָה תִתְמוֹגָג, קוֹרְאִים אֶל הָאֱלֹקִים בְּחָזְקָה. וְהִנֵּה, אָז אֵין לַעֲמוֹד וּלְשַׁעֵר עֵרֶךְ סְחוֹרַת כָּל אֶחָד וּמִי הַגָּדוֹל בָּהֶם בְּעוֹשֶׁר, בִּהְיוֹת כֻּלָּם נְתוּנִים בַּצָּרָה וּבַסַּכָּנָה בְּשָׁוֶה, כִּי אִם תִּטְבַּע הָאֳנִיָּה יִשָּׁאֲרוּ כֻּלָּם עֲנִיִּים וְדַלִּים כָּזֶה כֵּן זֶה, וְעַל כֵּן אֵין לְהַבְחִין עַל יְדֵי שַׁאֲגָתָם דָּבָר.

אָמְנָם בְּהוֹשִׁיעַ ה' אוֹתָם וַיַּדְרִיכֵם יְשָׁרָה לְעִיר מוֹשָׁב, הִנֵּה אָז בְּרִדְתָּם מִן הָאֳנִיָּה וּבְפִיהֶם קוֹל תּוֹדָה וְהַלֵּל לְעוֹשֶׂה עִמָּהֶם נִפְלָאוֹת, קַל מְהֵרָה יוּכַל הָאָדָם לְהַכִּיר בָּהֶם מִי הוּא הַיּוֹתֵר גָּדוֹל וְהֶעָשִׁיר בֵּינֵיהֶם, כִּי אָז יָרוֹנוּ כָּל אֶחָד לְפִי עֶרְכּוֹ, וְתִרְאֶה כִּי הֶעָשִׁיר תָּרוֹן לְשׁוֹנוֹ כִּפְלַיִם כְּעֵרֶךְ הָרְכוּשׁ הַגָּדוֹל שֶׁהָיָה בְּסַכָּנָה בִּהְיוֹתוֹ בָּאֳנִיָּה. לֹא כֵן הָאֲחֵרִים, כִּי גַּם הַיּוֹם אֵין חֶלְקָם גָּדוֹל כָּל כָּךְ לְהַפְלִיג בְּשֶׁבַח הַצָּלַת רְכוּשָׁם.

כֵּן הַדָּבָר בְּהַסִּפּוּר הַזֶּה. כִּי כָּל נוֹשֵׂא הַסִּפּוּר הוּא לְהוֹדוֹת עַל קֶרֶן מַעֲלָתֵנוּ וּשְׁלֵמוּתֵנוּ שֶׁהִשַּׂגְנוּ בַּגְּאֻלָּה הַהִיא, בְּקַבָּלַת הַתּוֹרָה וּבְהַשָּׂגַת הַחָכְמָה וְדַעַת אֱלֹקִים, מַה שֶּׁהָיוּ אֲבוֹתֵינוּ מֵעוֹלָם נֶעְדָּרִים כָּל זֶה, וּכְמוֹ שֶׁאוֹמְרִים, "**מִתְּחִלָּה עוֹבְדֵי עֲבוֹדָה זָרָה הָיוּ אֲבוֹתֵינוּ, וְעַכְשָׁיו קֵרְבָנוּ הַמָּקוֹם לַעֲבוֹדָתוֹ**". וְעַל כֵּן, הִנֵּה דַּלֵּי הָעָם וְאֶבְיוֹנֵי הָאָדָם אֲשֶׁר גַּם הַיּוֹם חֶלְקֵיהֶם וּמְנוֹתֵיהֶם מְעַט מִן הַמְּעַט, בִּהְיוֹתָם קִצְרֵי הַהַשָּׂגָה, אִם כֵּן בַּמֶּה אֵיפוֹא תִּתְעוֹרֵר נַפְשָׁם אֶל הַשִּׂמְחָה, כִּי מַה בֶּצַע וְיִתְרוֹן לָהֶם בִּרְכוּשׁ הַגְּאֻלָּה? בִּלְתִּי הַשְּׂרִידִים בָּעָם, לִמּוּדֵי ה', גְּדוֹלֵי הַהַשָּׂגָה, הֵם הֵם יָרוֹנוּ חֶלְקָם, בְּחָשְׁבָם עִם נַפְשָׁם כַּמָּה מִן הַטּוֹב בָּא אֲלֵיהֶם וּמָה רַב הַשָּׂגָתָם וּשְׁלֵמוּתָם. וְעַל כֵּן מֵהַנָּקֵל לְהַבְחִין יִקְרַת כָּל אֶחָד וּרְכוּשׁ שְׁלֵמוּתוֹ כְּעֵרֶךְ הַפְלָגָתוֹ בְּסִפּוּרוֹ.

וְזֶהוּ "**שֶׁכָּל הַמַּרְבֶּה לְסַפֵּר בִּיצִיאַת מִצְרַיִם**" הוּא לְאוֹת "**הֲרֵי זֶה מְשֻׁבָּח**", כִּי עַל כֵּן הוּא מַרְבֶּה לְהוֹדוֹת עַל קִנְיָנוֹ הַגָּדוֹל. וְזֶהוּ שֶׁהֵבִיא:

And even if we all were Sages, all wise, all elders, all learned in Torah, it would still be a mitzvah for us to tell about the Exodus from Egypt. This means that the more a person is learned in Torah the more is his obligation to tell the story of the Exile, because if not for this, a Sage would be no better than the next man (and would not have Torah in greater measure than another).

And whoever elaborates on the story is to be praised. It is now possible to interpret these words a little differently, as will be understood by means of a parable:

Imagine a company of merchants sailing in a ship, each with his respective merchandise, when a fierce storm blows up and the ship is in danger of sinking. Every man prays to G-d fervently, to save the ship. At that time it is not possible to tell who is rich and who is poor; which merchant has a lot of goods and which has a little, because if the ship were to sink they would all be "in the same boat" – all would lose whatever they have and all would be left equally poor! Everyone prays hard and there is no way of knowing who has more or who has less to lose.

When the storm has abated, however, and the ship reaches the shore in safety, then when you hear how loud and long each merchant gives thanks and praises to Hashem for saving him, you will be able to tell which of them is the richest and which the poorest. Those who had most to lose and have benefited most will elaborate the most and give the loudest praises. Those who did not have very much stock will feel less gratitude and will be less voluble in their thanks.

This is the case with our narration on this night. Its purpose is to give thanks for our elevation and the rectification that we achieved at the Redemption, as well as our attainment of wisdom and knowledge of Hashem at the subsequent Giving of the Torah – which our ancestors did not have, as we say further on: **"At first our forefathers were idol-worshipers but now the Everpresent One has brought us close, to serve Him."** Thus, those of meager learning and meager grasp among us have little to rejoice about on this night, and cannot be expected to wax enthusiastic and spend all night giving thanks and praises; but the wise and the learned among us realize how much we owe to the events we are relating, and if you observe who is rejoicing and elaborating the loudest and longest, you can tell who is the most learned in Torah!

This is our understanding of the words: **"And whoever elaborates on the story is to be praised"** – that those who tell the most are praiseworthy, that is to say, those who find the most to celebrate are to be praised for their superiority in Torah wisdom. This interpretation is borne out by the following paragraph:

מַעֲשֶׂה בְּרַבִּי אֱלִיעֶזֶר וְרַבִּי יְהוֹשֻׁעַ וְרַבִּי אֶלְעָזָר בֶּן עֲזַרְיָה וְרַבִּי עֲקִיבָא וְרַבִּי טַרְפוֹן שֶׁהָיוּ מְסֻבִּין בִּבְנֵי בְרַק וְהָיוּ מְסַפְּרִים בִּיצִיאַת מִצְרַיִם כָּל אוֹתוֹ הַלַּיְלָה עַד שֶׁבָּאוּ תַלְמִידֵיהֶם וְאָמְרוּ לָהֶם רַבּוֹתֵינוּ הִגִּיעַ זְמַן קְרִיאַת שְׁמַע שֶׁל שַׁחֲרִית:

אָמַר רַבִּי אֶלְעָזָר בֶּן עֲזַרְיָה, הֲרֵי אֲנִי כְּבֶן שִׁבְעִים שָׁנָה, וְלֹא זָכִיתִי שֶׁתֵּאָמֵר יְצִיאַת מִצְרַיִם בַּלֵּילוֹת, עַד שֶׁדְּרָשָׁהּ בֶּן זוֹמָא, שֶׁנֶּאֱמַר, לְמַעַן תִּזְכֹּר אֶת יוֹם צֵאתְךָ מֵאֶרֶץ מִצְרַיִם

אמת ליעקב

"מַעֲשֶׂה בְּרַבִּי אֱלִיעֶזֶר וְרַבִּי יְהוֹשֻׁעַ וְרַבִּי אֶלְעָזָר בֶּן עֲזַרְיָה וְרַבִּי עֲקִיבָא וְרַבִּי טַרְפוֹן, שֶׁהָיוּ מְסֻבִּין בִּבְנֵי-בְרַק וְהָיוּ מְסַפְּרִים בִּיצִיאַת מִצְרַיִם, כָּל אוֹתוֹ הַלַּיְלָה, עַד שֶׁבָּאוּ תַלְמִידֵיהֶם וְאָמְרוּ לָהֶם: רַבּוֹתֵינוּ, הִגִּיעַ זְמַן קְרִיאַת שְׁמַע שֶׁל שַׁחֲרִית". "וְהָיוּ מְסַפְּרִים בִּיצִיאַת מִצְרַיִם כָּל אוֹתוֹ הַלַּיְלָה", וְזֶה רְאָיָה לִדְבָרָיו לֵאמֹר, הֲלֹא תִרְאֶה כִּי הַשְּׁלֵמִים הָאֵלֶּה מֵרוֹב הִשְׁתַּעַשְׁעָם בְּחֶמְדַּת קִנְיָנָם וּשְׂשׂוֹנָם בּוֹ, לֹא הָיָה מוּחָשׁ אֶצְלֵיהֶם גַּם אוֹר הַיּוֹם לִרְאוֹת אִם הִגִּיעַ זְמַן קְרִיאַת שְׁמַע "עַד שֶׁבָּאוּ תַלְמִידֵיהֶם וְאָמְרוּ לָהֶם כו'".

"אָמַר רַבִּי אֶלְעָזָר בֶּן עֲזַרְיָה, הֲרֵי אֲנִי כְּבֶן שִׁבְעִים שָׁנָה, וְלֹא זָכִיתִי שֶׁתֵּאָמֵר יְצִיאַת מִצְרַיִם בַּלֵּילוֹת, עַד שֶׁדְּרָשָׁהּ בֶּן זוֹמָא, שֶׁנֶּאֱמַר, לְמַעַן תִּזְכֹּר אֶת-יוֹם צֵאתְךָ מֵאֶרֶץ מִצְרַיִם כֹּל יְמֵי חַיֶּיךָ. יְמֵי חַיֶּיךָ הַיָּמִים. כֹּל יְמֵי חַיֶּיךָ הַלֵּילוֹת. וַחֲכָמִים אוֹמְרִים, יְמֵי חַיֶּיךָ הָעוֹלָם הַזֶּה. כֹּל יְמֵי חַיֶּיךָ לְהָבִיא לִימוֹת הַמָּשִׁיחַ". וּבַגְּמָרָא (ברכות יב ע"ב) אָמַר לָהֶם בֶּן זוֹמָא לַחֲכָמִים: "וְכִי מַזְכִּירִים יְצִיאַת מִצְרַיִם לִימוֹת הַמָּשִׁיחַ? וַהֲלֹא

THIS IS TOLD of R. Eliezer, R. Yehoshua, R. Elazar ben Azaryah, R. Akiva, and R. Tarfon: They sat once in Bnei Brak and told about the Exodus all that night, until their students came and told them, "Rabbis, the time has come to say the morning Shema!"

Said R. Elazar ben Azaryah: I am like a man of seventy years, and yet I was never able to say that the Exodus should be mentioned at night until Ben Zoma explained it: The Torah says, "So that

~ EMES L'YAAKOV ~

This is told of R. Eliezer, R. Yehoshua, R. Elazar ben Azaryah, R. Akiva, and R. Tarfon: They sat once in Bnei Brak and told about the Exodus all that night, until their students came and told them, "Rabbis, the time has come to say the morning Shema!" Rabbi Eliezer and the other Sages, leaders of their generation in Torah, spoke about the Exodus from Egypt all night and did not notice that the day had dawned and that it was time for morning prayers until others came and told them – so great was their awareness of the enormous good they had received as a result of the events they were discussing!

Said R. Elazar ben Azaryah: I am like a man of seventy years, and yet I was never able to say that the Exodus should be mentioned at night until Ben Zoma explained it: The Torah says, "So that you may remember the day you left the land of Egypt all the days of your life." "The days of your life" – daytime; "all the days of your life" – the nights [too]. The Rabbis say: "the days of your life" – this world; "all the days of your life" – including the Era of Mashiach.

Rabbi Elazar ben Azaryah was unable to convince his associates that the Exodus from Egypt should be mentioned in the evening recitation of the *Shema* as well as in the morning recitation, until his younger colleague Ben Zoma argued the case for it from an additional word in the Torah. The other Sages, however, insisted that the extra word meant that the Redemption from Egypt would still be mentioned even after the ultimate Redemption from the present Exile – but only in the morning prayers. This is a Mishnah in *Berachos*, chapter 1.

The Gemara (*Berachos*, end of 12b) expands the argument as follows:

כְּבָר נֶאֱמַר (ירמיהו כג ז): 'וְלֹא יֹאמְרוּ עוֹד חַי ה' אֲשֶׁר הֶעֱלָה אֶת בְּנֵי יִשְׂרָאֵל מֵאֶרֶץ מִצְרָיִם, כִּי אִם חַי ה' אֲשֶׁר הֶעֱלָה וַאֲשֶׁר הֵבִיא אֶת זֶרַע בְּנֵי יִשְׂרָאֵל כו' ... וּמִכָּל הָאֲרָצוֹת כו'".

אָמְרוּ לוֹ: "לֹא שֶׁתֵּעָקֵר יְצִיאַת מִצְרַיִם מִמְּקוֹמָהּ, אֶלָּא שֶׁתְּהֵא שִׁעְבּוּד מַלְכֻיּוֹת עִקָּר וִיצִיאַת מִצְרַיִם טָפֵל לָהּ". - עַד כָּאן.

הִנֵּה לִכְאוֹרָה לֹא יָדַעְנוּ מַדּוּעַ הוּכְרְחוּ, זִכְרוֹנָם לִבְרָכָה, לְצָרֵף הַזְכָּרַת יְצִיאַת מִצְרַיִם לְשִׁעְבּוּד מַלְכֻיּוֹת וְלוֹמַר כִּי יְצִיאַת מִצְרַיִם טָפֵל לָהּ? וְעוֹד, רָאוּי לְהָעִיר בְּדִבְרֵי הַנָּבִיא עַצְמוֹ, מַה גִּלָּה לָנוּ בְּמַאֲמַר "וְלֹא יֹאמְרוּ עוֹד כו' ..."? גַּם מַה שֶּׁמּוֹסִיף וְאוֹמֵר "וַאֲשֶׁר הֵבִיא"?

אָמְנָם לִדְבָרֵינוּ הַנֶּאֱמָרִים לְעֵיל, הִנֵּה גְּאֻלַּת מִצְרַיִם הָיְתָה סִבָּה גּוֹרֶמֶת גְּאֻלָּתָם מִשִּׁעְבּוּד מַלְכֻיּוֹת, כִּי לוּלֵא הִיא, לֹא הָיוּ נִגְאָלִים עוֹד, וּכְמַאֲמַר רַבּוֹתֵינוּ זִכְרוֹנָם לִבְרָכָה (במדרש שמות רבה ג ד): "'וְעַתָּה לְכָה וְאֶשְׁלָחֲךָ אֶל פַּרְעֹה' (שמות ג י) - אִם אֵין אַתָּה גּוֹאֲלָם, אֵין אַחֵר גּוֹאֲלָם".

וְהָרָצוֹן בָּזֶה, כִּי מֹשֶׁה רַבֵּנוּ, עָלָיו הַשָּׁלוֹם, הֵבִין שֶׁאֵין תּוֹעֶלֶת בִּגְאֻלָּה זֹאת כְּשֶׁיִּהְיוּ עוֹד גּוֹלִים אַחֲרֶיהָ, אֲשֶׁר עַל כֵּן אָמַר: "שְׁלַח נָא בְּיַד תִּשְׁלָח" (שמות ד יג). עַל זֶה אָמַר לוֹ יִתְבָּרַךְ: "'לְכָה וְאֶשְׁלָחֲךָ' - כִּי אִם אֵין אַתָּה גּוֹאֲלָם, עַתָּה, אֵין אַחֵר גּוֹאֲלָם", לֶעָתִיד, כִּי לֹא יִזְכּוּ עוֹד לִגְאֻלָּה! וְאִם כֵּן, שֶׁלְּךָ גָּדוֹל כְּשֶׁלּוֹ.

וְלָכֵן הַחִיּוּב שֶׁתִּהְיֶה יְצִיאַת מִצְרַיִם טְפֵלָה תָּמִיד אֶל שִׁעְבּוּד מַלְכֻיּוֹת. וְזֶהוּ "וְלֹא יֹאמְרוּ עוֹד חַי ה' אֲשֶׁר הֶעֱלָה ... כִּי אִם ... אֲשֶׁר הֶעֱלָה וַאֲשֶׁר הֵבִיא". כִּי הִנֵּה בֶּאֱמֶת אֵין פְּעֻלַּת הַגְּאֻלָּה וְתוֹעַלְתָּהּ מַה שֶׁגְּאָלָנוּ מִהְיוֹת מְשֻׁעְבָּדִים, כִּי הֲלֹא גַּם הַיּוֹם הִנְנוּ מְשֻׁעְבָּדִים, אֲבָל כָּל עִקַּר טוּב פְּעֻלָּתָהּ הוּא שֶׁהֶעֱלָנוּ מִמָּקוֹם שֶׁהָיִינוּ עֲלוּלִים

Ben Zoma asked the Sages, "But will the Exodus from Egypt be mentioned after the coming of *Mashiach* [the final Redemption]? Has not the Prophet Yirmeyahu foretold (23:7): "Behold, days will come," says the Al-mighty, "when people will no longer take an oath by Hashem Who brought *up* the Children of Israel out of the land of Egypt, but by Hashem Who brought the descendants of the Children of Israel *up and in* from the land of the north (Babylonia and Assyria) and all the lands whither they have been dispersed!"

The Sages replied, "Not that mention of the Exodus from Egypt will be abolished completely, but that the Redemption from the subsequent Exiles and dominations will be the primary object of our praises, and the Egyptian Exodus will become secondary."

We need to know why the Sages insisted that the Exodus from Egypt would continue to be mentioned in addition to the last Redemption, but only secondary to it. (The Prophet Yirmeyahu seems to be saying that it will cease to be mentioned altogether.) Also, what message was the Prophet Yirmeyahu sending us with this prediction? And further, why did he say that in days to come, people will vow "by Hashem who brought… up and in" and not just "brought up", as in days past?

According to the explanation we have just given, the Redemption from Egypt was what made the ultimate Redemption possible, since if not for the first Redemption there would be no subsequent one. As Rabbi Elazar says in the Midrash (*Shemos Rabbah* 3:4), when Hashem said to Moshe (*Shemos* 3:10), "Come, and I will send you to Pharaoh and you will take My people, Bnei Yisrael, out of Egypt," He implied, "If you do not take them out, no one will."

This refers to a later stage in the dialogue, when Moshe pleaded (*Shemos* 4:13), "Please, Hashem, send the one whom You are going to send." On this Rashi comments that Moshe argued, "To what purpose do You wish to send me, since I will not bring Bnei Yisrael into the promised land, and there will be other Exiles and You will eventually send other redeemers?" To this Hashem replied, "If you do not take them out, no one else will!" – meaning that if Moshe would not take them out at that exact time, nobody else would later, because they would never again be worthy of Redemption, "and therefore your task is as important as theirs."

This explains why the Exodus from Egypt will always have to be mentioned in conjunction with – albeit secondary to – the final Redemption. This also explains why the Prophet Yirmeyahu says "Who brought up" – because the earlier Redemption did not really deliver us from slavery and foreign domination (we are still dominated by other nations); rather, it saved us

כֹּל יְמֵי חַיֶּיךָ. יְמֵי חַיֶּיךָ הַיָּמִים. כֹּל יְמֵי חַיֶּיךָ הַלֵּילוֹת. וַחֲכָמִים אוֹמְרִים, יְמֵי חַיֶּיךָ הָעוֹלָם הַזֶּה. כֹּל יְמֵי חַיֶּיךָ לְהָבִיא לִימוֹת הַמָּשִׁיחַ:

בָּרוּךְ הַמָּקוֹם, בָּרוּךְ הוּא,
בָּרוּךְ שֶׁנָּתַן תּוֹרָה לְעַמּוֹ יִשְׂרָאֵל.
בָּרוּךְ הוּא.

כְּנֶגֶד אַרְבָּעָה בָנִים דִּבְּרָה תוֹרָה: אֶחָד חָכָם. וְאֶחָד רָשָׁע. וְאֶחָד תָּם. וְאֶחָד שֶׁאֵינוֹ יוֹדֵעַ לִשְׁאוֹל:

חָכָם מַה הוּא אוֹמֵר.

מָה הָעֵדֹת וְהַחֻקִּים וְהַמִּשְׁפָּטִים אֲשֶׁר צִוָּה יְהֹוָה אֱלֹהֵינוּ אֶתְכֶם. וְאַף אַתָּה אֱמָר־לוֹ כְּהִלְכוֹת הַפֶּסַח, אֵין מַפְטִירִין אַחַר הַפֶּסַח אֲפִיקוֹמָן:

אמת ליעקב

לְהִשְׁתַּקֵּעַ שָׁם עַד עוֹלָם, וְנָתַן אוֹתָנוּ לְיַד מִי שֶׁאֶפְשָׁר לְגָאֳלֵנוּ מִיָּדוֹ בְּכָל עֵת. וְלָכֵן, בְּכָל מָקוֹם שֶׁמַּזְכִּיר הַכָּתוּב הַגְּאֻלָּה, מַזְכִּיר כְּמוֹ כֵן שֵׁם הַמָּקוֹם: "יְצִיאַת מִצְרַיִם", וְכַנִּזְכַּר לְעֵיל; מַה שֶּׁאֵין כֵּן לֶעָתִיד, שֶׁיִּגְאָלֵנוּ יִתְבָּרַךְ גְּאֻלָּה אֲמִתִּית וְלֹא יִהְיֶה עוֹד אַחֲרֶיהָ שִׁעְבּוּד, לֹא יִהְיֶה הַצּוֹרֶךְ לִפְרוֹט מֵהֵיכָן גְּאָלָנוּ, כִּי אִם נֹאמַר "אֲשֶׁר הֶעֱלָה וַאֲשֶׁר הֵבִיא", מַה שֶּׁאֵין אָנוּ יְכוֹלִין לְסַפֵּר עַתָּה "אֲשֶׁר הֵבִיא", כִּי עֲדַיִן לֹא הֵבִיא.

וּכְמוֹ שֶׁהֶאֱרַכְנוּ בְּבֵיאוּר זֶה בְּקוֹל יַעֲקֹב צ' ב'.

"**חָכָם מַה הוּא אוֹמֵר. מָה הָעֵדֹת וְהַחֻקִּים וְהַמִּשְׁפָּטִים אֲשֶׁר צִוָּה ה' אֱלֹקֵינוּ אֶתְכֶם ... רָשָׁע מַה הוּא אוֹמֵר. מָה הָעֲבֹדָה הַזֹּאת לָכֶם**". הִנֵּה מִכְּבָר הֵעִירוּ רַבִּים מֵהַמְּפָרְשִׁים, עֲלֵיהֶם הַשָּׁלוֹם, עַל דְּבַר הִתְיַחֲסוּת שְׁאֵלַת "**מָה הָעֵדֹת כו' ... אֶתְכֶם**" (דברים ו כ) אֶל הֶחָכָם, וְאֶל הָרָשָׁע יְחֲדוּ שְׁאֵלַת "**מָה הָעֲבֹדָה הַזֹּאת לָכֶם**" (שמות יב כו), וְאָמְרוּ עָלָיו שֶׁהוֹצִיא אֶת עַצְמוֹ מִן הַכְּלָל, אֲשֶׁר לִכְאוֹרָה אֵין הֶבְדֵּל בִּשְׁתֵּי הַלְּשׁוֹנוֹת.

you may remember the day you left the land of Egypt all the days of your life." "The days of your life"—daytime; "all the days of your life"—the nights [too].

The Rabbis say: "the days of your life"—this world; "all the days of your life"—including the Era of Mashiach.

> Blessed is the Everpresent One.
> Blessed is He! Blessed is He
> Who gave the Torah to His People, Israel.
> Blessed is He!

THE TORAH SPEAKS OF FOUR SONS: *one who is wise, one who is wicked, one who is simple, and one who doesn't know to ask.*

WHAT DOES THE WISE SON SAY? *"What are the testimonies, chukim, and statutes that Hashem, our G-d, commanded you?" Tell him the laws of the Pesach offering: "An Afikoman may not be served as a last course after the Pesach lamb."*

∽ EMES L'YAAKOV ∽

("brought us up") from a place where we might have sunk into a condition from which there was no possibility of ever emerging, to a place where it would be possible to pull us out at any time when Hashem chooses. This is why wherever the first Redemption is mentioned, it always states the place, Egypt, whereas after the future Redemption it will no longer be necessary to mention any place. Then people will say, as the Prophet Yirmeyahu added, "and [brought the Children of Israel] in" – this is something that we cannot say now, until the final Redemption through Mashiach.

[For a fuller discussion, see *Kol Yaakov* (the Maggid's expositions on the Five Megillos, first published in Warsaw, 1819), p. 90b.]

What does the wise son say? "What are the testimonies, *chukim,* **and statutes that Hashem, our G-d, commanded you?" What does the wicked son say? "What is this service to you?"** Many classical commentators, of blessed memory, ask why these seemingly similar questions are considered to be so different from each other.

וּמֵאַיִן עָמְדוּ עַל דַּעַת הָרָשָׁע לְהַחְלִיט עָלָיו "**לָכֶם וְלֹא לוֹ**", וְלֹא אָמְרוּ כֵן בִּשְׁאֵלַת "**מָה הָעֵדֹת וְהַחֻקִּים כו'**" ... עַד "**אֶתְכֶם**"? וְכֵן יֵשׁ לְהָעִיר אֲשֶׁר בְּסֵדֶר הַהַגָּדָה הֶעֱבִיר תְּשׁוּבַת הַשּׁוֹאֲלִים וְהֶחֱלִיפָם מִסֵּדֶר שֶׁהֵם כְּתוּבִים בַּתּוֹרָה, כִּי מַאֲמַר "וְהִגַּדְתָּ לְבִנְךָ כו' ... עָשָׂה ה' לִי כו'" זֶהוּ מְיוּחָד לַשֶּׁאֵינוֹ יוֹדֵעַ לִשְׁאוֹל, וְהַמַּגִּיד לְקָחוֹ לִתְשׁוּבָה עַל שְׁאֵלַת הָרָשָׁע, "לִי וְלֹא לוֹ"?

אֲבָל בֵּאוּר הָעִנְיָן לְדַעְתִּי הוּא כָּךְ, כִּי בֶּאֱמֶת אֵין הַהֶכְרֵעַ בִּשְׁאֵלַת "**מָה הָעֲבוֹדָה כו'**" לְיַחֵס אוֹתָהּ אֶל הָרָשָׁע עַל יְדֵי דִּיּוּק מִלַּת "**לָכֶם**", אֲבָל הוֹרָאָה אַחֶרֶת יֵשׁ בְּדִבְרֵי הַשְּׁאֵלָה, הַנְּאוֹתִית לְמִדַּת הָרָשָׁע.

כִּי הִנֵּה, אִם יִרְאֶה אֶחָד לִמְשָׁרֵת עוֹסֵק בִּמְלֶאכֶת אֲדוֹנוֹ וְיִשְׁאָלֵהוּ לֵאמֹר: "לָמָּה תַעֲשֶׂה כֹּה, וּמַדּוּעַ תַּעֲמוֹל בַּעֲבוֹדָה זֹאת?" הֲלֹא יִשְׂחַק לוֹ, כִּי לוֹ לֵב לְהָבִין כִּי הוּא עוֹשֶׂה מִצְוַת אֲדוֹנוֹ, וְלֹא יִתָּכֵן לִשְׁאָלוֹ כִּי אִם בַּלָּשׁוֹן הַזֶּה: "לָמָּה צִוָּה אֲדוֹנֶיךָ כֵּן, וּלְאֵיזֶה סִבָּה הוּא רוֹצֶה בַּעֲבוֹדָה זֹאת?" וְיִהְיֶה הַהוֹרָאָה בָּזֶה שֶׁהוּא רוֹצֶה לָדַעַת טַעַם הַמַּעֲשֶׂה הַהוּא וּמַה כִּוֵּן בָּהּ אֲדוֹנוֹ. אָמְנָם כַּאֲשֶׁר יִשְׁאָלֵהוּ: "לָמָּה אַתָּה עוֹשֶׂה עֲבוֹדָה זֹאת?" יוֹרֶה בָּזֶה כִּי אֵין מֵהַצֹּרֶךְ לַעֲסוֹק בִּפְקֻדַּת הָאָדוֹן וְלָחוּשׁ עַל מִצְוָתוֹ.

הוּא הַדָּבָר בְּעִנְיָנֵנוּ, כִּי הֶחָכָם אֵינוֹ שׁוֹאֵל "לָמָּה תַעֲשֶׂה כֹּה?" כִּי אִם "מַדּוּעַ צִוָּה יִתְבָּרֵךְ כֵּן?" וְזֶהוּ, "**מָה הָעֵדֹת כו' ... אֲשֶׁר צִוָּה ה' כו'**", וְעַל כֵּן קָבַע לוֹ תְּשׁוּבָתוֹ כָּרָאוּי לַהֲבִינוֹ טַעַם הַמִּצְוָה וְהוֹרָאָתָהּ.

לֹא כֵן שְׁאֵלַת "**מָה הָעֲבוֹדָה הַזֹּאת לָכֶם**", שֶׁהַהוֹרָאָה כִּי הַשּׁוֹאֵל לוֹעֵג עַל הָעֵסֶק וּבוֹזֶה מַעֲשֵׂה הַמִּצְוָה לֵאמֹר, "מַדּוּעַ תַּעֲשׂוּ, וְלָמָּה תַּעֲמוֹלוּ בְּעֵסֶק זֶה?" עַל כֵּן יִחֲדוּ אוֹתָהּ אֶל הָרָשָׁע, כִּי כֵן דַּרְכּוֹ לִשְׁאוֹל "מָה הָעֲבוֹדָה הַזֹּאת" לוֹמַר כִּי אֵין לִשְׁמוֹעַ אֶל דִּבְרֵי הַמְּצַוֶּה.

וּלְזֹאת הִלְבִּישׁוּ אוֹתוֹ קְלָלָה כְּמַדּוֹ וְרָמְזוּ לוֹ תְּשׁוּבָה "**בַּעֲבוּר זֶה עָשָׂה ה' לִי כו'**", לִי וְלֹא לוֹ. וְהַאַף אָמְנָם כִּי בְּיִחוּד נֶאֱמַר זֶה אֶל הַבִּלְתִּי יוֹדֵעַ לִשְׁאוֹל, עִם כָּל זֶה נִרְמָז בּוֹ תְּשׁוּבָה גַּם לַבֵּן הָרָשָׁע בְּמַה שֶּׁדִּיֵּיק "**עָשָׂה ה' לִי**", לְרַמֵּז "**לִי וְלֹא לוֹ**". וְזֶהוּ שֶׁהַמְלִיץ וְאָמַר: "**וְאַף אַתָּה הַקְהֵה אֶת שִׁנָּיו כו'**". בֵּאוּר הַדָּבָר הוּא עַל פִּי דִּמְיוֹן –

לְעָנִי אֶחָד שֶׁרָאָה בִּרְחוֹב הָעִיר סוֹחֵר אֶחָד מוֹכֵר סְחוֹרוֹת עַל מַלְבּוּשִׁים בְּזוֹל מְאֹד, וְהָיָה

Why is the wicked son accused of excluding himself from the community because he asks, **"What is this service *to you*"** when the wise son also uses the expression, **"that Hashem, our G-d, commanded *you*"**? And another question that has intrigued many is, why does the Haggadah apply to the wicked son the response that the Torah gives to the son who knows not to ask? This I will explain in a novel way.

The inference that anyone who asks, **"What is this service to you?"** is a wicked son and has excluded himself from the community, is not based on the words "*to you*," but on the attitude betrayed by the question as a whole.

> If you see a servant carrying out a task for his master and you ask him, "Why are you doing this?" he will laugh at you and say, "Because my master told me to." If you really want to know why he is doing it, you will have to ask, "Why did your master tell you to do this?" or "What was your master's purpose in telling you to do this work?" To ask him, "Why are you doing this work?" implies that you question the need for it, or even question his relationship as servant to his master.

This is just what we see here. The wise son asks, **"What are the testimonies, *chukim*, and statutes that Hashem, our G-d, commanded you?"** – the very question that you must ask if you want to know why the servant is doing the task that his master set him; not "Why are you doing this?" but "Why did your master command it?" The wording shows that he wants to know the reason for the mitzvos, so the answer you give him is to explain the reasons and the details of the Commandments.

The second kind of question, however, is worded otherwise: **"What is this service to you?"** It carries more than a hint of scorn: "What do you need to do this for? To what purpose are you exerting yourself in the service of your master?" This questioner is deriding the very basis of the servant's obedience to his master, and that shows that he is excluding himself from the community of Israel.

Furthermore, because he deserves the response, **"For me, and not for him,"** the Haggadah prescribes for him the response that the Torah tells us to give the son who knows not to ask, simply because it includes the words **"what Hashem did for me"** – and can be construed to imply **for me, and not for him.** This is the point that the Haggadah stresses with the figurative expression: **"And [for your part] you acknowledge [the tone of] his question, and set his teeth on edge."** This will become clearer when illustrated in a parable:

> A poor man passing through the marketplace before *Yom Tov* saw a stallholder selling suit-lengths of cloth at bargain prices. The man

לוֹ בְּכִיסוֹ אֵיזֶה סָךְ אֲשֶׁר קִבֵּץ עַל יַד לְהוֹצָאוֹת יוֹם־טוֹב, וַיֹּאמֶר בְּלִבּוֹ, "הֲלֹא אָנֹכִי הוֹלֵךְ עָרוֹם מִכֹּל, אֵלְכָה נָא וְאֶקַּח מִמֶּנּוּ עַל מַלְבּוּשׁ אֶחָד לְכַסּוֹת בְּשָׂרִי." וַיֵּלֶךְ וַיִּקַּח וַיָּבוֹא אֶל בֵּיתוֹ, וַתֵּרֶא אִשְׁתּוֹ וַתֹּאמֶר לוֹ: "מַה לְּךָ? אַיֵּה אֵיפוֹא תִּקַּח הַיּוֹם עַל הוֹצָאוֹת יוֹם־טוֹב? עַתָּה רוּץ נָא אֶל הַסּוֹחֵר וְהָשִׁיב לוֹ סְחוֹרָתוֹ וְיַחֲזִיר לְךָ הַמָּעוֹת."

וַיֹּאמֶר לָהּ: "הַאִם יֹאבֶה לְהָשִׁיב?"

וַתֹּאמֶר: "אִיעָצְךָ, לֵךְ וֶאֱמוֹר לוֹ אֵיזֶה חִסָּרוֹן עַל סְחוֹרָתוֹ, וְיִתְבַּטֵּל הַמֶּקַּח."

וַיֵּלֶךְ אֶל הַסּוֹחֵר, וְהִנֵּה אֲנָשִׁים רַבִּים עוֹטְרִים עַל יָדוֹ, וְהוּא מֵבִיא אֵלָיו סְחוֹרָתוֹ וַיֹּאמֶר לוֹ: "הָשֵׁב נָא מָעוֹתַי, רְאֵה הַחִסָּרוֹן אֲשֶׁר מָצָאתִי בִּסְחוֹרָתֶךָ."

וַיִּשְׁמַע אֵלָיו הַסּוֹחֵר וַיָּשֶׁב לוֹ אֶת מָעוֹתָיו וַיֵּלֶךְ לְבֵיתוֹ.

וַיִּשְׁאֲלוּ אוֹתוֹ הָעוֹמְדִים אֶצְלוֹ: "מַה זֹּאת עָשִׂיתָ כִּי הֲשִׁיבוֹתָ אֵלָיו הַמָּעוֹת? הֲלֹא גַּם אִם מָצָא אֵיזֶה חִסָּרוֹן בִּסְחוֹרָתְךָ, טוֹב הָיָה לְךָ לָתֵת לוֹ סְחוֹרָה אַחֶרֶת תַּחְתֶּיהָ, נֶעְדֶּרֶת הַחֶסְרוֹנוֹת?"

אָמַר לָהֶם, "לוּ חֲכַמְתֶּם תַּשְׂכִּילוּ זֹאת! הֲלֹא שְׁמַעְתֶּם בְּהֶעָנִי הַזֶּה כִּי כֹּה דִּבֵּר אֵלַי, 'הָשֵׁב נָא לִי מָעוֹתַי כִּי מָצָאתִי חִסָּרוֹן בִּסְחוֹרָתֶךָ!' הִנֵּה מִזֶּה הֵבַנְתִּי כִּי הַחִסָּרוֹן שֶׁהוּא אוֹמֵר, הוּא אַךְ לְהִתְנַצֵּל עַל בַּקָּשָׁתוֹ לְהָשִׁיב לוֹ הַמָּעוֹת, אֲבָל הָאֱמֶת כִּי לֹא חָפֵץ בְּהַסְּחוֹרָה, כִּי לוּלֵא כֵן הָיָה רָאוּי לוֹ לֵאמֹר, 'רְאֵה הִנֵּה מָצָאתִי הַחִסָּרוֹן הַזֶּה, וְעַתָּה הַחֲלִיפָהּ עַל סְחוֹרָה אַחֶרֶת'. וְהוּא עָשָׂה עִקָּר מִתְּבִיעַת הַמָּעוֹת וְהִשְׁלִיךְ סְחוֹרָתִי אַחֲרֵי גֵוּוֹ, וְאִם כֵּן מַה לִּי כִּי אֶתֵּן לוֹ סְחוֹרָה אַחֶרֶת תְּמוּרָתָהּ? הֲלֹא לִבּוֹ יַחְשׁוֹב לִמְצוֹא חִסָּרוֹן גַּם עָלֶיהָ אַחַר כִּי אֵין חֶפְצוֹ בְּהַסְּחוֹרָה, וְעַל כֵּן טוֹב לִי לְבִלְתִּי הִתְעַסֵּק עִמּוֹ וְלֹא יְבַזֶּה סְחוֹרָתִי."

הַכְּלָל הָעוֹלֶה, כִּי בְּמְשִׁיבֵי הַסְּחוֹרוֹת בַּעֲבוּר הַחִסָּרוֹן הַנִּמְצָא בָּהֶם יֵשׁ בִּכְלָלָם שְׁנֵי סוּגִים: יֵשׁ רוֹצֶה בְּהַמֶּקַּח אַךְ לֹא בְּהַחִסָּרוֹן, וְעַל כֵּן בְּהַחֲלִיף לוֹ עַל סְחוֹרָה אַחֶרֶת יְקַיֵּים מִקְחוֹ, וְיֵשׁ שֶׁהוּא מִתְחָרֵט עַל מִקְחוֹ וּכְדֵי לְהִתְנַצֵּל הוּא בּוֹדֶה חִסָּרוֹן מִלִּבּוֹ, אֵלָיו לֹא יוֹעִיל מַה שֶּׁיַּחֲלִיף וְיִתֵּן לוֹ סְחוֹרָה אַחֶרֶת, וְעַל כֵּן נוֹחַ לוֹ שֶׁיַּחֲזִיר אֵלָיו הַמָּעוֹת וְלֹא יוֹסִיף שׁוּב אֵלָיו עוֹד.

had a little money with him, money that he had saved with difficulty to purchase his family's basic holiday needs. Seeing this bargain offer, however, he suddenly became aware of the ragged condition of his own clothing and made a snap decision to buy a length of material and have a new suit made. But when he arrived home and tried to explain to his wife where the money had gone, she berated him. "How will we buy the bare necessities for *Yom Tov*? You had better run back to the market, return the cloth, and ask for your money back!"

"But what if the stallholder refuses to refund the money?" asked her husband.

"I'll tell you what to do," she advised him. "Go and tell him that his merchandise is no good, that you have found a defect in the cloth. He will give you your money back."

So off he went to the market, and found the stallholder still there, surrounded by a crowd of eager customers. "Look here!" he shouted, holding up the roll of cloth he had bought. "Give me my money back. Your fabric is no good!"

The salesman handed the man his money and took the cloth from him without a word, and the "dissatisfied" customer returned home. The onlookers were astounded. "Why did you give him his money back without trying to exchange his cloth for a different piece that would meet his approval?"

"If you were smart," the salesman answered, "you would have understood why. Did you hear what the man said when he came? He said, 'Give me my money back, your fabric is no good.' From his words I understood that what he wanted was not a different piece of cloth, but his money back! He wasn't interested in another piece. The complaint was just an excuse to ask for a refund. If he had wanted a better length, he would have said, 'I've found something wrong with this piece, will you exchange it for another?' But he came asking for his money and just ignored my stock. So what would be the point of offering him a different piece? He would only have claimed to find a fault in that, too, because he was not interested in buying anything. So why should I get involved in a row with him and give him a chance to make a mockery of my goods?"

To sum up the salesman's attitude: There are two kinds of customers who return their purchases: one kind wants to buy, but rejects defective goods and will gladly accept other goods in exchange; the other kind has changed his mind, doesn't want any goods, and is making a complaint merely as an excuse to get his money back. With the second kind there is no use arguing or offering something in exchange because he will find fault with everything you offer him. The best plan is to refund his money and get rid of him.

הַנִּמְשָׁל מְבוֹאָר בְּמַאֲמַר שְׁלֹמֹה הַמֶּלֶךְ עָלָיו הַשָּׁלוֹם (משלי כו ד–ה): "אַל תַּעַן כְּסִיל כְּאִוַּלְתּוֹ כו' ... עֲנֵה כְּסִיל כְּאִוַּלְתּוֹ כו'", וּכְבָר הֵעִירוּ, זִכְרוֹנָם לִבְרָכָה, (שבת ל ע"ב) וְאָמְרוּ שֶׁהוּא סוֹתֵר דִּבְרֵי עַצְמוֹ, וּמִדְרָשָׁם, זִכְרוֹנָם לִבְרָכָה, יָדוּעַ: הָא בְּדִבְרֵי תוֹרָה [הָא בְּמִילֵּי דְעָלְמָא]. וּלְדַרְכֵּנוּ יִהְיֶה הָעִנְיָן כָּךְ:

כִּי הִנֵּה יָדַעְנוּ אֲשֶׁר הַחִיּוּב עַל כָּל אָדָם מִיִּשְׂרָאֵל לַעֲשׂוֹת מִצְווֹת ה' מִצַּד הַיִּרְאָה וְהָאֱמוּנָה גַּם כִּי אֵינוֹ מֵבִין טַעֲמָם וּפְעֻלָּתָם, וּכְמוֹ שֶׁכָּתוּב (משלי א ז): "יִרְאַת ה' רֵאשִׁית דָּעַת", וּכְמַאֲמַר הַמְשׁוֹרֵר (תהלים קיא י): רֵאשִׁית חָכְמָה יִרְאַת ה' שֵׂכֶל טוֹב לְכָל עוֹשֵׂיהֶם", רוֹצֶה לוֹמַר, כִּי טוֹב לָאָדָם, אַחֲרֵי שֶׁהֶחְלִיט בְּלִבּוֹ אֱמוּנוֹת הַמִּצְווֹת וְאַחֲרֵי קִיּוּמָם, לְהַעֲמִיק בָּהֶם גַּם בְּשִׂכְלוֹ וְלַחֲקוֹר עַל תְּכוּנָתָם וְעַל תַּכְלִיתָם, כִּי הַחָכְמָה תָּעוֹז לוֹ לִהְיוֹת יוֹתֵר מָהִיר וְזָרִיז בְּקִיּוּמָם בְּלֵב וָנֶפֶשׁ, וּכְמַאֲמַר (תהלים קיט לד): הֲבִינֵנִי [וְאֶצְּרָה תוֹרָתֶךָ] וְאֶשְׁמְרֶנָּה בְכָל לֵב".

וְעַל כֵּן הֶחָכָם הָאוֹהֵב הַתּוֹרָה, גַּם כִּי הוּא מֵבִיא סְחוֹרוֹת הַמִּצְווֹת לִפְנֵי הַנִּשְׁאָל שֶׁיֹּאמַר לוֹ טַעֲמֵיהֶם, אֵין כַּוָּנָתוֹ חָלִילָה שֶׁלֹּא יְקַיֵּם מִקְחָם עַד אֲשֶׁר יוֹדִיעוּ לוֹ טַעַם וְתַכְלִית כָּל מִצְוָה, כִּי הוּא חָפֵץ בָּהֶם גַּם אִם מִצַּד הָאֱמוּנָה לְבַד.

אוּלָם הָרָשָׁע בְּבוֹאוֹ לִשְׁאוֹל "**מָה הָעֲבוֹדָה הַזֹּאת לָכֶם**", הִנֵּה חֲכָמֵינוּ, זִכְרוֹנָם לִבְרָכָה, הֵעִירוּ לְבוֹתֵינוּ לַחֲקוֹר וּלְהַשְׂכִּיל תְּכוּנַת הַשּׁוֹאֵל הַזֶּה, אִם לַהֲשִׁיבוֹ אוֹ לֹא, כִּי יֵשׁ בִּדְבָרָיו שְׁנֵי סוּגִים הַנִּזְכָּרִים לְעֵיל. כִּי יֵשׁ רָשָׁע שׁוֹאֵל טַעַם כִּי כָּל עוֹד שֶׁאֵינוֹ יוֹדֵעַ טַעֲמָהּ, הַמִּצְוָה בְּעֵינָיו כְּמוֹ זָר וְלֹא יִשָּׂאֶנּוּ לִבּוֹ לְקַיְּמָהּ, אוּלָם אַחַר שֶׁיֵּדַע טַעַם הַמִּצְוָה וְתִהְיֶה מְקֻבֶּלֶת עַל לִבּוֹ יַסְכִּים לַעֲשׂוֹתָהּ וּלְקַיְּמָהּ. וְהָאֻמְנָם כִּי הוּא דֶּרֶךְ רָע וּמַעֲשֶׂה כְּסִילוּת, עִם כָּל זֶה יָעַץ הֶחָכָם וְאָמַר "עֲנֵה כְּסִיל" הַזֶּה "כְּאִוַּלְתּוֹ", וְהַטַּעַם, "פֶּן יִהְיֶה חָכָם בְּעֵינָיו", רוֹצֶה לוֹמַר, יְדַמֶּה בְּלִבּוֹ כִּי אַךְ לוֹ לֵב חָכָם לַחְקוֹר עַל פְּעֻלַּת מִצְוָה וְלֹא כְּהַפְּתָאִים הַמַּאֲמִינִים לְכָל דָּבָר וְעוֹשִׂים וְאֵינָם יוֹדְעִים מָה עוֹשִׂים.

אָמְנָם יֵשׁ עוֹד רָשָׁע רָע, הַרְבֵּה גָּרוּעַ מִן הָרִאשׁוֹן, אֲשֶׁר בְּבוֹאוֹ לִשְׁאוֹל טַעַם הַמִּצְוָה עִקַּר רְצוֹנוֹ לְבַטֵּל מִסְחַר הַתּוֹרָה כִּי נַפְשׁוֹ תְּאַבֶּה לָלֶכֶת אַחַר לִבּוֹ, וּמִתְחָרֵט עַל קִנְיָנוֹ, וּכְדֵי לְהִתְנַצֵּל יִתְעוֹלֵל עֲלִילוֹת בְּרֶשַׁע לְבַקֵּשׁ חֶסְרוֹנוֹת עַל הַתּוֹרָה, וְיֹאמַר "מַה טַּעַם בְּמִצְוָה זֹאת?" וְדָבָר זֶה מָסְרוּ, זִכְרוֹנָם לִבְרָכָה, לְעֵינֵי בְּחִינַת הַנִּשְׁאָל שֶׁיַּעֲמוֹד עַל מְגַמַּת הַשּׁוֹאֵל הַהוּא, וְכַאֲשֶׁר יָבִין כִּי בְּרָמִיָּה הוּא בָּא וְתוֹאֲנָה הוּא מְבַקֵּשׁ אֵיךְ לִפְטוֹר וּלְהִתְנַצֵּל, לֹא יַעֲנֶה אוֹתוֹ דָּבָר לְמַעַן לֹא יִהְיֶה חוֹזֵר וְשׁוֹאֵל

As King Solomon said (*Mishlei* 26:4–5): "Answer not a fool according to his folly lest you become like him. Answer a fool according to his folly lest he be wise in his own eyes." The Gemara (*Shabbos* 30b) notes that this is self-contradictory and reconciles the two (that the former refers to secular matters and the latter in questions of Torah). However, in light of what we are explaining now, the two conflicting pieces of advice have another application.

We all know that every Jew has to carry out Hashem's mitzvos in awe and in faith, whether we understand the reasons for them or not, as we read in *Mishlei* 1:7: "Fear of Hashem is the beginning of wisdom," and *Tehillim* 111:10: "The beginning of wisdom is fear of Hashem – good sense to all those who keep them [His commandments]." The second quotation implies that after accepting one's obligation to keep the mitzvos on the strength of faith and after starting to perform them, it is a good thing to apply one's intelligence and contemplate the 613 commandments and try to understand the reasons and purposes underlying them, as this knowledge will lead to a more devoted fulfillment of one's duties. "Give me understanding," says King David in *Tehillim* 119:34, "and I will keep Your Torah and observe it with my whole heart!"

So it is with the wise son. Although he asks what the commandments are for, it is not because he has no intention of accepting his obligation to do them until someone has explained them to him (he is not like a customer who examines the cloth for faults), but he is prepared to keep them solely on the basis of his faith in Hashem Who gave them.

The wicked son, however, comes along and asks, **"What is this service to you?"** Or rather, "Why are you doing all this?" Our Sages have made us aware that there are two kinds of intention behind this sort of question and we should discern which one we are faced with. One wicked son asks because as long as he does not understand the reason for a mitzvah, he will not keep it, but when he is given the reason he will accept it and do his duty. To this kind of son – although he is wicked and "a fool" – we should give an appropriate answer "lest he be wise in his own eyes" – as otherwise he will think, "Those who do these things without understanding why, are fools. I want to know why before I do them (e.g. I am wiser than the rest)."

There is, however, another kind of wicked son, far worse than the first. This one comes along asking, "What is the reason for this mitzvah?" not because he wants to know why he should keep it, but to *get out of* keeping it! He has rejected his obligation as a Jew (like the poor man who just wanted his money back and was not interested in buying any cloth). To this kind of questioner, King Solomon told us we should be wise to his intentions and

רָשָׁע מַה הוּא אוֹמֵר.

מָה הָעֲבוֹדָה הַזֹּאת לָכֶם. לָכֶם וְלֹא לוֹ. וּלְפִי שֶׁהוֹצִיא אֶת עַצְמוֹ מִן הַכְּלָל כָּפַר בְּעִקָּר. וְאַף אַתָּה הַקְהֵה אֶת שִׁנָּיו וֶאֱמָר־לוֹ. בַּעֲבוּר זֶה עָשָׂה יְהֹוָה לִי בְּצֵאתִי מִמִּצְרָיִם. לִי וְלֹא לוֹ. אִלּוּ הָיָה שָׁם לֹא הָיָה נִגְאָל:

תָּם מַה הוּא אוֹמֵר.

מַה זֹּאת. וְאָמַרְתָּ אֵלָיו בְּחֹזֶק יָד הוֹצִיאָנוּ יְהֹוָה מִמִּצְרַיִם מִבֵּית עֲבָדִים:

אמת ליעקב

וִיבַקֵּשׁ חֶסְרוֹנוֹת יוֹתֵר. וְזֶהוּ "אַל תַּעַן כְּסִיל כְּאִוַּלְתּוֹ", כִּי לֹא תִּפְעַל מְאוּמָה לְהַחֲזִיק לוֹ מִקְחוֹ. מוּטָב קַח מִמֶּנּוּ מִקְחוֹ וְיֵלֵךְ. וְזֶהוּ שֶׁסִּיֵּים: "פֶּן תִּשְׁוֶה לּוֹ גַם אָתָּה", רוֹצֶה לוֹמַר, כִּי אַתָּה עָלוּל לְהִכָּוֶה בְּגַחֶלֶת שְׂפָתָיו וּלְהִלָּכֵד בַּחֲלַק לְשׁוֹנוֹ, וּכְמַאֲמַר רַבּוֹתֵינוּ, זִכְרוֹנָם לִבְרָכָה, (עבודה זרה כז ע"ב): "שַׁאנִי מִינוּת דְּמָשְׁכָא", וּכְמוֹ שֶׁכָּתוּב (משלי יד ז): "לֵךְ מִנֶּגֶד לְאִישׁ כְּסִיל". וְזֶהוּ שֶׁסִּדֵּר הַמַּגִּיד, זִכְרוֹנוֹ לִבְרָכָה, **"רָשָׁע מַה הוּא אוֹמֵר כּו' ..."**, מוֹרֶה שֶׁהוּא מִתְחָרֵט עַל מִקְחוֹ וּמַחֲזִיר הַסְּחוֹרָה וְהָיָה לוֹ דְּבַר ה' כְּמַהֲתַלּוֹת וְכַנִּזְכָּר לְעֵיל.

וְזֶהוּ: **"לָכֶם וְלֹא לוֹ"**; **"וְאַף אַתָּה הַקְהֵה אֶת שִׁנָּיו וֶאֱמָר לוֹ כּו'"**, שֶׁהֵם אֵינָם כִּי אִם דְּבָרִים שֶׁל קְטָטָה לֹא שֶׁל טַעַם, וּמֵעֵין שְׁאֵלָתוֹ, רַק לְהַרְגִּיזוֹ, שֶׁלֹּא יָבוֹא עוֹד אֵלֶיךָ . וְזֶהוּ צַחוּת מְלִיצָתוֹ: **"הַקְהֵה אֶת שִׁנָּיו"**, מַמָּשׁ כְּהַמַּאֲכִיל לְאֶחָד מַאֲכָלִים חֲמוּצִים וַחֲרִיפִים וְנַעֲשׂוּ שִׁנָּיו קֵהוֹת שֶׁלֹּא אֶפְשָׁר לוֹ לֶאֱכוֹל דָּבָר אַחֲרֵיהֶם. וְזֶהוּ: **"וֶאֱמָר לוֹ כּו' ... עָשָׂה ה' לִי, לִי וְלֹא לוֹ"**, כְּלוֹמַר, אַתָּה אֵין לְךָ חֵלֶק וְנַחֲלָה בְּלֶקַח טוֹב שֶׁנָּתַן לָנוּ ה', קַח מָעוֹתֶיךָ וָלֵךְ. וְזֶהוּ: **"אִלּוּ הָיָה שָׁם לֹא הָיָה נִגְאָל"**.

"תָּם מַה הוּא אוֹמֵר. מַה זֹּאת. וְאָמַרְתָּ אֵלָיו בְּחֹזֶק יָד הוֹצִיאָנוּ ה' מִמִּצְרַיִם מִבֵּית עֲבָדִים". רָאוּי לְהָעִיר בָּזֶה אֲשֶׁר הַלָּשׁוֹן הַהוּא לֹא יִתָּכֵן בִּלְתִּי בְּבָשָׂר וָדָם, בְּהִזְדַּמֵּן לְיָדוֹ דָּבָר כָּבֵד לְפִי כֹּחַ וְטֶבַע אֱנוֹשׁוּתוֹ, וְיִצְטָרֵךְ לְהִזְדָּרֵז בְּיֶתֶר כֹּחַ וְיֶתֶר עֹז אֶל

WHAT DOES THE WICKED SON SAY? *"What is this service to you?"* He says *"to you"* but not to him! And because he has disassociated himself from what the community does, he has denied G-d. And [for your part] you acknowledge [the tone of] his question, and set his teeth on edge by quoting the verse (Shemos 13:8): *"Because of this [very service] did Hashem do [wonders] for me as I was leaving Egypt."* [You emphasize] *"for me"* and not for him! [You imply] that if he had been there, he would not have been redeemed.

WHAT DOES THE SIMPLE SON SAY? *"What is this?"* (Shemos 13:14) *"And you shall say to him, 'With a strong hand G-d took us out of Egypt, from the house of bondage.'"*

~ EMES L'YAAKOV ~

not get involved in an argument with him: "Answer not a fool according to his folly, lest you become like him!" If you try to explain to him, he will ask more questions to attempt to show that the Torah is unreasonable, and you may well be caught up in his non-belief, as the Gemara says (*Avodah Zarah* 27b): "Arguing with unbelievers tends to draw one to follow them."

The Haggadah warns us about this second kind of wicked son. If we see from the wording of his question that all he wants is to "return the goods" and reject the Torah outright, **to you, and not to him,** then rather than attempt to convince him, **set his teeth on edge.** Answer him in a similar vein, with words that provoke him and ensure that he will not come back with more questions. As the Haggadah expresses it metaphorically, give him acidic food to set his teeth on edge and make his mouth pucker, so that he will not be in a condition to eat anything else! Give him an answer, **"for *me* and not for *him*,"** that is to say, "You have no share in the Torah which Hashem in His kindness gave to our people. You do not want to share in it, so 'take your money' and go!" **If he had been there [in Egypt] he would not have been redeemed!**

What does the simple son say? "What is this?" (*Shemos* 13:14). "And you shall say to him, 'With a strong hand Hashem took us out of Egypt, from the house of bondage.'" The expression **"with a strong hand"** is applicable to human beings who, when faced with a task that is difficult for them in

הַשְׁלָמַת הָעֵסֶק, בּוֹ יִתָּכֵן לֵאמֹר כִּי עָשָׂה הַדָּבָר בְּכֹחַ גָּדוֹל וּבְיָד חֲזָקָה. לֹא כֵן הַבּוֹרֵא יִתְבָּרַךְ, בַּעַל הַכֹּחוֹת כֻּלָּם, עוֹשֶׂה הַכֹּל בְּמַאֲמָר, יִצְטָרֵךְ לַעֲשׂוֹת דָּבָר בְּכֹחַ גָּדוֹל? אֶתְמְהָא!

אֲבָל דַּע כִּי כְּבָר מְבוֹאָר בְּמִדְרָשִׁים גּוֹדֶל הַקִּטְרוּג שֶׁל מִדַּת הַדִּין בְּצֵאת יִשְׂרָאֵל מִמִּצְרַיִם. וְכֵן אָמְרוּ עַל מַאֲמַר (שמות יד י) "וְהִנֵּה מִצְרַיִם נוֹסֵעַ אַחֲרֵיהֶם", זֶה שַׂר שֶׁל מִצְרַיִם, שֶׁרָצָה לְעַכְּבָם. וְכָל זֶה הָיָה מִפְּאַת יְצִיאָתָם קוֹדֶם הַזְּמַן הָרָאוּי, (וּכְמוֹ שֶׁנִּתְבָּאֵר לְמַעְלָה בְּ"חֶסֶד לְאַבְרָהָם" בְּבֵאוּר "**עֲבָדִים הָיִינוּ כוּ'**") וּבְדִין הָיָה רוֹצֶה לְעַכְּבָם.

וְכִבְיָכוֹל הָיָה מֵהַצּוֹרֶךְ אֵלָיו יִתְבָּרַךְ לַעֲשׂוֹת הַדָּבָר בְּכֹחַ גָּדוֹל וּבְיָד חֲזָקָה, כִּי אֵין קָשֶׁה לִפְנֵי הַקָּדוֹשׁ בָּרוּךְ הוּא כִּי אִם כַּאֲשֶׁר יִצְטָרֵךְ לַעֲשׂוֹת נֶגֶד הַמִּדַּת הַדִּין, כִּי אֵין הַמִּדָּה הַזֹּאת דְּבַר מָה שֶׁהוּא חוּץ מִמֶּנּוּ, כִּי עַצְמוּת הַמִּדָּה מֵעַצְמוּתוֹ יִתְבָּרַךְ, וְזֶה נוֹדָע אֶל הַמְעַיֵּין בִּסְפָרִים.

וּדְבָרֵינוּ אֵלֶּה מְבוֹאָרִים בְּיַלְקוּט (ואתחנן תתכו) "'אוֹ הֲנִסָּה אֱלֹקִים לָבוֹא לָקַחַת לוֹ גוֹי מִקֶּרֶב גּוֹי' (דברים י לד).

מַהוּ מִקֶּרֶב גּוֹי? כְּאָדָם שֶׁהוּא שׁוֹמֵט אֶת הָעוּבָּר מִמְּעֵי הַבְּהֵמָה. לָמַדְנוּ צַעַר לַנִּשְׁמָט, מִנַּיִן אַף לַשּׁוֹמֵט? שֶׁנֶּאֱמַר, 'וְאֶתְכֶם לָקַח ה' וַיּוֹצִא אֶתְכֶם מִכּוּר הַבַּרְזֶל', כְּאָדָם שֶׁהוּא נוֹטֵל אֶת [הַזָּהָב מִן] הָאֵשׁ לֹא בְּצְבַת וְלֹא בִּסְמַרְטוּטִין". - עַד כָּאן. הֵא לְךָ מְבוֹאָר כִּדְבָרֵינוּ.

וְזֶהוּ שֶׁהִמְלִיצוּ, זִכְרוֹנָם לִבְרָכָה: "כְּאָדָם שֶׁהוּא שׁוֹמֵט אֶת הָעוּבָּר מִמְּעֵי אִמּוֹ", מַמָּשׁ כְּפִרְי הָעֵץ אֲשֶׁר בִּגְמַר בִּישׁוּלָהּ תִּפּוֹל מֵהֶעָנָף מֵעַצְמָהּ; לֹא כֵן קוֹדֶם גְּמָרָהּ, הִיא דְּבוּקָה בְּהֶעָנָף דְּבֵקוּת חָזָק עַד שֶׁיִּצְטָרֵךְ הָאָדָם לְהַפְרִידָהּ מֵהֶעָנָף בְּכֹחַ יָדוֹ. וּכְמוֹ כֵן הָעוּבָּר, בְּהִתְמַלֵּא יְרָחָיו הוּא עוֹמֵד לָצֵאת לַאֲוִיר הָעוֹלָם מֵעַצְמוֹ וְעַל נְקַלָּה, מַה שֶּׁאֵין כֵּן טֶרֶם יִמָּלְאוּ הַיָּמִים לָלֶדֶת יִהְיֶה הָעוּבָּר נִשְׁמָט בְּכֹחַ גָּדוֹל. כֵּן הָיָה עִנְיַן גְּאֻלַּת מִצְרַיִם, כִּי הוּא יִתְבָּרַךְ גְּאָלָם וְהוֹצִיאָם מִשָּׁם כְּהַשּׁוֹמֵט אֶת הָעוּבָּר בְּכֹחַ גָּדוֹל טֶרֶם שָׁלְמוּ לָהֶם יְמֵי הַגָּלוּת. וְזֶהוּ "**וְאָמַרְתָּ אֵלָיו, בְּחוֹזֶק יָד הוֹצִיאָנוּ ה' מִמִּצְרַיִם מִבֵּית עֲבָדִים**", הָרָצוֹן, כִּי הוּא יִתְבָּרַךְ הוֹצִיאָם בְּעוֹדָם עֲבָדִים וּבְעוֹד חוֹב הַשִּׁעְבּוּד עֲלֵיהֶם, כִּי לֹא נִשְׁלַם זְמַן גָּלוּתָם וַעֲלֵיהֶם לְהַשְׁלִימוֹ אַחַר כָּךְ, אֲשֶׁר עַל

relation to their limited strength, have to make an extra strenuous effort to accomplish it; but it is not appropriate to Hashem, the Source of all power, Who created everything by a mere word! How can He be said to have taken us out of Egypt **"with a strong hand"?**

When the Bnei Yisrael went out of Egypt there was a great opposition raised by *Middas HaDin*, Hashem's attribute of strict justice. We find this in a Midrash on *Shemos* 14:10: "And behold, Egypt was journeying behind them" [while they were encamped at the shore of the Red Sea], which says that Bnei Yisrael became aware of the "*Sar* [guardian angel] of Egypt" agitating against them to the effect that they did not deserve to be saved by miracles. This opposition was occasioned by the fact that they had gone out of Egypt before the proper time (while they were still due to "pay their debt" to Egypt, to complete the four hundred years of slavery that had been decreed on the descendants of Avraham), and the heavenly representative of the Egyptians was therefore justified in his opposition.

For this reason Hashem had to "exert His strength," as it were, to get them out. It is said that whenever Hashem has to overcome *Middas HaDin* it takes an effort, because Hashem and His Divine attributes are one and the same; they are not something extraneous to Him.

This concept is found in *Yalkut Shimoni* on *Parashas Va'eschanan*, no. 826 (*Devarim* 4:20): "But as for you, Hashem took you and brought you out of the crucible for smelting iron, out of Egypt." It cites *Devarim* 10:34: "Or has any deity ever attempted to go in and take for himself one nation from the midst of another nation...as Hashem did for you in Egypt?"

"What is meant by "from the midst of another nation?" the *Yalkut* asks. "Like a farmer who reaches out and wrenches forth the unborn calf from its mother!" We understand that the calf suffers. What about the farmer? When it says, "Hashem took you and brought you out of the crucible for smelting iron," it conveys the idea of a man pulling molten metal from inside a furnace without tongs or protective wraps. These images reflect what we have said, that it was somehow "difficult" and "painful" for Hashem, so to speak, to extract Israel from Egypt.

However, there is more to the simile of the farmer extracting the unborn calf from its mother. Just as a fully ripe fruit falls from the tree by itself, an unripe one must be pulled with great energy from the branch. When the unborn calf reaches full term, it is born without effort on the farmer's part; but before its due time, the farmer needs to exert great strength to remove it! Similarly, had Hashem waited until Israel's time was up, He would have extracted them from Egypt effortlessly, but He needed "great strength and a

וְשֶׁאֵינוֹ יוֹדֵעַ לִשְׁאֹל

אַתְּ פְּתַח לוֹ. שֶׁנֶּאֱמַר, וְהִגַּדְתָּ לְבִנְךָ בַּיּוֹם הַהוּא לֵאמֹר בַּעֲבוּר זֶה עָשָׂה יְהוָֹה לִי בְּצֵאתִי מִמִּצְרָיִם:

יָכוֹל מֵרֹאשׁ חֹדֶשׁ, תַּלְמוּד לוֹמַר בַּיּוֹם הַהוּא. אִי בַּיּוֹם הַהוּא יָכוֹל מִבְּעוֹד יוֹם, תַּלְמוּד לוֹמַר בַּעֲבוּר זֶה. בַּעֲבוּר זֶה לֹא אָמַרְתִּי אֶלָּא בְּשָׁעָה שֶׁיֵּשׁ מַצָּה וּמָרוֹר מֻנָּחִים לְפָנֶיךָ:

מִתְּחִלָּה עוֹבְדֵי עֲבוֹדָה זָרָה הָיוּ אֲבוֹתֵינוּ. וְעַכְשָׁו קֵרְבָנוּ הַמָּקוֹם לַעֲבוֹדָתוֹ. שֶׁנֶּאֱמַר, וַיֹּאמֶר יְהוֹשֻׁעַ אֶל כָּל הָעָם כֹּה אָמַר יְהוָֹה אֱלֹהֵי יִשְׂרָאֵל, בְּעֵבֶר הַנָּהָר יָשְׁבוּ

אמת ליעקב

כֵּן הָעֲמִים יִתְבָּרַךְ עָלֵינוּ הַמִּצְווֹת הָאֵלֶּה, לְזִכְרוֹן מַהוּת הַגְּאֻלָּה עַל אָפְנֶיהָ. (וּכְמוֹ שֶׁנִּתְבָּאֵר לְמַעְלָה בְּ"חֶסֶד לְאַבְרָהָם" בְּמַאֲמַר "עֲבָדִים הָיִינוּ")

"מִתְּחִלָּה עוֹבְדֵי עֲבוֹדָה זָרָה הָיוּ אֲבוֹתֵינוּ. וְעַכְשָׁו קֵרְבָנוּ הַמָּקוֹם לַעֲבוֹדָתוֹ." עַד "וְיַעֲקֹב וּבָנָיו יָרְדוּ מִצְרָיִם". דַּע כִּי הַטַּעַם בִּדְבַר הִשְׁתַּנּוּת תֹּאַר אוּמָּתֵנוּ הַנִּבְחֶרֶת, אֲשֶׁר קוֹדֶם מַתַּן תּוֹרָה הָיִינוּ נִקְרָאִים "בְּנֵי נֹחַ" וְאַחַר מַתַּן תּוֹרָה "אֵין קוֹרִין אָבוֹת אֶלָּא לִשְׁלֹשָׁה", וְאֵין אֲנַחְנוּ בָּנִים כִּי אִם לְאַבְרָהָם יִצְחָק וְיַעֲקֹב, וְלֹא מֵהֶם וּלְמַעְלָה.

כִּי טֶרֶם קִבַּלְנוּ עָלֵינוּ אֱלָהוּתוֹ יִתְבָּרַךְ בְּמַתַּן הַתּוֹרָה, הָיָה נֶחְשָׁב לָנוּ לְאָב גַּם מִי שֶׁהָיָה מֵאַבְרָהָם וּלְמַעְלָה, גַּם שֶׁהָיָה עוֹבֵד עֲבוֹדָה זָרָה. מַה שֶּׁאֵין כֵּן אַחַר אֲשֶׁר הִכְנִיס אוֹתָנוּ בִּבְרִיתוֹ וְקִבַּלְנוּ אֱלָהוּתוֹ. אִם כֵּן מַה לָּהֶם עוֹד אֵלֵינוּ? כִּי כְּבָר נִפְסַק חֶבֶל הַיִּחוּס מֵהֶם מִלְּהִקָּרֵא עוֹד אֶצְלֵנוּ אָבוֹת, וְאֵין אֲנַחְנוּ חוֹשְׁבִים כִּי אִם מֵאַבְרָהָם וּלְמַטָּה, כְּמַאֲמַר (ישעיה נא א-ב) הַבִּיטוּ אֶל צוּר חֻצַּבְתֶּם כו', הַבִּיטוּ אֶל אַבְרָהָם אֲבִיכֶם" וְלֹא מִמֶּנּוּ וּלְמַעְלָה.

AS FOR THE SON WHO DOES NOT KNOW TO ASK, you open [the dialogue] for him, as the Torah says (Shemos 13:18): "You shall tell your son on that day, saying: Because of this [the Pesach offering, a mitzvah] did G-d do [great things] for me when I went out of Egypt."

You might think that one can [relate the Haggadah] from Rosh Chodesh Nisan onwards; so the Torah says, "on that day." If [it can be told] "on that day," then you might think that you can [tell it] while it is still daylight; so the Torah says, "because of this." I cannot say "because of this" except when matzah and maror are placed in front of you.

AT FIRST OUR FOREFATHERS were idol-worshipers, but now the Everpresent One has brought us close, to serve Him, as it is written (Yehoshua 22:2): "And Yehoshua said to the

~ EMES L'YAAKOV ~

strong hand" because He took them out before the due time, when they still had to serve their Egyptian masters for a while longer.

At first our forefathers were idol-worshipers, but now the Everpresent One has brought us close, to serve Him… "And Yaakov and his sons descended into Egypt." Prior to the Giving of the Torah at Mount Sinai we were called Children of Noah, Bnei No'ach, but since that event we have been called Bnei Yisrael. We recognize only three men as our ancestors: none but three are called "Patriarchs." Henceforth we are the descendants of Avraham, Yitzchak, and Yaakov, but not of anyone before them. Why the change?

Before we accepted upon ourselves Hashem's Kingship by receiving the Torah, those who lived before Avraham – even though they worshiped idols – were considered to be our ancestors. However, after Hashem admitted us into His covenant and we took Him as our G-d, what have we to do with the earlier generations? The connection was severed and we no longer maintained any relationship with them. Avraham became our first ancestor, as the prophet Yeshayahu says (*Yeshayahu* 51:1–2): "Look to the rock from which you were hewn…look to Avraham your father" – but not to anyone further back.

אֲבוֹתֵיכֶם מֵעוֹלָם תֶּרַח אֲבִי אַבְרָהָם וַאֲבִי נָחוֹר וַיַּעַבְדוּ אֱלֹהִים אֲחֵרִים: וָאֶקַּח אֶת אֲבִיכֶם אֶת אַבְרָהָם מֵעֵבֶר הַנָּהָר וָאוֹלֵךְ אוֹתוֹ בְּכָל אֶרֶץ כְּנָעַן וָאַרְבֶּה אֶת זַרְעוֹ וָאֶתֶּן לוֹ אֶת יִצְחָק, וָאֶתֵּן לְיִצְחָק אֶת יַעֲקֹב וְאֶת עֵשָׂו, וָאֶתֵּן לְעֵשָׂו אֶת הַר שֵׂעִיר לָרֶשֶׁת אוֹתוֹ, וְיַעֲקֹב וּבָנָיו יָרְדוּ מִצְרָיִם:

בָּרוּךְ שׁוֹמֵר הַבְטָחָתוֹ לְיִשְׂרָאֵל, בָּרוּךְ הוּא, שֶׁהַקָּדוֹשׁ בָּרוּךְ הוּא חִשַּׁב אֶת הַקֵּץ לַעֲשׂוֹת כְּמָה שֶׁאָמַר לְאַבְרָהָם אָבִינוּ בִּבְרִית בֵּין הַבְּתָרִים. שֶׁנֶּאֱמַר, וַיֹּאמֶר לְאַבְרָם יָדֹעַ תֵּדַע כִּי גֵר יִהְיֶה זַרְעֲךָ

אמת ליעקב

וְזֶהוּ מַה שֶּׁאוֹמְרִים "מִתְּחִלָּה" כְּלוֹמַר, טֶרֶם שֶׁקִּבַּלְנוּ הַתּוֹרָה, "עוֹבְדֵי עֲבוֹדָה זָרָה הָיוּ" גַּם כֵּן "אֲבוֹתֵינוּ", כִּי הָיָה הַיִּחוּס נִמְשָׁךְ לְמַעְלָה מֵאַבְרָהָם, גַּם תֶּרַח גַּם נָחוֹר הַלְאָה הַלְאָה, "וְעַכְשָׁיו קֵרְבָנוּ" כְּלוֹמַר אֵין לָהֶם עִמָּנוּ שׁוּם הִתְיַחֲסוּת, "שֶׁנֶּאֱמַר ... יָשְׁבוּ אֲבוֹתֵיכֶם מֵעוֹלָם", רָצָה לוֹמַר אֲשֶׁר מִימוֹת עוֹלָם וּמִלְּפָנִים הָיוּ אֲבוֹתֵיכֶם גַּם "תֶּרַח אֲבִי אַבְרָהָם", אֲבָל לֹא בָּחַרְתִּי בָּהֶם שֶׁיִּהְיוּ לָכֶם לְאָבוֹת, רַק "וָאֶקַּח אֶת אֲבִיכֶם אֶת אַבְרָהָם", רָצָה לוֹמַר לְקַחְתִּי אוֹתוֹ לִהְיוֹת לָכֶם לְאָב וְלֹא מִמֶּנּוּ וּלְמַעְלָה, "וָאֶתֵּן לוֹ אֶת יִצְחָק ... וְיַעֲקֹב וּבָנָיו יָרְדוּ מִצְרָיִם", שֶׁעַל יְדֵי גָּלוּת זֶה נִתְגַּלְגֵּל כָּל שְׁלֵמוּת אֻמָּתֵנוּ בְּקַבָּלַת תּוֹרָתֵנוּ, וּכְמַאֲמַר רַבּוֹתֵינוּ זִכְרוֹנָם לִבְרָכָה (ברכות ה ע"א): "שָׁלֹשׁ מַתָּנוֹת טוֹבוֹת נִתְּנוּ לְיִשְׂרָאֵל וְכֻלָּם עַל יְדֵי יִסּוּרִין, תּוֹרָה כו'".

"בָּרוּךְ שׁוֹמֵר הַבְטָחָתוֹ לְיִשְׂרָאֵל, בָּרוּךְ הוּא, שֶׁהַקָּדוֹשׁ בָּרוּךְ הוּא חִשַּׁב אֶת־הַקֵּץ לַעֲשׂוֹת. כְּמָה שֶׁאָמַר לְאַבְרָהָם אָבִינוּ בִּבְרִית בֵּין הַבְּתָרִים. שֶׁנֶּאֱמַר וַיֹּאמֶר לְאַבְרָם

entire Nation, 'Thus says Hashem, the G-d of Israel: Your fathers in olden times dwelt beyond the River [Euphrates], and [there] Terach, who was the father of Avraham and Nahor, served other gods. But I took your father Avraham from across the river, and had him walk the entire land of Canaan. I multiplied his seed, and gave him Yitzchak. To Yitzchak I gave Yaakov and Esav. To Esav, as his inheritance, I gave Mount Seir, and Yaakov and his sons descended into Egypt.'"

Blessed is He Who keeps His promise to Israel—Blessed is He. For the Holy One calculated when the end [of our oppression in Egypt] would be, in order to fulfill what He had said to Avraham Avinu at the Covenant between the Pieces, as it is written (Bereishis 15:13): "And He said to Avram, 'Know for certain that your seed

⁓ EMES L'YAAKOV ⁓

This is what the Haggadah is telling us here. **At first** – that is, before we received the Torah – **our forefathers were idol-worshipers**: Terach, Nahor, and so on through preceding generations. Now, Hashem has brought us near to His service, and we no longer have any relationship to them, as it says in *Yehoshua* 24:2-4 "...**Your fathers in olden times dwelt beyond the River [Euphrates], and [there] Terach... and Nahor,"** but I, Hashem, excluded them from being your ancestors and **"took your father Avraham"** to be your first father and I **"gave to him Yitzchak ...and Yaakov and his sons descended into Egypt."** There they underwent the hardships of Exile and became qualified to receive the Torah and to be Hashem's chosen nation as has been explained above.

Blessed is He Who keeps His promise to Israel – Blessed is He. For the Holy One calculated when the end [of our oppression in Egypt] would be, in order to fulfill what He had said to Avraham Avinu at the Covenant

יָדֹעַ תֵּדַע כִּי גֵר יִהְיֶה זַרְעֲךָ בְּאֶרֶץ לֹא לָהֶם וַעֲבָדוּם וְעִנּוּ אֹתָם אַרְבַּע מֵאוֹת שָׁנָה." עַד "וְהִיא שֶׁעָמְדָה לַאֲבוֹתֵינוּ וְלָנוּ. שֶׁלֹּא אֶחָד בִּלְבָד עָמַד עָלֵינוּ לְכַלּוֹתֵינוּ אֶלָּא שֶׁבְּכָל דּוֹר וָדוֹר עוֹמְדִים עָלֵינוּ לְכַלּוֹתֵינוּ, וְהַקָּדוֹשׁ בָּרוּךְ הוּא מַצִּילֵנוּ מִיָּדָם". אִם תִּזְכְּרוּ רִאשׁוֹנוֹת מַה שֶּׁכָּתַבְנוּ לְמַעְלָה, וְקַדְמוֹנִיּוֹת תִּתְבּוֹנְנוּ מַה שֶּׁכָּתַבְנוּ בְּסֵפֶר "קוֹל יַעֲקֹב" בְּבֵאוּר "הִשְׂבִּיעַנִי בַמְּרוֹרִים" (איכה ג טו) כו', אֲשֶׁר בִּגְאוּלַּת מִצְרַיִם עֲדַיִן לֹא נִשְׁלַם הַבְטָחָתוֹ יִתְבָּרַךְ שְׁמוֹ לְהָאָבוֹת כִּי לֹא הָיְתָה גְּאוּלָּה שְׁלֵמָה.

וּכְהוֹרָאַת מַאֲמַר "אֶהְיֶ' אֲשֶׁר אֶהְיֶ'" (שמות ג יד), רְצוֹנוֹ לוֹמַר, אֶהְיֶ' עִמָּהֶם עַתָּה כְּדֵי שֶׁאֶהְיֶ' עִמָּהֶם בְּגָלוּת הַבָּא אַחַר כָּךְ. וְהוּא גַּם כֵּן מַה שֶּׁאָמַר יִתְבָּרַךְ לְמֹשֶׁה (דברים לד ד): "זֹאת הָאָרֶץ אֲשֶׁר נִשְׁבַּעְתִּי וכו' ... לֵאמֹר לְזַרְעֲךָ אֶתְּנֶנָּה", שֶׁהָיָה רָאוּי לֵאמֹר "לָתֵת לְזַרְעָם". אֲבָל הָרָצוֹן בָּזֶה, לוֹמַר כִּי גַּם אַחַר הַנְּתִינָה רָאוּי לֵאמֹר "לְזַרְעֲךָ אֶתְּנֶנָּה" בֶּעָתִיד, כִּי הַהַבְטָחָה עֲדַיִן קַיֶּמֶת, כִּי הַנְּתִינָה הָרִאשׁוֹנָה לֹא הָיְתָה נְתִינָה גְּמוּרָה, וְהוּא שׁוֹמֵר הַהַבְטָחָה עַד עֵת מוֹעֵד לְהַשְׁלִימָהּ בְּכָל חֲלָקֶיהָ.

וְזֶהוּ "**בָּרוּךְ שׁוֹמֵר הַבְטָחָתוֹ**", וְלֹא אָמַר "בָּרוּךְ שֶׁשָּׁמַר הַבְטָחָתוֹ" לְשׁוֹן עָבַר. אֲבָל הוּא הַדָּבָר שֶׁדִּבַּרְנוּ, כִּי בִּגְאוּלַּת מִצְרַיִם לֹא שָׁלְמָה הַהַבְטָחָה עֲדַיִן מַה שֶּׁהִבְטִיחַ לְאַבְרָהָם. אוּלָם גַּם עַד הַיּוֹם שׁוֹמֵר יִתְבָּרַךְ הַבְטָחָה זֹאת וּמְצַפֶּה לְהַשְׁלִימָהּ עַל אֲמִתָּתָהּ. וּמַה שֶּׁגְּאָלָנוּ מִמִּצְרַיִם לֹא הָיְתָה הַגְּאוּלָּה בְּאוֹתוֹ קֵץ עַצְמוֹ הַנֶּאֱמַר לְאַבְרָהָם, אֲבָל "**חִשַּׁב אֶת הַקֵּץ לַעֲשׂוֹת**", רְצוֹנוֹ לוֹמַר, חִשַּׁב לַעֲשׂוֹת קֵץ מְחוּדָּשׁ, לְטוֹבָתֵנוּ, כְּמַאֲמַר: "**וְאִלּוּ לֹא הוֹצִיא כו' ... הֲרֵי אָנוּ וּבָנֵינוּ כו'**", וְכַאֲשֶׁר נִתְבָּאֵר בִּמְקוֹמוֹ. וְזֶהוּ "**בָּרוּךְ שׁוֹמֵר [בַּהֹוֶה] הַבְטָחָתוֹ כו', בָּרוּךְ הוּא, שֶׁהַקָּדוֹשׁ בָּרוּךְ הוּא חִשַּׁב אֶת הַקֵּץ לַעֲשׂוֹת. כְּמָה שֶּׁאָמַר כו'**". הוֹרָאַת כַּ"ף הַדִּמְיוֹן, לְרַמֵּז שֶׁאֵין זֶה הַקֵּץ הָאֲמִיתִּי.

וְזֶהוּ שֶׁסִּיֵּם, "**וְהִיא שֶׁעָמְדָה כו'**", (וּמַאֲמַר וְהִיא שֶׁעָמְדָה שָׁב אֶל רֵאשִׁית שֶׁאָמְרוּ "**בָּרוּךְ שׁוֹמֵר כו'**") כְּלוֹמַר, לְעִילָּה זֹאת הַקָּדוֹשׁ בָּרוּךְ הוּא מַצִּילֵנוּ מִיָּדָם, לְמַעַן בְּרִיתוֹ וְהַבְטָחָתוֹ שֶׁשְּׁמוּרִים וְעוֹמְדִים לְקַיְּמָם לְקֵץ יָדוּעַ אֵלָיו יִתְבָּרַךְ.

between the Pieces, as it is written (*Bereishis* 15:13): "And He said to Avram, 'Know for certain that your seed shall be strangers in a land that is not theirs. And they [the native people] will work them as slaves, and will oppress them for four hundred years…'"

And this is what has stood for our fathers and for us – because not just one rose up against us to destroy us. Rather, in every generation they rise up against us to destroy us, but the Holy One, blessed is He, saves us from their hand!

Here I would like to remind readers of what I said above, and also what I wrote in a previous work, *Kol Yaakov*, on the words (*Eichah* 3:15): "He has filled me up with bitter things" – namely, that the Redemption from Egypt was not a complete fulfillment of Hashem's promise to the Patriarchs because it was not a complete and final Redemption.

The same thought is embodied in the Gemara (*Berachos* 9b) on the words (*Shemos* 3:14): "I shall be what I shall be," where Hashem told Moshe that He would be with Bnei Yisrael in that Exile in order that He be with them in the future Exile – implying that there would still have to be another one. Again, when Hashem said to Moshe at the end of his life (*Devarim* 34:4): "This is the land that I swore to Avraham, Yitzchak, and Yaakov, saying that I will give it to your descendants" – rather than "to give to their descendants" – the latent meaning is that although He was giving it to that generation, He was still going to give it *again* to some future generation. The promise remained to be properly fulfilled, as the land had not been irrevocably given at that time.

This is the significance of the wording, **"Blessed is He Who keeps His promise…"** – that it is in the present tense, and not "Who *kept* His promise," in the past tense. With the Redemption from Egypt, Hashem's promise to Avraham had not been completely fulfilled. Therefore He is still keeping it, and will one day fulfill it in its entirety. The fact is that He took us out of Egypt when He did, and not at the time that He had foretold to Avraham. **He calculated** anew **the end [of our oppression in Egypt]**, or, "the fixed term" thereby doing something *like* what He said to Avraham.

And this, the original promise that He made to Avraham, **is what has stood for our forefathers and for us**; because He still has to carry out what He promised long ago. That is why **In every generation they rise up against us to destroy us, but the Holy One, blessed is He, saves us from their hand.**

בְּאֶרֶץ לֹא לָהֶם וַעֲבָדוּם וְעִנּוּ אֹתָם אַרְבַּע מֵאוֹת שָׁנָה. וְגַם אֶת הַגּוֹי אֲשֶׁר יַעֲבֹדוּ דָּן אָנֹכִי וְאַחֲרֵי כֵן יֵצְאוּ בִּרְכוּשׁ גָּדוֹל:

אמת ליעקב

"**וְגַם אֶת־הַגּוֹי אֲשֶׁר יַעֲבֹדוּ דָּן אָנֹכִי וְאַחֲרֵי כֵן יֵצְאוּ בִּרְכוּשׁ גָּדוֹל**" (ברכות ט ע"א). "'דַּבֶּר נָא בְּאָזְנֵי הָעָם וְיִשְׁאֲלוּ כו'' (שמות יא ב) אֵין נָא אֶלָּא לְשׁוֹן בַּקָּשָׁה. בְּבַקָּשָׁה מִמְּךָ, (כו') כְּדֵי שֶׁלֹּא יֹאמַר אוֹתוֹ צַדִּיק '**וַעֲבָדוּם וְעִנּוּ אוֹתָם**' (בראשית טו יג) קִיֵּים בָּהֶם, '**וְאַחֲרֵי כֵן יֵצְאוּ בִּרְכוּשׁ גָּדוֹל**' (בראשית טו יד) לֹא קִיֵּים בָּהֶם".

וּכְבָר הֵעִירוּ בָּזֶה גְּדוֹלֵי הַמְּפָרְשִׁים, זִכְרוֹנָם לִבְרָכָה, כִּי הֲלֹא גַּם אִם לֹא יֹאמַר אוֹתוֹ צַדִּיק "**וַעֲבָדוּם כו'**", עִם כָּל זֶה, הַאִם אֵין מֵהַצּוֹרֶךְ אֵלָיו יִתְבָּרַךְ לְקַיֵּים דְּבַר הַבְטָחָתוֹ "**וְאַחֲרֵי כֵן יֵצְאוּ בִּרְכוּשׁ גָּדוֹל**"? וְהַנִּרְאֶה, עַל פִּי מָשָׁל:

שְׁנֵי מְלָכִים עָשׂוּ מִלְחָמָה יָמִים רַבִּים, וְאַחֲרֵי כֵן הִסְכִּימוּ בֵּינֵיהֶם לִבְלִי לְהַשְׁחִית עוֹד וּלְהָמִית אֲנָשִׁים רַבִּים מֵעוֹרְכֵי הַמִּלְחָמָה, רַק לִבְחוֹר אִישׁ אֶחָד אִישׁ אֶחָד לַצָּבָא, וּשְׁנַיִם אֵלֶּה יִלָּחֲמוּ זֶה אֶת זֶה, וְעַל פִּיהֶם יָקוּם דָּבָר, הַיְינוּ, אוֹתוֹ שֶׁיְּנַצֵּחַ הִנֵּה מַלְכּוֹ יַעֲלֶה וְיִתְפּוֹשׂ מַמְלֶכֶת הַשֵּׁנִי. וַיַּעֲשׂוּ כֵן, וַיִּבְחֲרוּ הַשְּׁנַיִם, וַיִּכְרוּ בּוֹר עָמוֹק, לְהִתְנוֹסֵס מִי בָּהֶם יוּכַל לָשֵׂאת אֶת הַשֵּׁנִי לְהַפִּילוֹ הַבּוֹרָה.

וַיַּעַמְדוּ שְׁנֵי הַמְּלָכִים לִרְאוֹת בְּהֵאָבְקָם יַחַד מִי וָמִי יְנַצֵּחַ. וַיֵּלֶךְ הָאֶחָד וַיַּחֲזֵק יָדוֹ בְּהַשֵּׁנִי, וַיִּשָּׂאֵהוּ עַל שִׁכְמוֹ לְהַפִּיל אוֹתוֹ הַבּוֹרָה. וַיְהִי כִּי הִקְרִיבוּ אֶל שְׂפָתוֹ, וַיִּתְחַזֵּק הַשֵּׁנִי הַהוּא עַל נוֹשְׂאוֹ, עַד כִּי הִשְׁלִיךְ אוֹתוֹ אֶל תּוֹךְ הַבּוֹר. וַיַּעַל מַלְכּוֹ וַיִּתְפּוֹשׂ הַמִּלְחָמָה. אַחַר כָּךְ

shall be strangers in a land that is not theirs. And they [the native people] will work them as slaves, and will oppress them for four hundred years. But I also will execute judgments on the nation that enslaves them, and afterwards they [your seed] will leave there with great wealth.'

∽ EMES L'YAAKOV ∽

"**But I will execute judgments on the nation that enslaves them, and afterwards they [your seed] will leave there with great wealth.**" The Gemara (*Berachos* 9a,b) comments on these words of Hashem to Moshe (*Shemos* 11:2): "Speak, I pray you, in the ears of the people that they shall ask, each one of his neighbor, vessels of silver and gold." Why did G-d have to "beg" Moshe to "beg" the people to ask the Egyptians for precious objects? (There is a hint that they were reluctant to do so.)

The Gemara answers: so that "that righteous one" (Avraham) should not say that the first part of the prediction of the *Bris Bein HaBesarim* (*Bereishis* 15:13–14) – "**And they [the native people] will work them as slaves, and will oppress them**" – Hashem fulfilled for them, but the second part – that "**afterwards they [your seed] will leave there with great wealth**" – He did not fulfill for them!

This Midrash has puzzled leading commentators. After all, what if "that righteous one" (Avraham) does not make this complaint – does Hashem then not have to keep His promise? This can be answered by means of a parable:

> Two kings were waging a lengthy war. Eventually they tired of the continued bloodshed and came to an agreement that each would put up a champion and the two chosen men would engage in single combat. Whichever one was victorious, his king would take over the other's kingdom and enslave his people. Having chosen the combatants, they dug a deep pit, and decided that the two men would wrestle in unarmed combat, and whichever of the two succeeded in lifting his adversary off the ground and throwing him into the pit would be declared the winner.
>
> The two kings stepped back to watch the struggle. One man lifted the other up on his shoulders and started to walk toward the pit, but just before they arrived there the other somehow turned the tables on him and threw his bearer into the pit. The victor's king accordingly claimed

עָנָה הַמֶּלֶךְ עַל בְּחִירוֹ זֶה: "לֹא אֲכַזֵּב בְּךָ כִּי אִישׁ חַיִל אַתָּה לְהַכּוֹת צָרִים אָחוֹר. אֲבָל עַל כָּל זֶה תֵּדַע אֶת חַטָּאתְךָ, מַה שֶּׁנָּתַתָּ לוֹ לְהַחֲזִיק בְּךָ לְהָרִים וְלָשֵׂאת אוֹתְךָ עַל כְּתֵפוֹ עַד שְׂפַת הַבּוֹר, כִּי בִּרְאוֹתִי כִּי הַסְכֵּן הִסְכַּנְתָּ לָרֶדֶת אֶל יַרְכְּתֵי הַבּוֹר, הִכַּנִי לִבִּי מַכָּה עַל מַכָּה, בְּאָמְרִי אָבַד מָנוֹס מִמֶּנִּי וַאֲנִי וּמַמְלַכְתִּי חַטָּאִים".

הַנִּמְשָׁל: הַקָּדוֹשׁ בָּרוּךְ הוּא הִבְטִיחַ לְאָבִינוּ אַבְרָהָם, עָלָיו הַשָּׁלוֹם, "כִּי גֵר יִהְיֶה זַרְעֲךָ כו' ... וְאַחֲרֵי כֵן יֵצְאוּ בִּרְכוּשׁ גָּדוֹל". וְהִנֵּה יָדַעְנוּ כִּי בִּיזַּת מִצְרַיִם לֹא הָיְתָה נֶחְשֶׁבֶת נֶגֶד בִּיזַּת הַיָּם, כְּמַאֲמַר הַמִּדְרָשׁ עַל (שיר השירים א יא) "'תּוֹרֵי זָהָב נַעֲשֶׂה לָּךְ' זֶה בִּיזַּת הַיָּם, 'נְקֻדּוֹת הַכָּסֶף' זֶה בִּיזַּת מִצְרַיִם". וְאִם כֵּן, עֲבוּר קִיּוּם הַהַבְטָחָה לֹא הָיָה מֵהַצּוֹרֶךְ אֶל הָעָם לְמַהֵר שָׁלָל בִּיזַּת מִצְרַיִם, כִּי יִקְחוּ אֶת שְׁלָלָם עַל הַיָּם בֶּטַח.

וּמַה גַּם לְפִי מַה שֶּׁכָּתַבְנוּ בְּמָקוֹם אַחֵר, כִּי גְּמַר הַגְּאוּלָּה הָיְתָה בְּיוֹם שְׁבִיעִי שֶׁל פֶּסַח בְּהִתְמַלֵּא סְאַת מִצְרַיִם לְקַבֵּל דִּין עָנְשָׁם – בִּלְתִּי כִּי יִשְׂרָאֵל לֹא יָכְלוּ לְהִתְמַהְמֵהַּ גַּם עַד הַיּוֹם הַהוּא, כְּמוֹ שֶׁיָּדוּעַ בִּסְפָרִים.

וְאִם כֵּן בְּצֵאת יִשְׂרָאֵל מִמִּצְרַיִם בְּאַרְבָּעָה עָשָׂר בְּנִיסָן עֲדַיִן לֹא הִגִּיעַ זְמַן הַבְטָחַת "**וְגַם אֶת הַגּוֹי אֲשֶׁר יַעֲבֹדוּ דָּן אָנֹכִי**" (בראשית טו יד) לְקַיֵּם בָּהֶם "**וְאַחֲרֵי כֵן יֵצְאוּ בִּרְכוּשׁ גָּדוֹל**".

אֲבָל מִדְּאָגָה שֶׁלֹּא יֹאמַר אוֹתוֹ צַדִּיק לְעֵת עַתָּה בִּרְאוֹתוֹ כִּי יָצְאוּ מִמִּצְרַיִם רֵיקָם, "**וַעֲבָדוּם כו'**" קִיֵּם, "**וְאַחֲרֵי כֵן יֵצְאוּ בִּרְכוּשׁ גָּדוֹל**" לֹא קִיֵּם בָּהֶם, עַל כֵּן הָיָה מֵהַצּוֹרֶךְ לְצַוּוֹת "דַּבֶּר נָא כו' וְיִשְׁאֲלוּ כו'", כְּדֵי שֶׁלֹּא יֹאמַר אוֹתוֹ צַדִּיק נוֹאָשׁ עַל הַהַבְטָחָה טֶרֶם רְאוֹתוֹ קִיּוּמָהּ.

עוֹד יִתָּכֵן בָּזֶה, בְּשׂוּם לֵב אֶל מַה שֶּׁדִּיְּקוּ זִכְרוֹנָם לִבְרָכָה, כְּדֵי שֶׁלֹּא יֹאמַר כו' קִיֵּם "בָּהֶם", וְאַחֲרֵי כֵן יֵצְאוּ בִּרְכוּשׁ גָּדוֹל לֹא קִיֵּם "בָּהֶם" – אֲשֶׁר מִלַּת "בָּהֶם" פְּעָמִים הִיא לְאֵין צוֹרֶךְ וְעוֹד יוֹתֵר מֵהַנָּכוֹן הָיָה שֶׁיֹּאמְרוּ "כְּדֵי שֶׁלֹּא יֹאמַר אוֹתוֹ צַדִּיק וַעֲבָדוּם כו' קִיֵּם, וְאַחֲרֵי כֵן יֵצְאוּ בִּרְכוּשׁ גָּדוֹל לֹא קִיֵּם", וְהָיָה מוּסָּב הָעִנְיָן

the victory. However, when he had a private moment with the champion he spoke to him thus: "I cannot deny that you are a brave and strong man, and that you did well in overcoming your opponent, but do you realize that you committed a grievous offense in allowing him to lift you off the ground and carry you as far as the edge of the pit? While this was going on, my heart missed more than one beat, thinking that I and my kingdom were doomed!"

The same sort of thing happened here. Hashem had told Avraham that his descendants would be strangers and slaves in Egypt, and that afterwards they would leave with great wealth. We know that the spoils the Israelites took out from Egypt were as naught compared to what they took from the drowned Egyptians at the Red Sea (Midrash *Shir HaShirim* 1:11): "Chains of gold we will make for you, with dots of silver." The spoils of the sea were like "chains of gold" compared to the spoils taken out of Egypt, which were like "dots of silver." So there was really no need for them to have taken anything with them when they left Egypt, because the ancient promise was due for settlement at the shores of the Red Sea later!

This fits in very well with something we have written elsewhere, that the real liberation from slavery took place on the seventh day, at the Red Sea, when the Egyptians met their fate and ceased to be the Israelites' masters. However, for other reasons, the Israelites had to be taken out of Egypt no later than the fourteenth of Nisan. Thus, the time for the middle part of the prediction of the *Bris Bein HaBesarim* – **"I also will execute judgments on the nation that enslaves them"** – had not yet arrived when they went out [of Egypt], and consequently the last part was also not yet due for fulfillment.

It was to avert the suspense and temporary disappointment that Avraham might have suffered seeing his descendants enslaved and then leaving without **"great wealth,"** that Hashem, so to speak, "begged" Moshe to ask the people to take something out of the country with them (*Berachos* 9a,b; *Shemos* 11:2): "Speak, I pray you, in the ears of the people that they shall ask, each one of his neighbor, vessels of silver and gold."

The wording of the Midrash itself (*Berachos* 9a,b) needs explaining:

[So that Avraham should not say] that the promise that **"they [the native people] will work them as slaves and will oppress them"** He fulfilled for them; but the promise that **"afterwards they [your seed] will leave there with great wealth"** He did not fulfill for them!

What is the significance of the repetition of *bahem*, "for them"? Would it not have been enough to say, "The promise of slavery and oppression He

עַל הַפּוֹעֵל וְהַמַּבְטִיחַ, לֵאמֹר אֶת זֹאת קִיֵּם וְעָשָׂה וְזֹאת לֹא קִיֵּם, אֲבָל בְּמָה שֶׁסִּיֵּם וְאָמַר קִיֵּם "בָּהֶם", מוֹרֶה שֶׁהָעִנְיָן מְדַבֵּר לֹא מֵהַפּוֹעֵל בִּלְתִּי מֵהַמְּקַבֵּל הַפְּעוּלָּה.

וְזֶה יִתְבָּאֵר עִם מַה שֶּׁכָּתַבְנוּ לְמַעְלָה, אֲשֶׁר מִבִּלְתִּי יְכוֹלֶת הָעָם לְהִתְמַהְמֵהַּ בְּמִצְרַיִם לְמַלֹּאת אַרְבַּע מֵאוֹת שָׁנָה הַנֶּאֱמָר לְאַבְרָהָם, הוֹצִיאָם יִתְבָּרַךְ קוֹדֶם הַקֵּץ, וְהָעֲבוֹדָה הַנִּשְׁאֶרֶת חוֹב עֲלֵיהֶם, הֵטִיל יִתְבָּרַךְ עָלֵינוּ בַּגָּלֻיּוֹת הָאֵלֶּה, עַד כִּי נִזְכֶּה אִם יִרְצֶה הַשֵּׁם לִגְאוּלָּה שְׁלֵמָה בִּמְהֵרָה. וְעַתָּה דַּע לְךָ כִּי מַה שֶּׁאָמַר יִתְבָּרַךְ לְאַבְרָהָם בְּהַבְטָחָתוֹ "**וְאַחֲרֵי כֵן יֵצְאוּ בִּרְכֻשׁ גָּדוֹל**", הִנֵּה זְמַן קִיּוּמָהּ בְּעֵת תַּשְׁלוּם עֲבוֹדַת אַרְבַּע מֵאוֹת שָׁנָה, כְּמוֹ שֶׁכָּתוּב, "**וַעֲבָדוּם וְעִנּוּ אוֹתָם אַרְבַּע מֵאוֹת שָׁנָה כו'**" (וּכְמוֹ שֶׁכָּתַבְנוּ בְּבֵאוּר "**בָּרוּךְ שׁוֹמֵר הַבְטָחָתוֹ כו'**"). וְעַל כֵּן לֹא הָיָה מֵהַצּוֹרֶךְ עוֹד כִּי יָבוֹאוּ הָעָם בְּמִצְרַיִם וְיֵצְאוּ בִּרְכוּשׁ גָּדוֹל בְּעוֹד לֹא שָׁלְמָה עֲבוֹדַת גָּלוּתָם. אוּלָם עִילָּה אַחֶרֶת הָיְתָה בָּזֶה, אֲשֶׁר עֲבוּרָהּ הֶחֱרִיד יִתְבָּרַךְ וְאָמַר לְמֹשֶׁה "דַּבֶּר נָא כו' וְיִשְׁאֲלוּ כו'", וּכְבֵאוּר הַדְּרָשׁ "כְּדֵי שֶׁלֹּא יֹאמַר אוֹתוֹ צַדִּיק". וְהוּא עַל פִּי מָשָׁל –

לְאֶחָד שֶׁעָלָה בְּדַעְתּוֹ לִהְיוֹת מִתְפַּרְנֵס מֵאֲשֶׁר יִהְיֶה טַבָּח וּמְחַלֵּק הַמָּנוֹת בִּסְעוּדַת אֲנָשִׁים. וּכְדֵי לְהִתְלַמֵּד הַדָּבָר שָׁאַל מֵאוֹתָם הָרְגִילִים לָבוֹא עַל כָּל סְעוּדָה וְעַל כָּל שִׂמְחָה לְהַגִּיד לוֹ סֵדֶר וּקְדִימַת הַמַּאֲכָלִים, אֵיזֶה מֵהֶם עוֹלֶה רִאשׁוֹן עַל הַשֻּׁלְחָן וְאֵיזֶה הַבָּא אַחֲרוֹן. וַיַּגִּידוּ לוֹ כִּי בָּרִאשׁוֹנָה נוֹתְנִים דָּגִים, וְאַחַר כָּךְ צְלִי עִם חֲזֶרֶת. וַיְהִי בָּעִיר אֵיזֶה סְעוּדָה, וְהוּא בָּא וְעוֹמֵד לִפְנֵיהֶם לְהוֹשִׁיט לָהֶם הַמַּאֲכָלִים כַּמִּשְׁפָּט שֶׁהִגִּידוּ לוֹ. וְהִנֵּה עַל הַשִּׂמְחָה הָיוּ קְרוּאִים הַרְבֵּה, מְסוּבִּים עַל שְׁנֵי שֻׁלְחָנוֹת זֶה מוּל זֶה. וְהִנֵּה, בְּהַגִּישׁוֹ לִפְנֵיהֶם הַדָּגִים, לָקַח בְּיָדוֹ שְׁתֵּי קְעָרוֹת דָּגִים וַיַּצִּיגֵם אַחַת עַל שֻׁלְחָן זֶה וְאַחַת עַל שֻׁלְחָן הַשֵּׁנִי. וַיְהִי בְּהַעֲלוֹתוֹ הַצְּלִי וְהַחֲזֶרֶת לָקַח כְּמוֹ כֵן קַעֲרַת הַצְּלִי בְּיָדוֹ הָאַחַת וּקְעָרָה עִם חֲזֶרֶת בְּיָדוֹ הַשֵּׁנִית, וַיַּצִּיגֵם הַצְּלִי עַל שֻׁלְחָן אֶחָד וְהַחֲזֶרֶת עַל שֻׁלְחָן הַשֵּׁנִי. וַיְהִי בְּעֵינֵיהֶם כִּמְצַחֵק, לֵאמֹר: "מַה לְּךָ אֵיפוֹא לָתֵת לְפָנֵינוּ הַחֲזֶרֶת אַחַר כִּי לֹא נָתַתָּ לְפָנֵינוּ הַצְּלִי?"

הַנִּמְשָׁל מוּבָן מֵאֵלָיו. כִּי הָאָמְנָם עֲדַיִן לֹא הָיָה מַגִּיעַ זְמַן הַבְטָחַת "רְכוּשׁ גָּדוֹל" לְגוֹלֵי מִצְרַיִם, בִּלְתִּי לְאוֹתָם שֶׁיְּשֻׁלַּם הַגָּלוּת עַל יָדָם, עִם כָּל זֶה הָיָה מָקוֹם לְבַעַל דִּין לוֹמַר, הִנֵּה גּוֹלֵי מִצְרַיִם יֹאכְלוּ הַמְּרוֹרִים – קוֹשִׁי הַשִּׁעְבּוּד – וְדוֹר הָאַחֲרוֹן יִקְחוּ חֶלְקָם בָּרְכוּשׁ?!

וְזֶהוּ שֶׁדִּיְּקוּ וְאָמְרוּ: כְּדֵי שֶׁלֹּא יֹאמַר אוֹתוֹ צַדִּיק וַעֲבָדוּם וְעִנּוּ אוֹתָם קִיֵּם "בָּהֶם" – מוֹרֶה עַל הַגּוֹלִים הָהֵם אֲשֶׁר כְּבָר שָׂבְעָה נַפְשָׁם מִן הַמְּרוֹרִים – וְאַחֲרֵי כֵן יֵצְאוּ בִּרְכוּשׁ גָּדוֹל לֹא קִיֵּם "בָּהֶם" – כְּלוֹמַר בִּלְתִּי בְּדוֹר אַחֵר אֲשֶׁר לֹא עָמַל בּוֹ כַּעֲמַל הַדּוֹר הַהוּא.

fulfilled, but the promise of great wealth He did not fulfill"? Why add on to both the words "for them"? It seems to imply that the emphasis is not so much on the subject (Hashem) as on the recipient (Yisrael).

The correct interpretation becomes clear when we recollect what we wrote before, that Bnei Yisrael could not be left in Egypt any longer! And therefore Hashem took them out before the four hundred years of slavery were completed. However, the remaining years were owed as a debt and had to be paid by later generations in future Exiles, until Hashem will decide that the time is up, may it come soon! The time had thus not yet come for payment of the promise of **"great wealth"** when they left Egypt, as the earlier part of the promise had also not yet been accomplished. There was, therefore, really no need for them to ask the Egyptians for their treasure, as Hashem did not yet owe them the **"great wealth."** Nevertheless, there was another reason that He wished them to collect some riches at that time, namely, in order that "that righteous man," Avraham, should not have grounds for complaint! This will be understood by means of a parable.

> A man decided to become a caterer. He asked people who frequently attended festive meals, what went on at such occasions. They told him, "First the fish is served, then the meat and chrain,* " and so on. When there arose an occasion for a banquet in the town, the man undertook the catering.
>
> The many guests were seated at two large tables. The caterer brought in two platters of fish, one in each hand, and put one down on each table. Then he brought in a platter of meat in one hand and a platter of *chrain* in the other; he put the meat down on one table and the *chrain* on the other. The guests at the second table thought it was a big joke. "Why did you serve us *chrain** when you didn't give us any meat?" they asked.

What is the lesson here? True, the generation that left Egypt was not really entitled to **"leave there with great wealth"** because they had not completed their allotted time of servitude. By rights it should have been a later generation, when the slavery was over, that received the last promise. Nevertheless, what would right-thinking people have said? That these had worked and suffered and "eaten bitter herbs" in Egypt all those years, and *others* had been given the promised **"great wealth"**!

This is the force of the words "for them" in the Gemara. The promise that **"they [the native people] will work them as slaves, and will oppress them"** He fulfilled *for them*; but the promise that **"afterwards they [your seed] will leave there with great wealth"** He did not fulfill *for them*, but for a different generation! (This is why the words "for them" appear twice.)

---

* beetroot-and-horseradish relish eaten with meat, etc.

Cover the matzos and pick up the cup. Then everyone says:

וְהִיא שֶׁעָמְדָה לַאֲבוֹתֵינוּ וְלָנוּ. שֶׁלֹּא אֶחָד בִּלְבָד עָמַד עָלֵינוּ לְכַלּוֹתֵנוּ, אֶלָּא שֶׁבְּכָל דּוֹר וָדוֹר עוֹמְדִים עָלֵינוּ לְכַלּוֹתֵנוּ, וְהַקָּדוֹשׁ בָּרוּךְ הוּא מַצִּילֵנוּ מִיָּדָם:

Put down the cup and uncover the matzos. Then continue:

צֵא וּלְמַד מַה בִּקֵּשׁ לָבָן הָאֲרַמִּי לַעֲשׂוֹת לְיַעֲקֹב אָבִינוּ. שֶׁפַּרְעֹה לֹא גָזַר אֶלָּא עַל הַזְּכָרִים וְלָבָן בִּקֵּשׁ לַעֲקֹר אֶת הַכֹּל. שֶׁנֶּאֱמַר: **אֲרַמִּי אֹבֵד אָבִי וַיֵּרֶד מִצְרַיְמָה וַיָּגָר שָׁם בִּמְתֵי מְעָט, וַיְהִי שָׁם לְגוֹי גָּדוֹל עָצוּם וָרָב:**

וַיֵּרֶד מִצְרַיְמָה, אָנוּס עַל פִּי הַדִּבּוּר:

וַיָּגָר שָׁם, מְלַמֵּד שֶׁלֹּא יָרַד יַעֲקֹב אָבִינוּ לְהִשְׁתַּקֵּעַ בְּמִצְרַיִם אֶלָּא לָגוּר שָׁם. שֶׁנֶּאֱמַר, וַיֹּאמְרוּ אֶל פַּרְעֹה לָגוּר בָּאָרֶץ בָּאנוּ כִּי אֵין מִרְעֶה לַצֹּאן אֲשֶׁר לַעֲבָדֶיךָ כִּי כָבֵד הָרָעָב בְּאֶרֶץ כְּנָעַן, וְעַתָּה יֵשְׁבוּ נָא עֲבָדֶיךָ בְּאֶרֶץ גֹּשֶׁן:

בִּמְתֵי מְעָט, כְּמָה שֶׁנֶּאֱמַר, בְּשִׁבְעִים נֶפֶשׁ יָרְדוּ אֲבוֹתֶיךָ מִצְרָיְמָה, וְעַתָּה שָׂמְךָ יְהֹוָה אֱלֹהֶיךָ כְּכוֹכְבֵי הַשָּׁמַיִם לָרֹב:

וַיְהִי שָׁם לְגוֹי, מְלַמֵּד שֶׁהָיוּ יִשְׂרָאֵל מְצֻיָּנִים שָׁם:

גָּדוֹל עָצוּם, כְּמָה שֶׁנֶּאֱמַר, וּבְנֵי יִשְׂרָאֵל פָּרוּ וַיִּשְׁרְצוּ וַיִּרְבּוּ וַיַּעַצְמוּ בִּמְאֹד מְאֹד, וַתִּמָּלֵא הָאָרֶץ אֹתָם:

Cover the matzos and pick up the cup. Then everyone says:

AND THIS IS WHAT HAS STOOD *for our fathers and for us—because not just one rose up against us to destroy us. Rather, in every generation they rise up against us to destroy us, but the Holy One, Blessed is He, saves us from their hand.*

Put down the cup and uncover the matzos. Then continue:

COME AND LEARN what Lavan the Aramean sought to do to Yaakov Avinu. For Pharaoh made his decree only against the male children, while Lavan sought to uproot everything, as it is written: **"My father was a wandering Aramean, who went down to Egypt and abode there as a small group. There he became a nation, great, mighty, and numerous"** (Devarim 26:5).

WHO WENT DOWN TO EGYPT—compelled by the Divine word.

AND ABODE THERE—[the choice of words] teaches us that Yaakov Avinu did not go down to Egypt with the idea of settling there, but only to abide there a while, as it is written: "They said to Pharaoh, 'We have come to abide in the land, for there is no pasturage for your servants' flocks, so severe is the famine in the land of Canaan; now let your servants dwell in the land of Goshen'" (Bereishis 47:4).

AS A SMALL GROUP—as it is written: "Your fathers went down to Egypt with seventy souls, and now Hashem your G-d has made you as numerous as the stars in the sky" (Devarim 10:22).

THERE HE BECAME A NATION—[the fact that the Jews are called a nation] teaches us that Israel was distinct there.

GREAT, MIGHTY—as it is written: "And the Children of Israel were fruitful and increased abundantly and multiplied, and became very mighty, and the land was filled with them" (Shemos 1:7).

וָרָב, כְּמָה שֶׁנֶּאֱמַר, רְבָבָה כְּצֶמַח הַשָּׂדֶה נְתַתִּיךְ וַתִּרְבִּי וַתִּגְדְּלִי וַתָּבֹאִי בַּעֲדִי עֲדָיִים, שָׁדַיִם נָכֹנוּ וּשְׂעָרֵךְ צִמֵּחַ וְאַתְּ עֵרֹם וְעֶרְיָה: וָאֶעֱבֹר עָלַיִךְ וָאֶרְאֵךְ מִתְבּוֹסֶסֶת בְּדָמָיִךְ וָאֹמַר לָךְ בְּדָמַיִךְ חֲיִי וָאֹמַר לָךְ בְּדָמַיִךְ חֲיִי:

וַיָּרֵעוּ אֹתָנוּ הַמִּצְרִים וַיְעַנּוּנוּ וַיִּתְּנוּ עָלֵינוּ עֲבֹדָה קָשָׁה:

וַיָּרֵעוּ אֹתָנוּ הַמִּצְרִים, כְּמָה שֶׁנֶּאֱמַר, הָבָה נִתְחַכְּמָה לוֹ פֶּן יִרְבֶּה וְהָיָה כִּי תִקְרֶאנָה מִלְחָמָה וְנוֹסַף גַּם הוּא עַל שֹׂנְאֵינוּ וְנִלְחַם בָּנוּ וְעָלָה מִן הָאָרֶץ:

וַיְעַנּוּנוּ, כְּמָה שֶׁנֶּאֱמַר, וַיָּשִׂימוּ עָלָיו שָׂרֵי מִסִּים לְמַעַן עַנֹּתוֹ בְּסִבְלוֹתָם וַיִּבֶן עָרֵי מִסְכְּנוֹת לְפַרְעֹה אֶת פִּתֹם וְאֶת רַעַמְסֵס:

וַיִּתְּנוּ עָלֵינוּ עֲבוֹדָה קָשָׁה, כְּמָה שֶׁנֶּאֱמַר, וַיַּעֲבִדוּ מִצְרַיִם אֶת בְּנֵי יִשְׂרָאֵל בְּפָרֶךְ:

וַנִּצְעַק אֶל יְהֹוָה אֱלֹהֵי אֲבֹתֵינוּ, וַיִּשְׁמַע יְהֹוָה אֶת קֹלֵנוּ וַיַּרְא אֶת עָנְיֵנוּ וְאֶת עֲמָלֵנוּ וְאֶת לַחֲצֵנוּ:

אמת ליעקב

"וָאֶעֱבוֹר עָלַיִךְ וָאֶרְאֵךְ מִתְבּוֹסֶסֶת בְּדָמָיִךְ" וּבַמִּדְרָשׁ (פרשת בא): "הַקָּדוֹשׁ בָּרוּךְ הוּא עוֹבֵר וְנוֹטֵל כָּל אֶחָד וְאֶחָד וְנוֹשְׁקוֹ וּמְבָרְכוֹ, שֶׁנֶּאֱמַר (יחזקאל טז ו): 'וָאֶעֱבוֹר עָלַיִךְ כו' וָאֹמַר לָךְ בְּדָמַיִךְ חֲיִי', – חֲיִי בְּדַם פֶּסַח, חֲיִי בְּדַם מִילָה!"

AND NUMEROUS—*as it is written: "I gave you to thrive, to be as the brush of the fields. You multiplied and grew, and you became too numerous to count. Your breasts were prepared. Your hair had grown, but you were naked and bare. And I passed over you, and saw you rolling in your blood. And I said to you, 'Through your blood you shall live! Through your blood you shall live!'" (Yechezkel 16:7)*

"And the Egyptians invented evil for us, they oppressed us, and imposed hard labor upon us" *(Devarim 26:6).*

AND THE EGYPTIANS INVENTED EVIL FOR US—*as it is written: "Come, let us be clever with him, lest he grow too numerous, and should a war come, he might ally himself to our enemies, and fight us and leave the country" (Shemos 1:10).*

THEY OPPRESSED US—*as it is written: "And they put taskmasters over him [the people], in order to torture him with their burdens. And [the people] built storage cities for Pharaoh, Pisom and Raamses" (Shemos 1:11).*

AND IMPOSED HARD LABOR UPON US—*as it is written: "And Egypt worked the Children of Israel strenuously" (Shemos 1:13).*

"And we cried out to Hashem, the G-d of our fathers. And Hashem heard our voice and He saw our privation, our toil, and our distress" *(Devarim 26:7).*

~ EMES L'YAAKOV ~

"And I passed over you, and saw you rolling in your blood. And I said to you, 'Through your blood you shall live!'" The Midrash on *Parashas Bo* relates that Hashem passed through and took hold of each one, kissed him, and gave him a blessing, as it is written in *Yechezkel* 16:6, **"And I passed over you, and saw you rolling in your blood. And I said to you, 'Through**

וְתַכְלִית כַּוָּנַת הַדְּבָרִים, הוּא בְּהַזְכִּיר מַאֲמַר הַכָּתוּב (שמות יב יג): "וְהָיָה הַדָּם לָכֶם לְאוֹת עַל הַבָּתִּים אֲשֶׁר אַתֶּם שָׁם". וְרַבּוֹתֵינוּ זִכְרוֹנָם לִבְרָכָה כְּבָר הֵעִירוּ עַל מִלַּת "לָכֶם" שֶׁהִיא לְאֵין צוֹרֶךְ, עַד שֶׁדָּרְשׁוּ: "לָכֶם לְאוֹת וְלֹא לַאֲחֵרִים לְאוֹת".

וְלָבוֹא אֶל הָעִנְיָן, נַזְכִּיר מַאֲמָרָם זִכְרוֹנָם לִבְרָכָה (שבת נה ע"א): "'וְהִתְוִיתָ תָּיו עַל מִצְחוֹת הָאֲנָשִׁים' (יחזקאל ט ב-ד). אָמַר הַקָּדוֹשׁ בָּרוּךְ הוּא לְגַבְרִיאֵל: לֵךְ וּרְשׁוֹם עַל מִצְחָן שֶׁל צַדִּיקִים תָּיו שֶׁל דְּיוֹ - שֶׁלֹּא יִשְׁלוֹט בָּהֶם הַמַּשְׁחִית - וְעַל מִצְחָן שֶׁל רְשָׁעִים תָּיו שֶׁל דָּם - כְּדֵי שֶׁיִּשְׁלוֹט בָּהֶם הַמַּשְׁחִית".

הֵא לְךָ כִּי סִימַן הַדָּם הוּא לָתֵת שְׁלִיטָה אֶל הַמַּשְׁחִית, וּפֹה הָיָה לְהֵפֶךְ, כִּי הָיָה הַדָּם לָהֶם לְאוֹת שֶׁלֹּא יָבוֹא הַמַּשְׁחִית אֶל בָּתֵּיהֶם לִנְגּוֹף. וְאֵין זֹאת כִּי אִם חֹק דְּבַר הַמֶּלֶךְ וּגְזֵירָתוֹ, שֶׁיִּהְיֶה הַדָּם לָהֶם אוֹת חַיִּים, בִּזְכוּת עֲשׂוֹתָם רְצוֹן הַשֵּׁם יִתְבָּרַךְ וְשָׁפְכוּ דַּם עַצְמָם, בְּהִמּוֹל בְּשַׂר עָרְלָתָם. לֹא כֵן הָרְשָׁעִים, הַמְגוֹאָלִים בְּדַם אֲחֵרִים, כְּמַאֲמַר (ישעיה א טו): "יְדֵיכֶם דָּמִים מָלֵאוּ". עַל כֵּן אוֹת הַדָּם מְעוֹרֵר עֲלֵיהֶם דִּין מַשְׁחָתָם.

וְזֶהוּ: "וְהָיָה הַדָּם לָכֶם לְאוֹת וְלֹא לַאֲחֵרִים לְאוֹת", וּכְמוֹ שֶׁמּוּבָא בַּמִּדְרָשׁ כִּי הַמִּצְרִיִּים הָיוּ מַטְמִינִים בְּכוֹרֵיהֶם בְּבָתֵּי יִשְׂרָאֵל וְאַף עַל פִּי כֵן שָׁלַט בָּהֶם הַמַּשְׁחִית. הִנֵּה מִזֶּה יִתְבָּרֵר כִּי אֶל הַמִּצְרִיִּים הָאֵלֶּה הָיָה אוֹת הַדָּם לְהָעִיר עֲלֵיהֶם הַמַּשְׁחִית. וְזֶהוּ "לָכֶם לְאוֹת וְלֹא לַאֲחֵרִים לְאוֹת".

וְזֶהוּ "**וָאֶעֱבוֹר עָלַיִךְ וָאֶרְאֵךְ מִתְבּוֹסֶסֶת בְּדָמָיִךְ**". בָּא לְהַגִּיד לָהֶם חַסְדֵי הַשֵּׁם כִּי הָפַךְ בָּהֶם הוֹרָאַת הַמַּעֲרֶכֶת, אֲשֶׁר מִדַּת אוֹת הַדָּם הִיא לְעוֹרֵר דִּין מָוֶת וְאֶצְלֵיהֶם פָּעַל אוֹת הַזֶּה הַהֵפֶךְ. וְזֶהוּ וָאֶעֱבוֹר עָלַיִךְ וָאֶרְאֵךְ מִתְבּוֹסֶסֶת "**בְּדָמָיִךְ**", כְּלוֹמַר, כִּי תִשְׁפּוֹךְ דַּם עַצְמֵךְ לְמַעַן הָקִים מִצְוַת הַשֵּׁם, וְהָיָה זֶה שְׂכָרֵךְ, "**וָאֹמַר לָךְ בְּדָמַיִךְ חֲיִי!**" כְּלוֹמַר, כִּי אַךְ בָּךְ יִהְיֶה סִימַן הַדָּם אוֹת לְטוֹבָה וְחַיִּים, מַה שֶּׁאֵין כֵּן בַּאֲחֵרִים, הַבּוֹסְסִים דְּמֵי זוּלָתָם.

your blood you shall live!' And I said to you, 'Through your blood you shall live!'"** Live by the blood of the Pesach sacrifice; live by the blood of circumcision!

The full significance of this Midrash becomes clear when we recall Hashem's words (*Shemos* 12:13): "The blood [on the doorpost] will be a sign for you" and "there will be no destruction upon you when I smite [the firstborn of] Egypt" together with the observation of the Sages that it implied "a sign exclusively for you," and not a sign for others.

This can only be fully understood in conjunction with another *Aggadah* on *Yechezkel* 9:2–4, in which Yechezkel reported seeing a vision of a man or an angel clothed in white linen with a scribe's inkhorn on his belt. Hashem tells him to pass through Jerusalem and mark a sign upon the forehead of the men who suffer over all the evil things done within the city. The Gemara (*Shabbos* 55a) explains that he was instructed to paint an ink mark on the foreheads of the righteous, as a sign that they were to be saved, and a mark in blood on the foreheads of the wicked, as a sign that they were to be killed.

Hence we see that blood is normally a sign to the destroyer, indicating whom he may destroy. Yet in Egypt it was the reverse – a sign to the destroyer to keep away, *not* to destroy! The exceptional significance of blood for Bnei Yisrael as a sign of immunity from death was an ad hoc decree by Hashem in view of their having conformed to His will and shed their own blood in performing circumcision. Not so the wicked, who are stained with the blood of others, as it is written in *Yeshayahu* 1:15: "Your hands are full of blood!" That is why the sign of blood invoked the sentence of destruction upon the wicked men of Jerusalem.

This is the significance of "The blood [on the doorpost] will be a sign for you" – and not for others. The Egyptians, we are told, took "precautions" – so they thought – and hid their firstborn children in the houses of the Israelites. Yet even there they died that night, because the very same blood on the doorposts was for them a sign of death and destruction. "A sign for you" – of protection – "but not for others!"

This is the meaning of **"And I passed over you, and saw you rolling in your blood"** – *your* blood, and not the blood of others. People who shed their own blood in the service of Hashem, earn the protection of a mark of blood, while those who shed the blood of others deserve to perish by the same mark of blood.

וַנִּצְעַק אֶל יְהֹוָה אֱלֹהֵי אֲבֹתֵינוּ, כְּמָה שֶׁנֶּאֱמַר, וַיְהִי בַיָּמִים הָרַבִּים הָהֵם וַיָּמָת מֶלֶךְ מִצְרַיִם וַיֵּאָנְחוּ בְנֵי יִשְׂרָאֵל מִן הָעֲבֹדָה וַיִּזְעָקוּ, וַתַּעַל שַׁוְעָתָם אֶל הָאֱלֹהִים מִן הָעֲבֹדָה:

וַיִּשְׁמַע יְהֹוָה אֶת קֹלֵנוּ, כְּמָה שֶׁנֶּאֱמַר, וַיִּשְׁמַע אֱלֹהִים אֶת נַאֲקָתָם וַיִּזְכֹּר אֱלֹהִים אֶת בְּרִיתוֹ אֶת אַבְרָהָם אֶת יִצְחָק וְאֶת יַעֲקֹב:

וַיַּרְא אֶת עָנְיֵנוּ, זוֹ פְּרִישׁוּת דֶּרֶךְ אֶרֶץ. כְּמָה שֶׁנֶּאֱמַר, וַיַּרְא אֱלֹהִים אֶת בְּנֵי יִשְׂרָאֵל וַיֵּדַע אֱלֹהִים:

וְאֶת עֲמָלֵנוּ, אֵלּוּ הַבָּנִים. כְּמָה שֶׁנֶּאֱמַר, כָּל הַבֵּן הַיִּלּוֹד הַיְאֹרָה תַּשְׁלִיכֻהוּ וְכָל הַבַּת תְּחַיּוּן:

אמת ליעקב

"וַיְהִי בַיָּמִים הָרַבִּים הָהֵם וַיָּמָת מֶלֶךְ מִצְרַיִם וַיֵּאָנְחוּ בְנֵי־יִשְׂרָאֵל מִן הָעֲבוֹדָה וַיִּזְעָקוּ. וַתַּעַל שַׁוְעָתָם אֶל־הָאֱלֹקִים מִן־הָעֲבוֹדָה". הָעִנְיָן בָּזֶה הוּא, עִם מַה שֶׁנּוֹדָע וּמְפוּרְסָם מִמִּדְרְשֵׁי רַבּוֹתֵינוּ, זִכְרוֹנָם לִבְרָכָה, אֲשֶׁר גָּלוּת יִשְׂרָאֵל הִתְחִיל מִיּוֹם שֶׁנּוֹלַד יִצְחָק, וְלִכְאוֹרָה יִקְשֶׁה, אִם מַעֲמַד הָאָבוֹת וְקוֹרוֹתֵיהֶם הָיוּ נֶחְשָׁבִים גַּם כֵּן לְגָלוּת, לָמָּה הִכְבִּיד הַקָּדוֹשׁ בָּרוּךְ הוּא אַחַר כָּךְ עַל בְּנֵיהֶם אֶת עוֹל הַגָּלוּת לְשַׁעְבְּדָן בְּחוֹמֶר וּבִלְבֵנִים וְלִרְדּוֹת בָּם בְּפֶרֶךְ? וְלָמָּה לֹא הִסְפִּיק לָהֶם שֶׁיִּהְיֶה מַעֲמָדָם בְּגָלוּתָם גַּם כֵּן כְּמַעֲמַד הָאָבוֹת?

אֲבָל הָעִנְיָן כָּךְ הוּא, שֶׁכָּל אָדָם לְפִי מַעֲמָדוֹ וְהֶרְגֵּלוֹ נֶחְשָׁב חֶסְרוֹנוֹ. כְּמוֹ, הָרָגִיל תָּמִיד בְּבָשָׂר וָיַיִן, אִם תְּכַלְכְּלֵהוּ לֶחֶם וּמַיִם הִנֵּה נֶחְשָׁב לוֹ זֹאת לְיִסּוּרִים נֶגֶד הֶרְגֵּלוֹ מֵאָז. לֹא כֵן מִי שֶׁנִּתְפַּרְנֵס כָּל יָמָיו בְּלֶחֶם וּמַיִם, לֹא יֵחָשֵׁב אֶצְלוֹ יִסּוּרִים כִּי אִם בִּהְיוֹתוֹ רָעֵב וְצָמֵא. וְהַכְּלָל – שֶׁכָּל פָּחוֹת מֵהֶהָרְגֵל נֶחְשָׁב לְיִסּוּרִין.

AND WE CRIED OUT TO HASHEM, THE G-D OF OUR FATHERS—*as it is written: "It happened, during that long time, that the king of Egypt died. And the Children of Israel groaned from their servitude and they cried out. And their pleadings rose to G-d from the work" (Shemos 2:23).*

AND HASHEM HEARD OUR VOICE—*as it is written: "And G-d heard their cries, and G-d remembered His covenant with Avraham, with Yitzchak, and with Yaakov" (Shemos 2:24).*

AND HE SAW OUR PRIVATION—*this refers to the breaking up of family life, as it is written: "G-d saw the Children of Israel, and G-d knew" (Shemos 2:25).*

OUR TOIL—*this refers to children, as it is written: "Every newborn son shall be cast into the river, and every daughter you shall let live" (Shemos 1:22).*

∞ EMES L'YAAKOV ∞

"It happened, during that long time, that the king of Egypt died. And the Children of Israel groaned from their servitude." We all know that according to the Midrash, the four hundred years' Exile started from the birth of Yitzchak. It follows that the conditions in which the Patriarchs spent their lives – which were not too bad – also count as Exile. Why, then, did Hashem pile on the severity of the slavery and the affliction for their descendants, making them work in bricks and mortar and letting the Egyptians enslave them with rigor? Would it not have been enough to let them spend their Exile living in the same sort of conditions as Avraham, Yitzchak, and Yaakov?

The truth is, however, that each individual is considered to be well-off or badly off according to his original condition. A man who is accustomed to dining on meat and wine every day will consider himself to be starving if he is fed bread and water, while one who has never enjoyed anything better than bread and water will not feel that he is suffering deprivation unless he is really hungry and thirsty. In short, any lack of what one is used to is felt

וּמֵעַתָּה נֹאמַר כִּי אַף שֶׁאֵצֶל הָאָבוֹת הָיָה נֶחְשָׁב לְגָלוּת הַמְּעַט שֶׁסָּבְלוּ מִן הָרָע בִּהְיוֹתָם בִּלְתִּי מוּרְגָּלִים גַּם בָּזֶה, עִם כָּל זֶה, אַחַר שֶׁמֵּת הַדּוֹר הַהוּא, וְהוּרְגְּלוּ בְּנֵיהֶם מֵעוֹדָם בְּסֵבֶל הָרַע הַמְּעַט, יְחוּיַּב לְהַכְבִּיד אֶת עוּלָם.

נִמְצָא שֶׁאֵצֶל אַבְרָהָם וְיִצְחָק נֶחְשַׁב לְיִסּוּרִים הֶעְדֵּר הַמֶּמְשָׁלָה בְּאֶרֶץ יִשְׂרָאֵל לִהְיוֹתָם בָּהּ כְּגֵרִים, וְאֵצֶל יַעֲקֹב נֶחְשַׁב לְגָלוּת מַה שֶּׁהוּכְרַח לִהְיוֹת בְּמִצְרַיִם וּלְהִתְפַּרְנֵס עַל יְדֵי בְּנוֹ, כִּמְבוֹאָר בַּמִּדְרָשׁ עַל "וְיוֹסֵף יָשִׁית יָדוֹ עַל עֵינֶיךָ" (בראשית מו ד), וְאַחַר כָּךְ נִגְזַר עֲלֵיהֶם עֲבוֹדָה, וְטֶרֶם הוּרְגְּלוּ לִשְׁמוֹעַ גַּעֲרַת מַעֲבִידֵיהֶם הָיָה נֶחְשָׁב לָהֶם זֶה עִינּוּי גָּדוֹל – אַף שֶׁהָעֲבוֹדָה הָיְתָה קַלָּה וּבִלְתִּי מַתֶּשֶׁת כֹּחָם. וְכֵן נִרְמַז בַּפָּסוּק "**וַיָּשִׂימוּ עָלָיו שָׂרֵי מִסִּים לְמַעַן עַנֹּתוֹ בְּסִבְלֹתָם**" (שמות א יא), כְּלוֹמַר, שֶׁעִקַּר צַעַר הָעֲבוֹדָה לֹא הָיָה כִּי אִם מֵחֲמַת הֱיוֹתָם סוֹבְלִים גַּעֲרַת שָׂרֵי הַמִּסִּים.

וְאַחַר שֶׁהוּרְגְּלוּ בָּזֶה, וְלֹא הָיוּ מִצְטַעֲרִים עוֹד בְּגַעֲרַת הַשָּׂרִים, אָז הוּכְבַּד עֲלֵיהֶם עוֹל קָשֶׁה. וְהִנֵּה, בָּעֵת שֶׁצָּעֲקוּ אֶל הַשֵּׁם לֹא צָעֲקוּ אֶלָּא "מִן הָעֲבוֹדָה", כְּמַאֲמַר, "**וַיֵּאָנְחוּ בְנֵי יִשְׂרָאֵל מִן הָעֲבוֹדָה וַיִּזְעָקוּ**" (שמות ב כג), אֲבָל זֹאת לֹא עָלְתָה עַל לִבָּם לֵאמֹר, מַדּוּעַ נִפְלֵינוּ מִכָּל אוּמָּה וְלָשׁוֹן לִמְשׁוֹל בָּנוּ פְּחוּתֵי עֵרֶךְ לִסְבּוֹל גַּם גַּעֲרָתָם גַּם קִנְאָתָם – מֵחֲמַת שֶׁבָּזֶה כְּבָר הוּתַּר לָהֶם, כְּמַאֲמַר חֲכָמֵינוּ זִכְרוֹנָם לִבְרָכָה: "צָרוֹת הָאַחֲרוֹנוֹת מְשַׁכְּחוֹת אֶת הָרִאשׁוֹנוֹת".

אֲבָל הַקָּדוֹשׁ בָּרוּךְ הוּא, שֶׁהָיָה מַרְגִּישׁ בְּצָרָתָן מֵרֹאשׁ וְעַד סוֹף – כִּי אֵין לְפָנָיו שִׁכְחָה – דִּיֵּיק וְאָמַר: (שמות ג ז) "רָאֹה רָאִיתִי אֶת עֳנִי עַמִּי אֲשֶׁר בְּמִצְרָיִם", כְּלוֹמַר מַה שֶּׁהֵם בְּאֶרֶץ לֹא לָהֶם, וְאַחַר כָּךְ, "וְאֶת צַעֲקָתָם שָׁמַעְתִּי מִפְּנֵי נוֹגְשָׂיו", הַיְינוּ אֲשֶׁר שָׁמְעוּ קוֹל נוֹגֵשׂ, וְאַחַר כָּל זֶה מְסַיֵּים וְאוֹמֵר: "כִּי יָדַעְתִּי אֶת מַכְאוֹבָיו", וְזֶה כּוֹבֶד עוֹל הָעֲבוֹדָה אֲשֶׁר עָבְדוּ בְּפָרֶךְ.

וְזֶהוּ גַּם כֵּן מַאֲמָרוֹ יִתְבָּרֵךְ לְאַבְרָהָם עָלָיו הַשָּׁלוֹם בִּבְרִית בֵּין הַבְּתָרִים, (בראשית טו יג): "**יָדֹעַ תֵּדַע כִּי גֵר יִהְיֶה זַרְעֲךָ בְּאֶרֶץ לֹא לָהֶם, וַעֲבָדוּם, וְעִנּוּ אֹתָם**". רָמַז בָּזֶה גַּם כֵּן סֵדֶר הַגָּלוּת, מֵהַקַּל אֶל הֶחָמוּר, וּמִדֶּחִי אֶל דֶּחִי. שֶׁבַּתְּחִלָּה יִהְיֶה נֶחְשָׁב לָהֶם לְגָלוּת מַה שֶּׁיִּהְיוּ "בְּאֶרֶץ לֹא לָהֶם" וְדַי בָּזֶה בִּזָּיוֹן וָקָצֶף, אֲבָל אַחַר שֶׁיּוּרְגְּלוּ בָּזֶה עַד שֶׁלֹּא יֵחָשֵׁב לָהֶם לְצַעַר, אָז "**וַעֲבָדוּם**", הוּא גַּעֲרַת הַשָּׂרִים וְהַנּוֹגְשִׂים הַמַּעֲבִידִים אוֹתָם, וְאַחַר שֶׁהוּרְגְּלוּ גַּם בָּזֶה לְבִלְתִּי הִתְעַצֵּב עָלָיו, אָז "**וְעִנּוּ אֹתָם**", וּכְמוֹ שֶׁבֵּאַרְנוּ.

(וְהַשְׁלָמַת עִנְיָן זֶה תִּמְצָא בְּחִבּוּרֵנוּ "קוֹל יַעֲקֹב" ט"ו א' עַיֵּין שָׁם.)

as suffering. The Patriarchs felt some deprivation in their condition, having been used to better things or having cherished better expectations, but once they and their children had become reconciled to their conditions, it was necessary to add something to their suffering so that they, in their turn, might feel conscious that they were in Exile.

Thus, Avraham and Yitzchak, while living in Eretz Yisrael, nevertheless felt uncomfortable because they were not their own rulers but lived their lives out as strangers in that land. Yaakov, who had never known any better, had to go a stage further, and was forced to go down into Egypt and accept the humiliation of being maintained by his son, as we learn in the Midrash on *Bereishis* 46:4 – "Yosef will place his hand upon your eyes." The following generations, who had not previously been subjected to the shouts of their taskmasters, found this a grievous torment, even though the labor was not hard and did not cause them physical pain (literally "did not weaken their strength"). This fact is hinted at in the words (*Shemos* 1:11): **"And they put taskmasters over him [the people], in order to torture him with their burdens."** In other words, the main complaint of Bnei Yisrael was that they had to endure being yelled at and given orders by these officials.

Finally, when they had become impervious to this degree of affliction, the work itself had to be made harder to make them feel distressed. Notice that when they cried out to Hashem it was because of the hard labor that they complained. They were no longer aware that they were being treated worse than any other nation in being humiliated by inferior men and yelled at for nothing. As our Sages say, "The later troubles make people forget the earlier ones."

Hashem, however, was aware all along of every degree of their affliction, and said first: "I have surely seen the affliction of my people who are in Egypt" (see *Shemos* 3:7) concerning the fact that they were foreigners in a strange land; then "I have heard their cries because of their taskmasters" concerning the humiliation and mental stress of being yelled at for nothing, and finally, "for I know their pains" concerning the physical torment of hard labor.

The whole sequence of increasing suffering was indeed hinted at to Avraham at the *Bris Bein HaBesarim*. **"Know for certain,"** Hashem told him, **"that your seed shall be strangers in a land that is not theirs"** – as long as that was enough to make them feel deprived; then, **"And they [the native people] will work them as slaves"** – they will be subservient to taskmasters; and finally, when that no longer bothers them, **"and will oppress them"** – the Egyptians will afflict them with hard labor!

Further elucidation of this topic will be found in my work *Kol Yaakov*, p. 15a.

וְאֶת לַחֲצֵנוּ, זֶה הַדְּחַק. כְּמָה שֶׁנֶּאֱמַר, וְגַם רָאִיתִי אֶת הַלַּחַץ אֲשֶׁר מִצְרַיִם לֹחֲצִים אֹתָם:

וַיּוֹצִאֵנוּ יְהֹוָה מִמִּצְרַיִם בְּיָד חֲזָקָה וּבִזְרֹעַ נְטוּיָה וּבְמֹרָא גָּדֹל וּבְאֹתוֹת וּבְמֹפְתִים:

וַיּוֹצִאֵנוּ יְהֹוָה מִמִּצְרַיִם, לֹא עַל יְדֵי מַלְאָךְ וְלֹא עַל יְדֵי שָׂרָף וְלֹא עַל יְדֵי שָׁלִיחַ. אֶלָּא הַקָּדוֹשׁ בָּרוּךְ הוּא בִּכְבוֹדוֹ וּבְעַצְמוֹ. שֶׁנֶּאֱמַר, וְעָבַרְתִּי בְאֶרֶץ מִצְרַיִם בַּלַּיְלָה הַזֶּה וְהִכֵּיתִי כָל בְּכוֹר בְּאֶרֶץ מִצְרַיִם מֵאָדָם וְעַד בְּהֵמָה וּבְכָל אֱלֹהֵי מִצְרַיִם אֶעֱשֶׂה שְׁפָטִים אֲנִי יְהֹוָה:

וְעָבַרְתִּי בְאֶרֶץ מִצְרַיִם בַּלַּיְלָה הַזֶּה, אֲנִי וְלֹא מַלְאָךְ.

וְהִכֵּיתִי כָל בְּכוֹר בְּאֶרֶץ מִצְרַיִם אֲנִי וְלֹא שָׂרָף.

וּבְכָל אֱלֹהֵי מִצְרַיִם אֶעֱשֶׂה שְׁפָטִים, אֲנִי וְלֹא הַשָּׁלִיחַ.

אֲנִי יְהֹוָה, אֲנִי הוּא וְלֹא אַחֵר:

בְּיָד חֲזָקָה, זוֹ הַדֶּבֶר. כְּמָה שֶׁנֶּאֱמַר, הִנֵּה יַד יְהֹוָה הוֹיָה בְּמִקְנְךָ אֲשֶׁר בַּשָּׂדֶה בַּסּוּסִים בַּחֲמֹרִים בַּגְּמַלִּים בַּבָּקָר וּבַצֹּאן דֶּבֶר כָּבֵד מְאֹד:

וּבִזְרֹעַ נְטוּיָה, זוֹ הַחֶרֶב. כְּמָה שֶׁנֶּאֱמַר, וְחַרְבּוֹ שְׁלוּפָה בְּיָדוֹ נְטוּיָה עַל יְרוּשָׁלָיִם:

AND OUR DISTRESS—*this refers to the pressure, as it is written: "And I also have seen how the Egyptians have pressured you" (Shemos 3:9).*

"And G-d took us out of Egypt with a strong hand and with an outstretched arm, and with great awesomeness, and with signs and with wonders" (Devarim 26:8).

AND G-D TOOK US OUT OF EGYPT—*not by means of an angel, and not by means of a seraph, and not by means of a messenger. Rather it was the Holy One in His Glory, by Himself! As it is written: "For I will pass through the land of Egypt this night, and I will smite every firstborn in the land of Egypt, both man and beast; and I will execute judgment against all the gods of Egypt; I am G-d"* (Shemos 12:12).

I WILL PASS THROUGH THE LAND OF EGYPT THIS NIGHT—*I, and not an angel.*

AND I WILL SMITE EVERY FIRSTBORN IN THE LAND OF EGYPT—*I, and not a seraph.*

AND I WILL EXECUTE JUDGMENT AGAINST ALL THE GODS OF EGYPT—*I, and not the messenger.*

I AM G-D—*I will do it and no one else.*

WITH A STRONG HAND—*this refers to the pestilence, as it is written: "See, the hand of Hashem is on your herds in the fields—on your horses and donkeys, on your camels, oxen and sheep—causing a very virulent pestilence"* (Shemos 9:3).

AND WITH AN OUTSTRETCHED ARM—*this refers to the sword, as it is written: "His drawn sword in His hand, outstretched over Jerusalem"* (Divrei Hayamim I 21:16).

וּבְמֹרָא גָּדֹל, זוֹ גִלּוּי שְׁכִינָה. כְּמָה שֶׁנֶּאֱמַר, אוֹ הֲנִסָּה אֱלֹהִים לָבוֹא לָקַחַת לוֹ גוֹי מִקֶּרֶב גּוֹי בְּמַסֹּת בְּאֹתֹת וּבְמוֹפְתִים וּבְמִלְחָמָה וּבְיָד חֲזָקָה וּבִזְרוֹעַ נְטוּיָה וּבְמוֹרָאִים גְּדֹלִים, כְּכֹל אֲשֶׁר עָשָׂה לָכֶם יְהֹוָה אֱלֹהֵיכֶם בְּמִצְרַיִם לְעֵינֶיךָ:

וּבְאֹתוֹת, זֶה הַמַּטֶּה. כְּמָה שֶׁנֶּאֱמַר, וְאֶת הַמַּטֶּה הַזֶּה תִּקַּח בְּיָדֶךָ אֲשֶׁר תַּעֲשֶׂה בּוֹ אֶת הָאֹתֹת:

וּבְמֹפְתִים, זֶה הַדָּם. כְּמָה שֶׁנֶּאֱמַר. וְנָתַתִּי מוֹפְתִים בַּשָּׁמַיִם וּבָאָרֶץ:

While saying the following three words, one dips one's finger into his cup of wine three times, and removes a bit of wine each time.

דָּם. וָאֵשׁ. וְתִימְרוֹת עָשָׁן:

דָּבָר אַחֵר, בְּיָד חֲזָקָה – שְׁתַּיִם. וּבִזְרֹעַ נְטוּיָה – שְׁתַּיִם. וּבְמֹרָא גָּדֹל שְׁתַּיִם. וּבְאֹתוֹת – שְׁתַּיִם. וּבְמֹפְתִים – שְׁתַּיִם. אֵלּוּ עֶשֶׂר מַכּוֹת שֶׁהֵבִיא הַקָּדוֹשׁ בָּרוּךְ הוּא עַל הַמִּצְרִים בְּמִצְרַיִם וְאֵלּוּ הֵן:

While reading the names of the ten plagues, one dips one's finger into his cup of wine, once for each plague, and removes a bit of wine each time:

דָּם. צְפַרְדֵּעַ. כִּנִּים. עָרוֹב.
דֶּבֶר. שְׁחִין. בָּרָד. אַרְבֶּה.
חֹשֶׁךְ. מַכַּת בְּכוֹרוֹת:

AND WITH GREAT AWESOMENESS—*this refers to revelation of the Shechinah [Divine Presence], as it is written: "Or has G-d ever before come to take for Himself a nation from amidst another nation, with miracles, and with signs and with wonders, with war, and with a strong hand, and with an outstretched arm, and with great awesomeness, as everything Hashem your G-d did for you in Egypt, before your eyes?" (Devarim 4:34).*

AND WITH SIGNS—*this refers to the staff, as it is written: "And take this staff in your hand, with which you will perform the signs" (Shemos 4:17).*

AND WITH WONDERS—*this refers to the blood, as it is written:* **I will place wonders in Heaven and on earth,**

> While saying the following three words, one dips one's finger into his cup of wine three times, and removes a bit of wine each time.

BLOOD, AND FIRE, AND COLUMNS OF SMOKE

(Yoel 3:3).

Another interpretation: **With a strong hand**—*two;* **and with an outstretched arm**—*two;* **and with great awesomeness**—*two;* **and with signs**—*two;* **and with wonders**—*two. These are the ten plagues that the Holy One brought upon the Egyptians in Egypt. And these are they:*

> While reading the names of the ten plagues, one dips one's finger into his cup of wine, once for each plague, and removes a bit of wine each time:

**BLOOD, FROGS, LICE,
WILD BEASTS, PESTILENCE, BOILS, HAIL, LOCUSTS,
DARKNESS, THE SLAYING OF THE FIRSTBORN.**

רַבִּי יְהוּדָה הָיָה נוֹתֵן בָּהֶם סִמָּנִים:

As each word is said, a little wine is removed from the cup, as above.

דְּצַ"ךְ עֲדַ"שׁ בְּאַחַ"ב:

רַבִּי יוֹסֵי הַגְּלִילִי אוֹמֵר, מִנַּיִן אַתָּה אוֹמֵר שֶׁלָּקוּ הַמִּצְרִים בְּמִצְרַיִם עֶשֶׂר מַכּוֹת וְעַל הַיָּם לָקוּ חֲמִשִּׁים מַכּוֹת. בְּמִצְרַיִם מַה הוּא אוֹמֵר, וַיֹּאמְרוּ הַחַרְטֻמִּם אֶל פַּרְעֹה אֶצְבַּע אֱלֹהִים הִוא. וְעַל הַיָּם מַה הוּא אוֹמֵר, וַיַּרְא יִשְׂרָאֵל אֶת הַיָּד הַגְּדֹלָה אֲשֶׁר עָשָׂה יְהוָֹה בְּמִצְרַיִם וַיִּירְאוּ הָעָם אֶת יְהוָֹה וַיַּאֲמִינוּ בַּיהוָֹה וּבְמשֶׁה עַבְדּוֹ. כַּמָּה לָקוּ בְּאֶצְבַּע עֶשֶׂר מַכּוֹת. אֱמֹר מֵעַתָּה, בְּמִצְרַיִם לָקוּ עֶשֶׂר מַכּוֹת וְעַל הַיָּם לָקוּ חֲמִשִּׁים מַכּוֹת:

רַבִּי אֱלִיעֶזֶר אוֹמֵר, מִנַּיִן שֶׁכָּל מַכָּה וּמַכָּה שֶׁהֵבִיא הַקָּדוֹשׁ בָּרוּךְ הוּא עַל הַמִּצְרִים בְּמִצְרַיִם הָיְתָה שֶׁל אַרְבַּע מַכּוֹת. שֶׁנֶּאֱמַר, יְשַׁלַּח בָּם חֲרוֹן אַפּוֹ עֶבְרָה וָזַעַם וְצָרָה מִשְׁלַחַת מַלְאֲכֵי רָעִים.

עֶבְרָה	אַחַת.
וָזַעַם	שְׁתַּיִם.
וְצָרָה	שָׁלוֹשׁ.
מִשְׁלַחַת מַלְאֲכֵי רָעִים	אַרְבַּע.

אֱמֹר מֵעַתָּה, בְּמִצְרַיִם לָקוּ אַרְבָּעִים מַכּוֹת וְעַל הַיָּם לָקוּ מָאתַיִם מַכּוֹת:

Rabbi Yehudah gave memory aids for them [comprised of each plague's first initial].

As each word is said, a little wine is removed from the cup, as above.

DETZACH ADASH B'ACHAV

Afterwards, refill the cups, and continue:

RABBI YOSEI THE GALILEAN says: Where is there proof that the Egyptians were struck ten times in Egypt, but fifty times at the sea? For about the events in Egypt, what does the Torah write?—"The sorcerers said to Pharaoh, 'It is the Finger of G-d!'" (Shemos 8:15). About what happened at the sea, however, it writes, "And when Israel saw the Great Hand that G-d had used on the Egyptians, the Nation feared G-d and believed in G-d and in Moshe His servant" (Shemos 14:31). How many blows did one finger bring upon them in Egypt? Ten! Thus, you say, if in Egypt they received ten blows (from just one "finger"), then at the sea (where it was a whole "hand"), they must have received fifty!

RABBI ELIEZER SAID: How do we know that each plague that the Holy One, Blessed is He, brought upon the Egyptians in Egypt was divided into four plagues? For it is stated, "And He sent the fury of His anger upon them: wrath, indignation, and trouble, a contingent of harming angels" (Tehillim 78:49).

"Wrath" is one;
"indignation," two;
"trouble," three;
"a contingent of harming angels," four.

As a result, the Egyptians were struck by forty blows in Egypt [not just ten] and by two hundred blows at the sea [not just fifty].

רַבִּי עֲקִיבָא אוֹמֵר, מִנַּיִן שֶׁכָּל מַכָּה וּמַכָּה שֶׁהֵבִיא הַקָּדוֹשׁ בָּרוּךְ הוּא עַל הַמִּצְרִים בְּמִצְרַיִם הָיְתָה שֶׁל חָמֵשׁ מַכּוֹת. שֶׁנֶּאֱמַר, יְשַׁלַּח בָּם חֲרוֹן אַפּוֹ עֶבְרָה וָזַעַם וְצָרָה מִשְׁלַחַת מַלְאֲכֵי רָעִים.

חֲרוֹן אַפּוֹ	אַחַת.
עֶבְרָה	שְׁתַּיִם.
וָזַעַם	שָׁלוֹשׁ.
וְצָרָה	אַרְבַּע.
מִשְׁלַחַת מַלְאֲכֵי רָעִים	חָמֵשׁ.

אֱמֹר מֵעַתָּה בְּמִצְרַיִם לָקוּ חֲמִשִּׁים מַכּוֹת וְעַל הַיָּם לָקוּ חֲמִשִּׁים וּמָאתַיִם מַכּוֹת:

כַּמָּה מַעֲלוֹת טוֹבוֹת לַמָּקוֹם עָלֵינוּ:

אִלּוּ הוֹצִיאָנוּ מִמִּצְרַיִם, וְלֹא עָשָׂה בָהֶם שְׁפָטִים דַּיֵּנוּ:

אִלּוּ עָשָׂה בָהֶם שְׁפָטִים, וְלֹא עָשָׂה בֵאלֹהֵיהֶם דַּיֵּנוּ:

אִלּוּ עָשָׂה בֵאלֹהֵיהֶם, וְלֹא הָרַג אֶת בְּכוֹרֵיהֶם דַּיֵּנוּ:

אִלּוּ הָרַג אֶת בְּכוֹרֵיהֶם, וְלֹא נָתַן לָנוּ אֶת מָמוֹנָם דַּיֵּנוּ:

אִלּוּ נָתַן לָנוּ אֶת מָמוֹנָם, וְלֹא קָרַע לָנוּ אֶת הַיָּם דַּיֵּנוּ:

אִלּוּ קָרַע לָנוּ אֶת הַיָּם, וְלֹא הֶעֱבִירָנוּ בְתוֹכוֹ בֶּחָרָבָה דַּיֵּנוּ:

RABBI AKIVA SAID: *How do we know that each plague that the Holy One, Blessed is He, brought upon the Egyptians in Egypt, was divided into five plagues? For it is stated, "And He sent the fury of His anger upon them, wrath, indignation and trouble, and a contingent of harming angels."*

"Fury of His anger" is	one;
"wrath" is	two;
"indignation,"	three;
"trouble,"	four;
"a contingent of harming angels,"	five.

As a result, the Egyptians were struck by fifty blows in Egypt [not by just forty], and by two hundred and fifty at the sea [not by just two hundred].

How many favors G-d bestowed on us, each one greater than the one previous to it!

If He had taken us out of Egypt and not wrought judgments upon them,   *it would have sufficed for us!*

If He had wrought judgments upon them and not upon their gods,   *it would have sufficed for us!*

If He had wrought judgments upon their gods, and not slain their firstborn,   *it would have sufficed for us!*

If He had slain their firstborn, and had not given us their wealth,   *it would have sufficed for us!*

If He had given us their wealth, and had not split the sea for us,   *it would have sufficed for us!*

If He had split the sea for us, and had not taken us through it on dry ground,   *it would have sufficed for us!*

אִלּוּ הֶעֱבִירָנוּ בְתוֹכוֹ בֶּחָרָבָה, וְלֹא שִׁקַּע צָרֵינוּ בְּתוֹכוֹ דַּיֵּנוּ:

אִלּוּ שִׁקַּע צָרֵינוּ בְּתוֹכוֹ,
וְלֹא סִפֵּק צָרְכֵּנוּ בַּמִּדְבָּר אַרְבָּעִים שָׁנָה דַּיֵּנוּ:

אִלּוּ סִפֵּק צָרְכֵּנוּ בַּמִּדְבָּר אַרְבָּעִים שָׁנָה,
וְלֹא הֶאֱכִילָנוּ אֶת הַמָּן דַּיֵּנוּ:

אִלּוּ הֶאֱכִילָנוּ אֶת הַמָּן, וְלֹא נָתַן לָנוּ אֶת הַשַּׁבָּת דַּיֵּנוּ:

אִלּוּ נָתַן לָנוּ אֶת הַשַּׁבָּת, וְלֹא קֵרְבָנוּ לִפְנֵי הַר סִינַי דַּיֵּנוּ:

אִלּוּ קֵרְבָנוּ לִפְנֵי הַר סִינַי, וְלֹא נָתַן לָנוּ אֶת הַתּוֹרָה דַּיֵּנוּ:

אִלּוּ נָתַן לָנוּ אֶת הַתּוֹרָה, וְלֹא הִכְנִיסָנוּ לְאֶרֶץ יִשְׂרָאֵל דַּיֵּנוּ:

אִלּוּ הִכְנִיסָנוּ לְאֶרֶץ יִשְׂרָאֵל,
וְלֹא בָנָה לָנוּ אֶת בֵּית הַבְּחִירָה דַּיֵּנוּ:

עַל אַחַת כַּמָּה וְכַמָּה טוֹבָה כְּפוּלָה וּמְכֻפֶּלֶת לַמָּקוֹם עָלֵינוּ. שֶׁהוֹצִיאָנוּ מִמִּצְרַיִם. וְעָשָׂה בָהֶם שְׁפָטִים. וְעָשָׂה בֵאלֹהֵיהֶם. וְהָרַג אֶת בְּכוֹרֵיהֶם. וְנָתַן לָנוּ אֶת מָמוֹנָם. וְקָרַע לָנוּ אֶת הַיָּם. וְהֶעֱבִירָנוּ בְתוֹכוֹ בֶּחָרָבָה. וְשִׁקַּע צָרֵינוּ בְּתוֹכוֹ. וְסִפֵּק צָרְכֵּנוּ

אמת ליעקב

"עַל אַחַת כַּמָּה וְכַמָּה טוֹבָה כְּפוּלָה וּמְכֻפֶּלֶת לַמָּקוֹם עָלֵינוּ". עַיֵּין בְּסֵפֶר "מַעֲשֵׂה נִסִּים" שֶׁהֵבִיא בְּשֵׁם הָרַמְבַּ"ן, אֲשֶׁר כָּל הַדְּבָרִים שֶׁנַּעֲשׂוּ בִּגְאוּלַּת מִצְרַיִם הָיוּ רַק פּוֹעַל דִּמְיוֹן שֶׁיִּתְקַיֵּים בְּכֵפֶל בַּגְּאוּלָּה הָעֲתִידָה בִּמְהֵרָה. וְאִם כֵּן, בְּמִצְרַיִם הָיָה טוֹבָה כְּפוּלָה וּמְכוּפֶּלֶת לַמָּקוֹם עָלֵינוּ, שֶׁבָּזֶה שֶׁעָשָׂה לָנוּ בְּמִצְרַיִם, יוּכְפַּל הַדָּבָר

If He had taken us through it on dry ground, and had not drowned our enemies in it,   it would have sufficed for us!

If He had drowned our enemies in it, and had not given us our needs in the desert for forty years, it would have sufficed for us!

If He had given us our needs in the desert for forty years, and had not given us manna to eat,   it would have sufficed for us!

If He had given us manna to eat, and had not given us the Shabbos,   it would have sufficed for us!

If He had given us the Shabbos, and had not brought us to Mount Sinai,   it would have sufficed for us!

If He had brought us to Mount Sinai, and had not given us the Torah,   it would have sufficed for us!

If He had given us the Torah, and had not brought us into the Land of Israel,   it would have sufficed for us!

If He had brought us into the Land of Israel, and had not built the Holy Temple for us,   it would have sufficed for us!

How much more so, therefore, are we indebted to the Omnipresent for the manifold favors bestowed upon us! That He took us out of Egypt AND wrought judgments upon them AND their gods, AND slew their firstborn, AND gave us their wealth, AND split the sea for us, AND took us through it on dry land, AND drowned our enemies in it, AND gave us our needs in the desert for forty

∽ EMES L'YAAKOV ∽

How much more so, therefore, are we indebted to the Omnipresent for the manifold favors bestowed upon us! The work *Ma'aseh Nissim* quotes the Ramban as saying that everything that happened in connection with the Exodus from Egypt was a mere sample of what will happen on a far greater scale with the future Redemption, may it come speedily. Therefore we are indebted to Hashem doubly and doubly again for all the favors He granted

בַּמִּדְבָּר אַרְבָּעִים שָׁנָה. וְהֶאֱכִילָנוּ אֶת הַמָּן. וְנָתַן לָנוּ אֶת הַשַּׁבָּת. וְקֵרְבָנוּ לִפְנֵי הַר סִינַי. וְנָתַן לָנוּ אֶת הַתּוֹרָה. וְהִכְנִיסָנוּ לְאֶרֶץ יִשְׂרָאֵל. וּבָנָה לָנוּ אֶת בֵּית הַבְּחִירָה לְכַפֵּר עַל כָּל עֲוֹנוֹתֵינוּ:

אמת ליעקב

לְאֵין תַּכְלִית בַּגְּאוּלָּה הָעֲתִידָה. וּגְאוּלַּת מִצְרַיִם הוּא שׁוֹרֶשׁ פּוֹרֶה כָּל הַגְּאוּלּוֹת. עַד כָּאן דְּבָרָיו.

וְאָנֹכִי אָבוֹא אַחֲרָיו וַאֲמַלֵּא אֶת דְּבָרָיו, בְּהַקְדִּים מְלִיצַת הַנָּבִיא (ישעיה נד ד): "אַל תִּירְאִי כִּי לֹא תֵבוֹשִׁי, וְאַל תִּכָּלְמִי כִּי לֹא תַחְפִּירִי, כִּי בֹשֶׁת עֲלוּמַיִךְ תִּשְׁכָּחִי" כו'. וְהַכְּלָל בָּזֶה הוּא עִם מַה שֶּׁזָּכַרְנוּ לְמַעְלָה אֲשֶׁר גְּאוּלַּת מִצְרַיִם לֹא הָיְתָה גְּאוּלָּה בֶּאֱמֶת, אֲבָל עִקָּרָהּ הָיְתָה לְמַעַן לֹא יִלְאוּ וְיוּכְלוּ לִסְבּוֹל הַגָּלוּת הַבָּא אַחֲרָיו בְּהַשִּׂיגָם מְנוּחָה מְעַט, וּכְמַאֲמַר (שמות ג יד) "אֶהְיֶ' אֲשֶׁר אֶהְיֶ'", כְּלוֹמַר, אֶהְיֶה עִמָּהֶם עַתָּה לְמַעַן אֶהְיֶה עִמָּהֶם בַּגָּלוּת שֶׁאַחַר כָּךְ.

וּכְמוֹ שֶׁכָּתַבְנוּ בְּ"קוֹל יַעֲקֹב" (דף צ' עַיֵּין שָׁם). וְכָל מַה שֶּׁפָּעַל יִתְבָּרֵךְ עִמָּנוּ בַּגָּלֻיּוֹת הַקּוֹדְמִים הָיוּ רַק הֲכָנוֹת הַמּוּכְרָחוֹת אֶל הַגְּאוּלָּה הַמְקוּוָּה בִּמְהֵרָה. וְנַקְדִּים לָזֶה מָשָׁל:

לְאֶחָד שֶׁהָיָה לוֹ בַּת יְחִידָה, וְהָיְתָה חֲבִיבָה אֶצְלוֹ עַד מְאֹד. וַיִּשָּׂא עֵינָיו וַיַּרְא בָּחוּר אֶחָד בְּעִירוֹ, חָכָם וּמוּפְלָג לְהַלֵּל מְאֹד, וְגָמַר בְּדַעְתּוֹ לָתֵת אֶת בִּתּוֹ לוֹ לְאִשָּׁה. אֲבָל לֹא עָלְתָה בְּיָדוֹ, כִּי הָלַךְ הַבָּחוּר הַהוּא לְמֶרְחַקִּים לִלְמוֹד.

וַיְהִי כִּי אָרְכוּ לוֹ שָׁם הַיָּמִים, וּבִתּוֹ הִגִּיעָה עַתָּה עֵת דּוֹדִים; וּמִדְּאָגָה אוּלַי לֹא תֹאבֶה לָשֶׁבֶת גַּלְמוּדָה עוֹד, הִתְקַשֵּׁר עִמָּהּ עִם בָּחוּר גָּרוּעַ וּפְחוּת הָעֵרֶךְ, כְּדֵי שֶׁלֹּא יִתְקַיֵּים הַזִּוּוּג כִּי אִם זְמַן מוּעָט, כִּי יִהְיֶה נִקְלֶה וּמְגֹאָל בְּעֵינֶיהָ.

וְכֵן הָיָה, כִּי שֶׁהָתָה עִמּוֹ אֵיזֶה זְמַן וְנָפְלָה מְרִיבָה בֵּינֵיהֶם עַד כִּי גֵּרְשׁוֹ מִבֵּיתוֹ. וּבְתוֹךְ כָּךְ בָּא הַבָּחוּר הַנִּזְכָּר לְעֵיל לְבֵיתוֹ. וַיֵּלֶךְ הָאִישׁ לְדַבֵּר עַל לִבּוֹ שֶׁיִּשָּׂא אֶת בִּתּוֹ – וְלֹא אָבָה

years, AND gave us manna to eat, AND gave us the Shabbos, AND brought us to Mount Sinai, AND gave us the Torah, AND brought us to the Land of Israel, AND built us the Holy Temple, to bring us atonement for our all of our sins!

∽ EMES L'YAAKOV ∽

us at the Exodus just because in the future Redemption He will grant us such favors multiplied many times over. In short, the Redemption from Egypt serves as the "root" – the origin or the starting point – of all subsequent Redemptions. Thus far from *Ma'aseh Nissim*.

I would like to continue this train of thought, first quoting a verse (*Yeshayahu* 54:4): "Be not afraid, for you will not be put to shame, nor be embarrassed; for you will not be disgraced; for you will forget the shame of your youth; and the embarrassment of your widowhood you will no longer remember." The underlying idea is what we have mentioned before, that the Exodus from Egypt was not a true Redemption but merely a temporary respite to enable the people to recoup their endurance and withstand further Exiles that were destined to follow. The same concept is expressed in the Midrash on *Shemos* 3:14: "I shall be that which I shall be," in that Hashem said He would be with them in this Exile in order that He might be with them in another Exile.

We have developed this theme in *Kol Yaakov*, p. 90. To sum up, everything that Hashem has done for us in every Exile adds up to necessary preparations for the future final Redemption, may it come soon. This may become clearer through a parable:

A man had an only daughter whom he loved dearly. He spotted a highly desirable youth in his town and decided to offer him his daughter in marriage, but before he managed to approach him, the young man left the town and went to a distant place to study.

He stayed away some years and the girl meanwhile reached marriageable age. Consequently, the father began to fear that she might no longer consent to remain unmarried, waiting. However, he still had his heart set on this golden boy, so he found another young man, an inferior person with some undesirable traits, and married his daughter off to him, in the hope that she would soon reject him and request a divorce.

This indeed happened. After a short time together, the couple quarrelled violently and the young man left and gave her a divorce. By then the first young man had returned home from his studies and the doting father hurried to him to try to persuade him to marry his daughter; but

לְקַחְתָּהּ, בְּאָמְרוֹ: "אוּלַי כְּמִקְרֶה הַזֶּה גַּם אֲנִי יִקְרֵנִי, כִּי תְּגָרְשֵׁנִי מֵהִסְתַּפֵּחַ בִּכְבוֹד בֵּיתִי וְתִגְזוֹל אֶת בִּתְּךָ מֵעִמִּי."

כִּשְׁמוֹעַ הָאָב הַדְּבָרִים הָאֵלֶּה, קָרָא אוֹתוֹ אֶל בֵּיתוֹ וַיַּגֵּד לוֹ אֶת כָּל לִבּוֹ, לֵאמֹר: "דַּע בְּנִי, כִּי עַל אַפִּי וְעַל חֲמָתִי הָיוּ לִי הַנִּשּׂוּאִים הָרִאשׁוֹנִים. כִּי לְמִן הַיּוֹם הִכַּרְתִּיךָ נָתַתִּי אֶת לִבִּי לָתֵת אֶת בִּתִּי לְךָ לְאִשָּׁה, וּמֵעוֹלָם לֹא הָיָה בְּדַעְתִּי לָתֵת אוֹתָהּ לְאִישׁ אַחֵר. אַךְ מִסִּבַּת כִּי הִרְחַקְתָּ נְדוֹד, נָתַתִּי אוֹתָהּ לְבַעְלָהּ הָרִאשׁוֹן אַךְ לְבַלּוֹת זְמַנָּהּ עַד שׁוּבְךָ פֹּה." וְלָתֵת לוֹ מוֹפֵת עַל זֶה, הִכְנִיסוֹ בְּחֶדֶר מְיוּחָד וְהֶרְאָה לוֹ כִּי הוּא מָלֵא כֻּלּוֹ בִּגְדֵי חֲמוּדוֹת, וְכֻלָּם עֲשׂוּיִים כְּמִדּוֹ מִכְּבָר קוֹדֶם הַנִּשּׂוּאִים הָרִאשׁוֹנִים, וְעַל כָּל אֶחָד מְצוּיָּיר שְׁמוֹ מַעֲשֵׂה רוֹקֵם. וְהַחֶדֶר הַהוּא הָיָה סָגוּר לֹא שְׁזָפַתּוּ עַיִן, וּבַעְלָהּ הָרִאשׁוֹן כָּל זְמַן שֶׁהָיָה עִמָּהּ לֹא זָכָה לִרְאוֹתָם, אַף כִּי לְלָבְשָׁם. וּמִזֶּה הֶאֱמִין כִּי כָּל מַחְשַׁבְתּוֹ לֹא הָיָה כִּי אִם עָלָיו, וְכִי הוּא הוּא זִוּוּגָהּ בֶּאֱמֶת מֵעוֹלָם – מַמָּשׁ כְּנוֹשֵׂא בְּתוּלָה.

הַנִּמְשָׁל מְבוֹאָר בְּמַאֲמַר יְשַׁעְיָה (סב ה): "כִּי יִבְעַל בָּחוּר בְּתוּלָה יִבְעָלוּךְ בָּנָיִךְ, וּמְשׂוֹשׂ חָתָן עַל כַּלָּה" כו', גַּם מַאֲמָר הַנִּזְכָּר לְעֵיל (ישעיה נד ד): "אַל תִּירְאִי כִּי לֹא תֵבוֹשִׁי" כו', כְּלוֹמַר כִּי אָז יִתְגַּלֶּה לָנוּ אֲשֶׁר כָּל הַבָּא בַּגְּאוּלּוֹת הַקּוֹדְמוֹת וְכָל הַיְשׁוּעוֹת שֶׁהִשַּׂגְנוּ עַד עַתָּה, הָיוּ רַק לְהָכִין מוֹסָדוֹת אֶל הַגְּאוּלָּה הָעֲתִידָה, וְאִם כֵּן יִהְיֶה עִנְיָנֵנוּ אָז מַמָּשׁ כְּבָחוּר הַנּוֹשֵׂא בְּתוּלָה. וְזֶהוּ שֶׁסִּיֵּים: "כִּי בֹעֲלַיִךְ עֹשַׂיִךְ ה' צְבָאוֹת שְׁמוֹ ... אֱלֹקֵי כָל הָאָרֶץ יִקָּרֵא", כְּלוֹמַר, אָז יָבִינוּ כֻּלָּם אֲשֶׁר רֵאשִׁית הַכַּוָּנָה לֹא הָיְתָה כִּי אִם עַל הַגְּאוּלָּה הַהִיא, וְהִיא תַּכְלִית כָּל דָּבָר, אֲשֶׁר סוֹף מַעֲשֶׂה הוּא בְּמַחֲשָׁבָה תְּחִלָּה. וְהַמּוֹפֵת עַל זֶה, בְּהַרְאוֹתוֹ יִתְבָּרֵךְ אוֹתָנוּ לֶעָתִיד אוֹצַר הַמֶּלְתָּחָה – הַיְינוּ כָּל הַנִּסִּים וְהַנִּפְלָאוֹת שֶׁהִקְדִּים וְעָשָׂה בִּגְאוּלַּת מִצְרַיִם, אֲשֶׁר רַבִּים מֵהֶם הָיוּ עִנְיָנִים הַבִּלְתִּי מוּכְרָחִים לַזְּמַן הַהוּא.

וּכְמַאֲמַר מִיכָה (ז טו): "כִּימֵי צֵאתְךָ מֵאֶרֶץ מִצְרָיִם אַרְאֶנּוּ נִפְלָאוֹת". הוֹרָאַת מִלַּת "אַרְאֶנּוּ" לֵאמֹר, כִּי אָז תִּפָּקַחְנָה עֵינֵינוּ לְהַכִּיר פְּעוּלַּת כָּל נֵס שֶׁהָיָה לְלֹא צוֹרֶךְ בַּזְּמַן הַהוּא, אֲבָל עִקַּר הַמְּכוּוָּן בָּהֶם הָיָה לְהָכִין נִסִּים וְטוֹבוֹת הַגְּאוּלָּה הָעֲתִידָה, וְכַאֲשֶׁר הֶאֱרַכְנוּ בָּזֶה בְּחִבּוּרֵנוּ פָּרָשַׁת בְּשַׁלַּח. וְאִם כֵּן יֵשׁ מִזֶּה לְאוּמָּתֵנוּ מוֹפֵת גָּדוֹל כִּי הוּא אֱלֹקֵינוּ מִקֶּדֶם וְלֹא יִתְעַמֵּר בָּנוּ חַס וְשָׁלוֹם עַד הַדּוֹר הָאַחֲרוֹן.

the student had reservations. What if the same thing happened again, that the girl would find cause to quarrel with him too and he, like his predecessor, would find himself driven out of his home and deprived of his wife?

The father invited the young man to his house and told him: "Know, my son, that I never approved of the first marriage, because as soon as I saw you I set my heart on you for my daughter. I never really intended her to marry anyone else. It was only because you went away to a distant place that I gave her to another man, to keep her happy in the meantime. To prove that all that I say is true, come and take a look at this room!" He then unlocked a door to reveal a whole room full of fine clothes all tailored to the exact size of the young man and with his name embroidered upon them. All these had been locked away since before the first marriage, and the first son-in-law had never seen them – let alone worn them. At this, the young man believed that he had really been chosen as the daughter's match in the first place and went ahead with the marriage just as if he had been her first husband.

The lesson is understood in conjunction with another verse (*Yeshayahu* 62:5): "As a young man moves in with his bride, your children will move in with you, and your G-d will rejoice over you as a bridegroom rejoices over a bride." Taken together with the verse quoted above (*Yeshayahu* 54:4), this is then telling us that at the final Redemption, all the miracles and the salvations that Hashem performed at the earlier Redemptions were only preparing and laying the foundations for the final Redemption and that when the final Redemption comes about we will be like a young man marrying a first-time wife – as the first quotation continues (*Yeshayahu* 54:5): "For your Maker will be your husband; the L-rd of Hosts is His Name; and your Redeemer the Holy One of Yisrael, G-d of the whole world He will be called!" That is, when this happens and Hashem "opens the locked room," the whole world will realize that all the events and miracles accompanying the earlier Redemptions, many of which were unnecessary at the time, were actually intended as a preparation for the future.

This is further borne out by the prophecy (*Michah* 7:15): "Like the days when you went out of Egypt I will show him miracles." The words "I will show him" are puzzling but the inference is that at that future time we will all become aware that every wonder and every event that was irrelevant on earlier occasions was really in anticipation of the glorious future that awaits us. This theme has been fully developed in our work on *Parashas Beshallach* (*Shemos* 13:17). From this we can draw the conclusion that our G-d Who cared for us in the past will not forsake us and will eventually restore us to our ancient happiness.

רַבָּן גַּמְלִיאֵל הָיָה אוֹמֵר, כָּל שֶׁלֹּא אָמַר שְׁלוֹשָׁה דְבָרִים אֵלּוּ בַּפֶּסַח לֹא יָצָא יְדֵי חוֹבָתוֹ, וְאֵלוּ הֵן:

פֶּסַח. מַצָּה. וּמָרוֹר:

אמת ליעקב

"**רַבָּן גַּמְלִיאֵל הָיָה אוֹמֵר, כָּל שֶׁלֹּא אָמַר שְׁלֹשָׁה דְּבָרִים אֵלוּ בַּפֶּסַח, לֹא יָצָא יְדֵי חוֹבָתוֹ. וְאֵלוּ הֵן: פֶּסַח – מַצָּה – וּמָרוֹר**". רָאוּי לַעֲמוֹד עַל תַּכְלִית עִנְיַן מַה שֶּׁצִּוְּתָה הַתּוֹרָה לֶאֱכוֹל הַפֶּסַח עַל דֶּרֶךְ זֶה דַּוְקָא, וּכְמוֹ שֶׁכָּתוּב (שמות יב ח): "וְאָכְלוּ אֶת הַבָּשָׂר כו' צְלִי אֵשׁ וּמַצּוֹת עַל מְרוֹרִים יֹאכְלוּהוּ". הֲלֹא אִם נִתְחַיַּבְנוּ לֶאֱכוֹל מָרוֹר לְזִכְרוֹן שֶׁמֵּרְרוּ הַמִּצְרִיִּים אֶת חַיֵּי אֲבוֹתֵינוּ כו', וּכְמוֹ כֵן מַצָּה עַל שֵׁם שֶׁלֹּא הִסְפִּיק [בְּצֵקָם לְהַחְמִיץ] כו', עִם כָּל זֶה הָיָה דַּי בְּמַה שֶּׁנְּקַיֵּים וְנֹאכַל כָּל אֶחָד לְבַד, וּמָה רָאָה הִלֵּל שֶׁהָיָה כּוֹרְכָן בְּבַת אַחַת לְקַיֵּים מַה שֶּׁנֶּאֱמַר: "עַל מַצּוֹת וּמְרֹרִים יֹאכְלוּהוּ"? (פסחים קטו ע"א)

וְנֹאמַר בְּזֶה עַל דֶּרֶךְ הַצַּחוּת, כִּי לִהְיוֹת אֲכִילַת הַפֶּסַח וְכָל פְּרָטֵי חֻקָּיו כֻּלָּם מוֹרִים עַל גּוֹדֶל הַחֵרוּת וְחָפְשִׁיּוּת הָאוּמָּה, כִּי נִתְקַיֵּים בָּהֶם (תהלים מה יז): "תְּשִׁיתֵמוֹ לְשָׂרִים בְּכָל הָאָרֶץ".

אֲשֶׁר עַל כֵּן צִוָּה יִתְבָּרֵךְ: "אַל תֹּאכְלוּ מִמֶּנּוּ נָא", שֶׁהוּא דֶּרֶךְ הָעֲנִיִּים.

וּכְמוֹ כֵן: "וּבָשֵׁל מְבוּשָּׁל בַּמָּיִם כִּי אִם צְלִי אֵשׁ" כו', כְּדֶרֶךְ הַשָּׂרִים.

וְכֵן אַזְהָרַת: "וְעֶצֶם לֹא תִשְׁבְּרוּ בוֹ", וּמַה שֶּׁהוּא נֶאֱכָל עַל הַשּׂוֹבַע – הַכֹּל כְּמִנְהַג הַשָּׂרִים וְהָרוֹזְנִים.

אֲשֶׁר עַל כֵּן צִוְּתָה הַתּוֹרָה עַל אֲכִילַת הַמָּרוֹר נִלְוָה לְמִצְוַת אֲכִילַת הַפֶּסַח, כִּי הוּא מוֹרֶה הַהֵפֶךְ, הַיְינוּ מְרִירוּת הָעַבְדוּת שֶׁהָיָה לָהֶם בְּמִצְרַיִם, לְמַעַן לֹא תָּזוּחַ

Rabban Gamliel used to say: On Pesach night, whoever does not speak about three things has not fulfilled his obligation, namely:

THE PESACH OFFERING, MATZAH, AND MAROR.

◈ EMES L'YAAKOV ◈

Rabban Gamliel used to say: On Pesach night, whoever does not speak about three things has not fulfilled his obligation, namely: the Pesach offering, matzah, and maror. It is worthwhile to stop and consider the intention of the Torah in commanding us to eat the Pesach sacrifice in just this way, together with matzah and bitter herbs, as we read in *Shemos* 12:8: "They shall eat the meat on this night; they shall eat it roasted, with matzos and bitter herbs." After all, if we have to eat bitter herbs to recall the bitter times we endured, and unleavened bread because we had to leave in such haste that the dough did not have time to rise, this does not seem to necessitate eating all three of them together, as did Hillel when he used to eat all three in one mouthful (*Pesachim* 115a, and further on in the Haggadah).

Here is an elucidation: The Pesach sacrifice and the entire manner in which it is to be consumed is all in commemoration of our liberation and ensuing freedom: "You will appoint them princes throughout the land" (*Tehillim* 45:17).

1. It must not be eaten half-done or boiled, as the poor eat their meat to save fuel, or to retain its volume; it must be eaten only roasted, as do the wealthy;

2. No bone may be broken in it, as the poor do in order to partake of the last scrap;

3. [According to the Sages] it is to be eaten at the end of the meal, when the participants are almost sated with other food, as do the wealthy.

In view of all this, it may be said that we are commanded to eat the meat together with bitter herbs, to remind ourselves of the bitter life we had in Egypt, and to ensure that we do not imagine that we were always free, and

דַעְתָּם עֲלֵיהֶם כְּאִלּוּ הָיוּ פַּרְתְּמִים וְשָׂרִים מֵעוֹלָם, לְמַעַן יִזְכְּרוּ וְיֵדְעוּ מֵאֵיזֶה שִׁעְבּוּד וּמֵאֵיזֶה מְרִירוּת גְּאָלָם יִתְבָּרֵךְ בְּחַסְדּוֹ הַגָּדוֹל וְלָקַח אוֹתָם לוֹ לְעָם.

וּמֵעַתָּה נַמְתִּיק הָעִנְיָן עַל פִּי מָשָׁל:

עָשִׁיר גָּדוֹל מֵעִיר גְּדוֹלָה הָיָה לוֹ בַּת וַיְבַקֵּשׁ לְהַשִּׂיאָהּ לְבָחוּר מַשְׂכִּיל וְשָׁלֵם, וְלֹא מָצָא כִּי אִם אֵצֶל כְּפָרִי אֶחָד אִישׁ עָנִי וְאֶבְיוֹן, וְהָיָה לוֹ בָּחוּר מוּפְלָג לְהַלֵּל מְאֹד. וַיֶּאְסֹר אֶת רִכְבּוֹ וַיִּסַּע הוּא עִם בִּתּוֹ אֶל הַכְּפָר לִרְאוֹת הַבָּחוּר הַהוּא. וַיְהִי כִּרְאוֹתוֹ אוֹתוֹ וַיִּיטַב בְּעֵינָיו לִמְאֹד, וַתְּאַלְּצֵהוּ נַפְשׁוֹ שֶׁלֹּא לְהִפָּרֵד עוֹד מִמֶּנּוּ, כִּי אִם לַעֲשׂוֹת הִתְקַשְּׁרוּת הַתְּנָאִים וְהַחֲתוּנָּה תֵּיכֶף וּמִיָּד, כִּי חָפֵץ בְּהַבָּחוּר הַהוּא.

וַיַּעַן הֶעָנִי הַכְּפָרִי הַזֶּה: "הֲלֹא מֵהַצּוֹרֶךְ לְךָ לְהַרְחִיב זְמַן כְּדֵי לְהָכִין צָרְכֵי הַחֲתוּנָּה מֵהַמַּאֲכָלִים הַטּוֹבִים וְהַמַּשְׁקִים הַיְקָרִים כַּמִּשְׁפָּט לְעָשִׁיר כָּמוֹךָ, וְאָנֹכִי אִישׁ דַּל, בַּמָּה אֲקַדֵּם פָּנֶיךָ ? זֶה לַחְמִי לֶחֶם נִקּוּדִים מְגֹאָל לֹא תֹאַר לוֹ וְלֹא הָדָר." וַיַּעַן הֶעָשִׁיר וַיְדַבֵּר עַל לִבּוֹ: "דַּי לְךָ, דַּי, כִּי לֹא אַקְפִּיד עַתָּה עַל הַמַּאֲכָלִים, וּפַת בַּגְךָ יֶעֱרַב עָלַי עַתָּה כְּמַאַכְלֵי הָרוֹזְנִים, וְנַעֲשֶׂה נָא הַחֲתוּנָּה לְמַזָּל." וַיְצַו הֶעָשִׁיר לְהָסִיר מֵהַבָּחוּר הַבְּגָדִים הַפְּחוּתִים שֶׁהָיָה לָבוּשׁ בָּהֶם וּלְהַלְבִּישׁוֹ תַּחְתָּם חֲמוּדוֹת.

וַיַּעֲשׂוּ הַחוּפָּה. וְאַחַר הַחוּפָּה, צִוָּה הֶעָשִׁיר הַהוּא בַּלָּט עַל מְשָׁרְתוֹ לָקַחַת אֶת הַבְּגָדִים הַצּוֹאִים אֲשֶׁר הַבָּחוּר הָיָה לָבוּשׁ בָּהֶם מִקּוֹדֶם, וְלָצוּר אוֹתָם יַחַד לְמַעַן קַחַת אוֹתָם עִמּוֹ לְבֵיתוֹ. וַיַּרְא הֶחָתָן אֵת אֲשֶׁר הוּא עוֹשֶׂה. וַיְהִי בַּלַּיְלָה, בִּהְיוֹתָם מְסוּבִּים עַל הַשֻּׁלְחָן, אוֹכְלִים פַּת בַּג הַכְּפָרִי הַזֶּה, וַיִּקַּח הֶחָתָן גַּם הוּא פַּת לֶחֶם הָעוֹנִי הַזֶּה וַיִּצְפְּנֵהוּ בֵּין הַמַּלְבּוּשִׁים הָהֵם, וְחוֹתְנוֹ לֹא הִרְגִּישׁ בָּזֶה. וּבְבוֹאָם לְבֵיתוֹ, נָתַן הֶעָשִׁיר הַבְּגָדִים לִמְשָׁרְתוֹ לְמַעַן יִהְיוּ סְגוּרִים אִתּוֹ בְּמִשְׁמָר.

וַיְהִי בַּיָּמִים, וַיִּתְעַבֵּר הֶחָתָן וְהֵגִיס דַּעְתּוֹ נֶגֶד חוֹתְנוֹ הֶעָשִׁיר. וַיְצַו חוֹתְנוֹ עַל הַמְשָׁרֵת לְהָבִיא לְפָנָיו הַבְּגָדִים שֶׁהָיָה לָבוּשׁ בָּהֶם בְּבֵית אָבִיו, לְמַעַן לֹא יִתְגָּאֶה כָּל כָּךְ בְּזָכְרוֹ עָנְיוֹ וְדַלּוּתוֹ בְּיָמִים מִקֶּדֶם. וַיְהִי בְּהָבִיא הַבְּגָדִים הָאֵלֶּה לְפָנָיו, וְהִנֵּה נוֹפֵל מִבֵּינֵיהֶם פַּת לֶחֶם הַכְּפָרִי הַנִּזְכָּר לְעֵיל, וַיֹּאמֶר לוֹ הֶחָתָן: "עִם כָּל זֶה, הִנֵּה עַתָּה זְכוֹר נָא כַּמָּה הָיִיתָ נִמְהַר וְחָרֵד לָקַחַת אוֹתִי אֵלֶיךָ מֵרוֹב יַקִּרוּתִי וַחֲשִׁיבוּתִי, עַד כִּי בַּפַּת הַזֶּה עָרַכְתָּ שֻׁלְחָן בִּסְעוּדַּת הַנִּשּׂוּאִים. וְעַתָּה מַה לְּךָ כִּי קַלּוֹתִי כָּל כָּךְ בְּעֵינֶיךָ ?"

הַנִּמְשָׁל: הִנֵּה דִּבַּרְנוּ כִּי הַפֶּסַח וְכָל הַנְהָגָתוֹ הֵמָּה מוֹרִים זִכָּרוֹן עַל הַפְלָגַת הַחֵרוּת וְהוֹרָאַת הַשְּׂרָרוּת. וּלְבִלְתִּי רוּם לְבָבָם בָּזֶה, צִוָּה יִתְבָּרֵךְ גַּם כֵּן עַל אֲכִילַת הַמָּרוֹר

aristocrats. At the same time that we emphasize the great benefit that Hashem bestowed upon us by liberating us from bondage, we also remember the grinding poverty and privation from which He released us.

And now we will "sweeten" the discussion by means of a parable.... There was once a rich man who lived in a big city. When the time came to seek a bridegroom for his daughter, he searched far and wide but the best young man he could find happened to be the son of a poor working man in a miserable village. Still, hearing no end of praises heaped upon the youth, he had his carriage harnessed and set out for the village with his daughter to meet him. No sooner had he set eyes on the prospective husband than he saw that this was indeed a rare young man with every good characteristic that anyone could want. He was so impressed that he determined not to leave until the engagement and the marriage had been solemnized then and there!

The young man's father explained that in his circumstances he could not possibly put on a wedding feast that befitted such a wealthy *mechutan*, father of the bride. But the wealthy man reassured him. "I care not for luxury," he said. "Let us share whatever you have, but let us enter into the marriage immediately." Replacing the bridegroom's shabby clothing, he fitted him out with fine apparel suited to the bride's station.

The wedding took place; and as they were packing to return to the city with the bridegroom, the rich man told his servant privately to pack the bridegroom's old clothes and take them along with all the luggage. The bridegroom was smart enough to notice what his father-in-law was doing, and he in turn, at the "banquet" of poor peasant food, slipped some of the food in among the old clothes. His father-in-law did not notice this. When they arrived back at the rich man's home and unpacked, the master told his servant to take the box of his son-in-law's old clothes and lock it away in a closet without telling anyone.

Eventually there came a day when the son-in-law asserted himself and offended his father-in-law. That was what the rich man had prepared for. He now ordered the servant to bring out of storage the bridegroom's old clothes, to remind him of the abject poverty from which he had rescued him and make him aware of the debt of gratitude owed to him. But as the garments were spread out before them, bits of coarse peasant food fell out from among them. "Recall," said the son-in-law, "how anxious you were to secure me for your daughter, to the extent that you condescended to make do with a wedding feast of this humble food. Why am I now of less standing in your eyes?"

Such may be the intention of the seemingly strange combination of rules regarding the consumption of the Pesach sacrifice. We are commanded to eat

Do not pick up the roasted bone from the Seder plate nor point at it while saying this:

פֶּסַח שֶׁהָיוּ אֲבוֹתֵינוּ אוֹכְלִים בִּזְמַן שֶׁבֵּית הַמִּקְדָּשׁ הָיָה קַיָּם עַל שׁוּם מָה. עַל שׁוּם שֶׁפָּסַח הַקָּדוֹשׁ בָּרוּךְ הוּא עַל בָּתֵּי אֲבוֹתֵינוּ בְּמִצְרַיִם. שֶׁנֶּאֱמַר, וַאֲמַרְתֶּם זֶבַח פֶּסַח הוּא לַיהֹוָה אֲשֶׁר פָּסַח עַל בָּתֵּי בְנֵי יִשְׂרָאֵל בְּמִצְרַיִם בְּנָגְפּוֹ אֶת מִצְרַיִם וְאֶת בָּתֵּינוּ הִצִּיל וַיִּקֹּד הָעָם וַיִּשְׁתַּחֲווּ:

Pick up the middle matzah so that everyone can see it, and continue:

מַצָּה זוֹ שֶׁאָנוּ אוֹכְלִים עַל שׁוּם מָה. עַל שׁוּם שֶׁלֹּא הִסְפִּיק בְּצֵקָם שֶׁל אֲבוֹתֵינוּ לְהַחֲמִיץ עַד שֶׁנִּגְלָה עֲלֵיהֶם מֶלֶךְ מַלְכֵי הַמְּלָכִים הַקָּדוֹשׁ בָּרוּךְ הוּא וּגְאָלָם. שֶׁנֶּאֱמַר, וַיֹּאפוּ אֶת הַבָּצֵק אֲשֶׁר הוֹצִיאוּ מִמִּצְרַיִם עֻגֹת מַצּוֹת כִּי לֹא חָמֵץ כִּי גֹרְשׁוּ מִמִּצְרַיִם וְלֹא יָכְלוּ לְהִתְמַהְמֵהַּ וְגַם צֵדָה לֹא עָשׂוּ לָהֶם:

אמת ליעקב

עִמּוֹ, כְּדֵי לִזְכּוֹר עוֹנִי מִצְרַיִם וְשִׁעְבּוּד הַמַּר, וּכְנִזְכָּר לְעֵיל. וְהִנֵּה עַל קְבִיעַת הַזִּכָּרוֹן הַזֶּה עָשָׂה הַקָּדוֹשׁ בָּרוּךְ הוּא לִכְבוֹדֵנוּ וְצִוָּה לֶאֱכוֹל גַּם מַצָּה עִמּוֹ, הַמּוֹרֶה שֶׁלֹּא הִסְפִּיק בְּצֵקָם שֶׁל אֲבוֹתֵינוּ לְהַחְמִיץ עַד שֶׁנִּגְלָה עֲלֵיהֶם מֶלֶךְ מַלְכֵי הַמְּלָכִים יִתְבָּרַךְ וּגְאָלָם, שֶׁזֶּהוּ אוֹת עַל הַמְּהִירוּת הַגָּדוֹל שֶׁמִּהֵר עַצְמוֹ יִתְבָּרַךְ עַל חֲתוּנָתוֹ לָקַחַת אוֹתָנוּ לוֹ לְעָם.

וּכְמַאֲמַר רַבּוֹתֵינוּ זִכְרוֹנָם לִבְרָכָה (בילקוט פרשת בא): "'וַאֲכַלְתֶּם אוֹתוֹ בְּחִפָּזוֹן' (שמות יב יא) זֶה חִפָּזוֹן שְׁכִינָה!"

וְהִלֵּל סִבֵּב לְחַזֵּק הָעִנְיָן עוֹד יוֹתֵר, וְהָיָה כּוֹרְכָם בְּבַת אַחַת, לְקַיֵּם מַה שֶּׁנֶּאֱמַר "עַל מַצּוֹת וּמְרוֹרִים יֹאכְלוּהוּ".

*Do not pick up the roasted bone from the Seder
plate nor point at it while saying this:*

THE PESACH OFFERING that our forefathers used to eat [on the Seder night] during the time that the Temple stood—what did it recall? That the Holy One, Blessed is He, passed over the houses of our forefathers in Egypt, as it is written: "And you shall say, 'It is a Pesach offering to Hashem, Who passed over the houses of the Children of Israel in Egypt, when He struck the Egyptians but spared us.' And the people bowed down and prostrated themselves" (Shemos 12:27).

Pick up the middle matzah so that everyone can see it, and continue:

THIS MATZAH that we eat—what does it recall? That our forefathers' dough did not have time to rise before the King of kings, the Holy One, Blessed is He, appeared to them and redeemed them, as it is written: "And they baked unleavened cakes from the dough they were taking from Egypt, cakes which had not risen, because the Egyptians drove out our forefathers, and they could not tarry, and they could not even prepare provisions for the way" (Shemos 12:29).

∽ EMES L'YAAKOV ∽

the meat with all the appurtenances of wealth, nobility, and freedom – but to make sure we do not forget the low state from which we were saved, we are to accompany it with bitter herbs. However, at the same time, we are given the unleavened bread to eat together with them, as a fond reminder of the haste with which Hashem took us out of Egypt, so anxious was He that we should be gone from there and become His Nation!

The Midrash asks, "And you shall eat it in haste" (*Shemos* 12:11) – who was in haste? One of several answers is: The *Shechinah* – Hashem Himself was in haste!

This is what we have explained.

Hillel, by folding the three together and eating them all in one mouthful, stressed the point even more strongly.

Now pick up the maror so that everyone can see it, and continue:

מָרוֹר זֶה שֶׁאָנוּ אוֹכְלִים עַל שׁוּם מָה. עַל שׁוּם שֶׁמֵּרְרוּ הַמִּצְרִים אֶת חַיֵּי אֲבוֹתֵינוּ בְּמִצְרַיִם. שֶׁנֶּאֱמַר, וַיְמָרְרוּ אֶת חַיֵּיהֶם בַּעֲבֹדָה קָשָׁה בְּחֹמֶר וּבִלְבֵנִים וּבְכָל עֲבֹדָה בַּשָּׂדֶה אֵת כָּל עֲבֹדָתָם אֲשֶׁר עָבְדוּ בָהֶם בְּפָרֶךְ:

בְּכָל דּוֹר וָדוֹר חַיָּב אָדָם לִרְאוֹת אֶת עַצְמוֹ כְּאִלּוּ הוּא יָצָא מִמִּצְרַיִם. שֶׁנֶּאֱמַר, וְהִגַּדְתָּ לְבִנְךָ בַּיּוֹם הַהוּא לֵאמֹר בַּעֲבוּר זֶה עָשָׂה יְהֹוָה לִי בְּצֵאתִי מִמִּצְרָיִם. לֹא אֶת אֲבוֹתֵינוּ בִּלְבָד גָּאַל הַקָּדוֹשׁ בָּרוּךְ הוּא, אֶלָּא אַף אוֹתָנוּ גָּאַל עִמָּהֶם. שֶׁנֶּאֱמַר, וְאוֹתָנוּ הוֹצִיא מִשָּׁם לְמַעַן הָבִיא אֹתָנוּ לָתֶת לָנוּ אֶת הָאָרֶץ אֲשֶׁר נִשְׁבַּע לַאֲבֹתֵינוּ:

Cover the matzos. Everyone lifts his cup of wine and says aloud with joy:

לְפִיכָךְ אֲנַחְנוּ חַיָּבִים לְהוֹדוֹת לְהַלֵּל לְשַׁבֵּחַ לְפָאֵר לְרוֹמֵם לְהַדֵּר לְבָרֵךְ לְעַלֵּה וּלְקַלֵּס לְמִי שֶׁעָשָׂה לַאֲבוֹתֵינוּ וְלָנוּ אֶת כָּל הַנִּסִּים הָאֵלּוּ. הוֹצִיאָנוּ

מֵעַבְדוּת לְחֵרוּת,

מִיָּגוֹן לְשִׂמְחָה,

וּמֵאֵבֶל לְיוֹם־טוֹב,

וּמֵאֲפֵלָה לְאוֹר גָּדוֹל,

וּמִשִּׁעְבּוּד לִגְאֻלָּה,

וְנֹאמַר לְפָנָיו שִׁירָה חֲדָשָׁה הַלְלוּיָהּ:

Now pick up the maror so that everyone can see it, and continue:

THIS MAROR that we eat—what does it recall? That the Egyptians embittered the lives of our forefathers in Egypt, as it is written: "And they embittered their lives with hard labor, mortar and bricks, and every kind of work in the fields; all the work that they forced them to do was strenuous" (Shemos 1:14).

IN EVERY GENERATION, each individual is obligated to see himself as if he actually went out of Egypt, as it is written: "And you shall tell your son on that day, 'Because of this did G-d do wonders for me when I went out of Egypt'" (Shemos 13:8). The Holy One, Blessed is He, redeemed not only our forefathers. He redeemed us with them, as it is written: "And He took us out from there, in order to bring us to the Land that He swore to our forefathers, and give it to us" (Devarim 23:6).

Cover the matzos. Everyone lifts his cup of wine and says aloud with joy:

THEREFORE IT IS OUR DUTY to thank, praise, laud, glorify, exalt, honor, bless, extol, and celebrate the One Who did all these miracles for our forefathers and for us, Who took us

from slavery	*into freedom,*
from grief	*to joy,*
from mourning	*to festivity,*
from darkness	*to bright light,*
and from subjugation	*to redemption.*

Therefore, let us sing a new song before Him: Halleluyah!

Put down the cup and uncover the matzos, and continue:

הַלְלוּיָהּ הַלְלוּ עַבְדֵי יְהֹוָה הַלְלוּ אֶת שֵׁם יְהֹוָה: יְהִי שֵׁם יְהֹוָה מְבֹרָךְ מֵעַתָּה וְעַד עוֹלָם: מִמִּזְרַח שֶׁמֶשׁ עַד מְבוֹאוֹ מְהֻלָּל שֵׁם יְהֹוָה: רָם עַל כָּל גּוֹיִם יְהֹוָה עַל הַשָּׁמַיִם כְּבוֹדוֹ: מִי כַּיהֹוָה אֱלֹהֵינוּ הַמַּגְבִּיהִי לָשָׁבֶת: הַמַּשְׁפִּילִי לִרְאוֹת בַּשָּׁמַיִם וּבָאָרֶץ: מְקִימִי מֵעָפָר דָּל מֵאַשְׁפֹּת יָרִים אֶבְיוֹן: לְהוֹשִׁיבִי עִם נְדִיבִים עִם נְדִיבֵי עַמּוֹ: מוֹשִׁיבִי עֲקֶרֶת הַבַּיִת אֵם הַבָּנִים שְׂמֵחָה הַלְלוּיָהּ:

בְּצֵאת יִשְׂרָאֵל מִמִּצְרָיִם בֵּית יַעֲקֹב מֵעַם לֹעֵז: הָיְתָה יְהוּדָה לְקָדְשׁוֹ יִשְׂרָאֵל מַמְשְׁלוֹתָיו: הַיָּם רָאָה וַיָּנֹס, הַיַּרְדֵּן יִסֹּב לְאָחוֹר: הֶהָרִים רָקְדוּ כְאֵילִים, גְּבָעוֹת כִּבְנֵי צֹאן: מַה לְּךָ הַיָּם כִּי תָנוּס, הַיַּרְדֵּן תִּסֹּב לְאָחוֹר: הֶהָרִים תִּרְקְדוּ כְאֵילִים, גְּבָעוֹת כִּבְנֵי צֹאן: מִלִּפְנֵי אָדוֹן חוּלִי אָרֶץ, מִלִּפְנֵי אֱלוֹהַּ יַעֲקֹב: הַהֹפְכִי הַצּוּר אֲגַם מָיִם, חַלָּמִישׁ לְמַעְיְנוֹ מָיִם:

בָּרוּךְ אַתָּה יְהֹוָה אֱלֹהֵינוּ מֶלֶךְ הָעוֹלָם, אֲשֶׁר גְּאָלָנוּ וְגָאַל אֶת אֲבוֹתֵינוּ מִמִּצְרַיִם, וְהִגִּיעָנוּ הַלַּיְלָה הַזֶּה לֶאֱכָל־בּוֹ מַצָּה וּמָרוֹר. כֵּן יְהֹוָה אֱלֹהֵינוּ וֵאלֹהֵי אֲבוֹתֵינוּ יַגִּיעֵנוּ לְמוֹעֲדִים וְלִרְגָלִים אֲחֵרִים הַבָּאִים לִקְרָאתֵנוּ לְשָׁלוֹם, שְׂמֵחִים בְּבִנְיַן עִירֶךָ, וְשָׂשִׂים בַּעֲבוֹדָתֶךָ, וְנֹאכַל שָׁם מִן הַזְּבָחִים וּמִן הַפְּסָחִים (במוצ"ש אומרים: מִן הַפְּסָחִים וּמִן הַזְּבָחִים) אֲשֶׁר יַגִּיעַ דָּמָם עַל קִיר מִזְבַּחֲךָ לְרָצוֹן וְנוֹדֶה לְּךָ שִׁיר חָדָשׁ עַל גְּאֻלָּתֵנוּ וְעַל פְּדוּת נַפְשֵׁנוּ:

בָּרוּךְ אַתָּה יְהֹוָה גָּאַל יִשְׂרָאֵל:

Put down the cup and uncover the matzos, and continue:

*H*ALLELUYAH! Give praise, servants of G-d. Praise G-d's Name. Blessed be the Name of G-d, from now and forever! From the rising of the sun until its setting, G-d's Name is praised. He is exalted over all nations. His glory is above the heavens. Who is like the L-rd our G-d, Who is elevated on His throne, yet drops down to look upon the heavens and the earth? He raises the poverty-stricken out of the dust, and lifts up the needy from the trash heaps, to seat them with the distinguished, with the notables of His nation. He transforms a barren housewife to a happy mother of children. Halleluyah!

*W*HEN ISRAEL WENT OUT OF EGYPT—*the family of Yaakov from a foreign people*—it was for Yehudah to sanctify Him. Israel would be His dominion. The sea saw, and fled. The Jordan turned back. The mountains stepped as gingerly as rams, the hills as young sheep. What is the problem, O sea, that you flee, O Jordan that you turn back, O mountains that you dance as rams, O hills as young sheep? The earth trembles before its Master—before the G-d of Yaakov, Who turns rock into a pool of water, and flint into a spring of water!

BLESSED ARE YOU, Hashem our G-d, King of the Universe, Who redeemed us and our forefathers from Egypt, and brought us to this night, to eat matzah and maror. So, too, Hashem our G-d, and G-d of our forefathers, bring us to other future holidays and Festivals, in peace, and may we happily witness the rebuilding of Your City, and rejoice in serving You. And there we shall eat of the offerings, and of the Pesach lamb [*Motzaei Shabbos:* of the Pesach lamb and of the offerings], their blood reaching the wall of Your altar and being pleasing to You. And we shall thank You with a new song, for our redemption, and for the deliverance of our souls. Blessed are you, Hashem, Who redeemed Israel.

Some say:

הִנְנִי מוּכָן וּמְזוּמָן לְקַיֵּם מִצְוַת כּוֹס שֵׁנִי שֶׁל אַרְבַּע כּוֹסוֹת.

Make the blessing over the second cup:

בָּרוּךְ אַתָּה יְהֹוָה אֱלֹהֵינוּ מֶלֶךְ הָעוֹלָם בּוֹרֵא פְּרִי הַגָּפֶן:

Everyone drinks the cup.
The whole cup, or at least most of it,
should be drunk without pause while reclining
on the left side. Have in mind that this is the mitzvah of
drinking the second of the Four Cups.

רָחְצָה

Wash the hands for the meal, which begins with the mitzvah
of eating matzah. After washing the hands, before drying them,
say the following blessing.

בָּרוּךְ אַתָּה יְהֹוָה אֱלֹהֵינוּ מֶלֶךְ הָעוֹלָם אֲשֶׁר קִדְּשָׁנוּ בְּמִצְוֹתָיו וְצִוָּנוּ עַל נְטִילַת יָדָיִם:

מוֹצִיא

No one speaks. The leader then takes the three matzos in his two hands.

Some say:

הִנְנִי מוּכָן וּמְזוּמָן לְקַיֵּם מִצְוַת אֲכִילַת מַצָּה.

Some say:

Here I am, ready and willing to fulfill the mitzvah of drinking the second cup of the Four Cups.

Make the blessing over the second cup:

BLESSED ARE YOU, *Hashem our G-d, King of the Universe, Who creates the fruit of the vine.*

*Everyone drinks the cup.
The whole cup, or at least most of it,
should be drunk without pause while reclining
on the left side. Have in mind that this is the mitzvah of
drinking the second of the Four Cups.*

RACHTZAH
WASHING FOR THE MEAL

Wash the hands for the meal, which begins with the mitzvah of eating matzah. After washing the hands, before drying them, say the following blessing.

BLESSED ARE YOU, *Hashem our G-d, King of the Universe, Who has sanctified us with His mitzvos, and has commanded us regarding the washing of hands.*

MOTZI

No one speaks. The leader then takes the three matzos in his two hands.

Some say:

Here I am, ready and willing to fulfill the mitzvah of eating matzah.

Next, he says the blessing that normally is said over bread, having in mind to include everyone in his blessing, and the other participants answer, Amen.

בָּרוּךְ אַתָּה יְהֹוָה אֱלֹהֵינוּ מֶלֶךְ הָעוֹלָם
הַמּוֹצִיא לֶחֶם מִן הָאָרֶץ:

מַצָּה

The leader lets go of the lowest matzah (Yisrael), and while holding only the top matzah (Kohen), which is whole, and the middle matzah (Levi), which is now only a piece, he says the following blessing, again having everyone else in mind, and everyone answers, Amen.

בָּרוּךְ אַתָּה יְהֹוָה אֱלֹהֵינוּ מֶלֶךְ הָעוֹלָם אֲשֶׁר קִדְּשָׁנוּ בְּמִצְוֹתָיו
וְצִוָּנוּ עַל אֲכִילַת מַצָּה:

He takes for himself one k'zayis from the Kohen matzah and another k'zayis from the Levi matzah, and gives the other participants the same (or they eat the required amount from their own matzos). The matzah must be eaten while leaning on one's left side, and without interruption. (One must take care not to speak, from the washing of the hands until after eating of the Korech.)

מָרוֹר

Now the leader takes a k'zayis of maror, first for himself, and then he distributes a similar amount to all the others at the table. Each portion is dipped into charoses, which is then shaken off. Before eating, some say:

הִנְנִי מוּכָן וּמְזוּמָן לְקַיֵּם מִצְוַת אֲכִילַת מָרוֹר.

Next, he says the blessing that normally is said over bread, having in mind to include everyone in his blessing, and the other participants answer, Amen.

***B**LESSED ARE YOU, Hashem our G-d, King of the Universe, Who brings forth bread from the earth.*

Matzah

The leader lets go of the lowest matzah (Yisrael), and while holding only the top matzah (Kohen), which is whole, and the middle matzah (Levi), which is now only a piece, he says the following blessing, again having everyone else in mind, and everyone answers, Amen.

***B**LESSED ARE YOU, Hashem our G-d, King of the Universe, Who has sanctified us with His mitzvos, and has commanded us regarding the eating of matzah.*

He takes for himself one k'zayis from the Kohen matzah and another k'zayis from the Levi matzah, and gives the other participants the same (or they eat the required amount from their own matzos). The matzah must be eaten while leaning on one's left side, and without interruption. (One must take care not to speak, from the washing of the hands until after eating of the Korech.)

Maror

Now the leader takes a k'zayis of maror, first for himself, and then he distributes a similar amount to all the others at the table. Each portion is dipped into charoses, which is then shaken off. Before eating, some say:

Here I am, ready and willing to fulfill the mitzvah of eating maror.

*The leader says the following blessing, and eats
the k'zayis of maror, without interruption,
and without having to lean.*

בָּרוּךְ אַתָּה יְהֹוָה אֱלֹהֵינוּ מֶלֶךְ הָעוֹלָם אֲשֶׁר
קִדְּשָׁנוּ בְּמִצְוֹתָיו וְצִוָּנוּ עַל אֲכִילַת מָרוֹר:

*Have in mind that this berachah also covers
the maror eaten at Korech.*

כּוֹרֵךְ

*Break the third matzah (Yisrael),
and from two pieces of it, totaling a k'zayis,
make a sandwich, placing maror in between.
Whether the sandwich is dipped in
charoses is dependent upon custom.
The others at the table also make such a sandwich
(using their own matzah if necessary),
which is eaten while reclining, without interruption.
Before starting to eat the sandwich,
one does not say any blessing.
Rather, he says:*

זֵכֶר לְמִקְדָּשׁ כְּהִלֵּל. כֵּן עָשָׂה הִלֵּל. בִּזְמַן שֶׁבֵּית הַמִּקְדָּשׁ הָיָה
קַיָּם, הָיָה כּוֹרֵךְ פֶּסַח מַצָּה וּמָרוֹר וְאוֹכֵל בְּיַחַד, לְקַיֵּם
מַה שֶּׁנֶּאֱמַר עַל מַצּוֹת וּמְרוֹרִים יֹאכְלֻהוּ:

*The leader says the following blessing, and eats
the k'zayis of maror, without interruption,
and without having to lean.*

BLESSED ARE YOU, Hashem our G-d, King of the Universe, Who has sanctified us with His mitzvos, and has commanded us regarding the eating of maror.

*Have in mind that this berachah also covers
the maror eaten at Korech.*

❦ Korech ❦
Matzah & Maror Together

*Break the third matzah (Yisrael),
and from two pieces of it, totaling a k'zayis,
make a sandwich, placing maror in between.
Whether the sandwich is dipped in
charoses is dependent upon custom.
The others at the table also make such a sandwich
(using their own matzah if necessary),
which is eaten while reclining, without interruption.
Before starting to eat the sandwich,
one does not say any blessing.
Rather, he says:*

THIS IS IN REMEMBRANCE of the Temple days, according to the opinion of Hillel, for when the Temple stood, Hillel would put the Pesach offering, matzah, and maror together and eat them at once, to fulfill what is written: "They shall eat it [the Pesach offering] with matzos and maror" (Bemidbar 9:11).

שֻׁלְחָן עוֹרֵךְ

Shulchan Orech — The Seder Meal

Eat the meal. Some have the custom to begin the meal with hard-boiled eggs. The food of the main meal should be festive, and should be eaten with joy, but one must take care not to become full, so he can properly perform the mitzvah of Afikoman. One should speak words of Torah at the table, preferably about the story of Pesach.

צָפוּן

Tzafun — Eating the Afikoman

At the meal's end, one takes out the larger half of the Levi matzah, the half which had been hidden away since the start of the Seder. The leader takes for himself two k'zaysim from this matzah, and gives to the others at the table a like portion from it (and/or from other matzos). This matzah, called the Afikoman, must be eaten while reclining, and without interruption, before half the night has passed.

Some say:

זֵכֶר לְקָרְבַּן פֶּסַח הַנֶּאֱכַל עַל הַשּׂוֹבַע.

In remembrance of the Pesach offering, which had to be eaten in a situation of satiety.

Some say the following:

הִנְנִי מוּכָן וּמְזוּמָן לְקַיֵּם מִצְוַת אֲכִילַת אֲפִיקוֹמָן.

Here I am, ready and willing to fulfill the mitzvah of eating the Afikoman.

בָּרֵךְ

Barech — Grace after Meals

Everyone pours the third cup.
After the meal, as on Shabbos and other Festivals,
one sings Shir haMaalos – "The Song of Ascents" –
before the Grace after Meals.

שִׁיר הַמַּעֲלוֹת, בְּשׁוּב יְהֹוָה אֶת שִׁיבַת צִיּוֹן הָיִינוּ כְּחֹלְמִים. אָז יִמָּלֵא שְׂחוֹק פִּינוּ וּלְשׁוֹנֵנוּ רִנָּה, אָז יֹאמְרוּ בַגּוֹיִם הִגְדִּיל יְהֹוָה לַעֲשׂוֹת עִם אֵלֶּה. הִגְדִּיל יְהֹוָה לַעֲשׂוֹת עִמָּנוּ, הָיִינוּ שְׂמֵחִים. שׁוּבָה יְהֹוָה אֶת שְׁבִיתֵנוּ כַּאֲפִיקִים בַּנֶּגֶב. הַזֹּרְעִים בְּדִמְעָה בְּרִנָּה יִקְצֹרוּ. הָלוֹךְ יֵלֵךְ וּבָכֹה נֹשֵׂא מֶשֶׁךְ הַזָּרַע. בֹּא יָבֹא בְרִנָּה. נֹשֵׂא אֲלֻמֹּתָיו:

A Song of Ascents. When Hashem brought back those returning to Zion, we were as if we had been dreaming. Then our mouths will be filled with laughter, and our tongues will be filled with song. Then the nations will say, "Hashem has done great things for them." Hashem, indeed, has done great things for us, and we have been happy. Bring us back, Hashem, from our captivity again, like flooded streams in the Negev. They who sow in tears shall reap in song. He who weeps as he goes, shall carry in what his seed shall yield. He will return with joy, carrying his sheaves.

Pour the third cup of wine. Some say:

הִנְנִי מוּכָן וּמְזוּמָן לְקַיֵּם מִצְוַת עֲשֵׂה שֶׁל בִּרְכַּת הַמָּזוֹן.

While saying the Grace after Meals, one should hold the cup of wine in one's right hand. If three males, at least of bar mitzvah age, have eaten together, they begin here (if there were ten, they say what is in parentheses):

The leader says: רַבּוֹתַי נְבָרֵךְ.

Everyone says: יְהִי שֵׁם יְהֹוָה מְבֹרָךְ מֵעַתָּה וְעַד עוֹלָם.

The leader repeats what they said, and then adds: בִּרְשׁוּת מָרָנָן וְרַבָּנָן וְרַבּוֹתַי נְבָרֵךְ (בעשרה: אֱלֹהֵינוּ) שֶׁאָכַלְנוּ מִשֶּׁלּוֹ:

Everyone says: בָּרוּךְ (בעשרה: אֱלֹהֵינוּ) שֶׁאָכַלְנוּ מִשֶּׁלּוֹ וּבְטוּבוֹ חָיִינוּ:

The leader repeats the last thing they said, and then adds: בָּרוּךְ הוּא וּבָרוּךְ שְׁמוֹ.

בָּרוּךְ אַתָּה יְהֹוָה אֱלֹהֵינוּ מֶלֶךְ הָעוֹלָם. הַזָּן אֶת הָעוֹלָם כֻּלּוֹ בְּטוּבוֹ, בְּחֵן בְּחֶסֶד וּבְרַחֲמִים. הוּא נוֹתֵן לֶחֶם לְכָל בָּשָׂר כִּי לְעוֹלָם חַסְדּוֹ. וּבְטוּבוֹ הַגָּדוֹל תָּמִיד לֹא חָסַר לָנוּ, וְאַל יֶחְסַר לָנוּ מָזוֹן לְעוֹלָם וָעֶד. בַּעֲבוּר שְׁמוֹ הַגָּדוֹל. כִּי הוּא אֵל זָן וּמְפַרְנֵס לַכֹּל וּמֵטִיב לַכֹּל וּמֵכִין מָזוֹן לְכָל בְּרִיּוֹתָיו אֲשֶׁר בָּרָא (כָּאָמוּר פּוֹתֵחַ אֶת יָדֶךָ וּמַשְׂבִּיעַ לְכָל חַי רָצוֹן). בָּרוּךְ אַתָּה יְהֹוָה הַזָּן אֶת הַכֹּל:

נוֹדֶה לְּךָ יְהֹוָה אֱלֹהֵינוּ עַל שֶׁהִנְחַלְתָּ לַאֲבוֹתֵינוּ, אֶרֶץ חֶמְדָּה טוֹבָה וּרְחָבָה, וְעַל שֶׁהוֹצֵאתָנוּ יְהֹוָה אֱלֹהֵינוּ מֵאֶרֶץ מִצְרַיִם, וּפְדִיתָנוּ מִבֵּית עֲבָדִים, וְעַל בְּרִיתְךָ שֶׁחָתַמְתָּ בִּבְשָׂרֵנוּ, וְעַל תּוֹרָתְךָ שֶׁלִּמַּדְתָּנוּ, וְעַל חֻקֶּיךָ שֶׁהוֹדַעְתָּנוּ, וְעַל חַיִּים חֵן וָחֶסֶד

Pour the third cup of wine. Some say:

Here I am, ready and willing to fulfill the positive mitzvah of saying the Grace after Meals.

While saying the Grace after Meals, one should hold the cup of wine in one's right hand. If three males, at least of bar mitzvah age, have eaten together, they begin here (if there were ten, they say what is in parentheses):

The leader says:	My friends, let us bless together!
Everyone says:	May Hashem's Name be Blessed for now and forever!
The leader repeats what they said, and then adds:	With your permission, let us bless (our G-d) of Whose bounty we have eaten.
Everyone says:	Blessed be (our G-d) of Whose bounty we have eaten, and by Whose goodness we live.
The leader repeats the last thing they said, and then adds:	Blessed is He and Blessed is His Name.

*B*LESSED ARE YOU, *Hashem our G-d, King of the Universe, Who in His goodness nourishes the whole world with boundless love, with kindness and mercy. He gives food to all flesh, for His Kindness is eternal. Because of His great goodness, we have never lacked, and may we never lack nourishment ever, for the sake of His great Name. For He is the Power that nourishes and supports everything. He bestows good upon all, and prepares food for every creation which He formed. Blessed are you, Hashem, Who nourishes all.*

WE THANK YOU, *Hashem our G-d, for having given our forefathers a desirable Land, good and spacious; for having brought us, Hashem our G-d, out of the land of Egypt, and for having redeemed us from the house of bondage; for the covenant that You have signed in our flesh; for Your Torah that You have taught us, and for having informed us of Your laws; for having given us*

שֶׁחוֹנַנְתָּנוּ, וְעַל אֲכִילַת מָזוֹן שָׁאַתָּה זָן וּמְפַרְנֵס אוֹתָנוּ תָּמִיד, בְּכָל יוֹם וּבְכָל עֵת וּבְכָל שָׁעָה:

וְעַל הַכֹּל יְהֹוָה אֱלֹהֵינוּ אֲנַחְנוּ מוֹדִים לָךְ, וּמְבָרְכִים אוֹתָךְ, יִתְבָּרַךְ שִׁמְךָ בְּפִי כָּל חַי תָּמִיד לְעוֹלָם וָעֶד. כַּכָּתוּב, וְאָכַלְתָּ וְשָׂבָעְתָּ, וּבֵרַכְתָּ אֶת יְהֹוָה אֱלֹהֶיךָ עַל הָאָרֶץ הַטֹּבָה אֲשֶׁר נָתַן לָךְ. בָּרוּךְ אַתָּה יְהֹוָה עַל הָאָרֶץ וְעַל הַמָּזוֹן:

רַחֵם נָא יְהֹוָה אֱלֹהֵינוּ, עַל יִשְׂרָאֵל עַמֶּךָ, וְעַל יְרוּשָׁלַיִם עִירֶךָ, וְעַל צִיּוֹן מִשְׁכַּן כְּבוֹדֶךָ, וְעַל מַלְכוּת בֵּית דָּוִד מְשִׁיחֶךָ, וְעַל הַבַּיִת הַגָּדוֹל וְהַקָּדוֹשׁ שֶׁנִּקְרָא שִׁמְךָ עָלָיו. אֱלֹהֵינוּ, אָבִינוּ, רְעֵנוּ, זוּנֵנוּ, פַּרְנְסֵנוּ, וְכַלְכְּלֵנוּ, וְהַרְוִיחֵנוּ, וְהַרְוַח לָנוּ יְהֹוָה אֱלֹהֵינוּ מְהֵרָה מִכָּל צָרוֹתֵינוּ. וְנָא, אַל תַּצְרִיכֵנוּ יְהֹוָה אֱלֹהֵינוּ לֹא לִידֵי מַתְּנַת בָּשָׂר וָדָם, וְלֹא לִידֵי הַלְוָאָתָם, כִּי אִם לְיָדְךָ הַמְּלֵאָה, הַפְּתוּחָה, הַקְּדוֹשָׁה וְהָרְחָבָה, שֶׁלֹּא נֵבוֹשׁ וְלֹא נִכָּלֵם לְעוֹלָם וָעֶד:

(On Shabbos add this:)

רְצֵה וְהַחֲלִיצֵנוּ יְהֹוָה אֱלֹהֵינוּ בְּמִצְוֹתֶיךָ וּבְמִצְוַת יוֹם הַשְּׁבִיעִי, הַשַּׁבָּת הַגָּדוֹל וְהַקָּדוֹשׁ הַזֶּה, כִּי יוֹם זֶה גָּדוֹל וְקָדוֹשׁ הוּא לְפָנֶיךָ, לִשְׁבָּת בּוֹ וְלָנוּחַ בּוֹ בְּאַהֲבָה כְּמִצְוַת רְצוֹנֶךָ, וּבִרְצוֹנְךָ הָנִיחַ לָנוּ יְהֹוָה אֱלֹהֵינוּ, שֶׁלֹּא תְהֵא צָרָה וְיָגוֹן וַאֲנָחָה בְּיוֹם מְנוּחָתֵנוּ, וְהַרְאֵנוּ יְהֹוָה אֱלֹהֵינוּ בְּנֶחָמַת צִיּוֹן עִירֶךָ, וּבְבִנְיַן יְרוּשָׁלַיִם עִיר קָדְשֶׁךָ, כִּי אַתָּה הוּא בַּעַל הַיְשׁוּעוֹת וּבַעַל הַנֶּחָמוֹת:

אֱלֹהֵינוּ וֵאלֹהֵי אֲבוֹתֵינוּ, יַעֲלֶה וְיָבֹא וְיַגִּיעַ, וְיֵרָאֶה וְיֵרָצֶה וְיִשָּׁמַע, וְיִפָּקֵד וְיִזָּכֵר זִכְרוֹנֵנוּ וּפִקְדוֹנֵנוּ, וְזִכְרוֹן אֲבוֹתֵינוּ, וְזִכְרוֹן מָשִׁיחַ בֶּן דָּוִד עַבְדֶּךָ, וְזִכְרוֹן יְרוּשָׁלַיִם עִיר קָדְשֶׁךָ, וְזִכְרוֹן כָּל עַמְּךָ בֵּית

life, Your grace and Your kindness; and for the sustenance that You provide us steadily, every day, at all times.

AND FOR EVERYTHING, *Hashem our G-d, we thank You and bless You. May Your Name be Blessed at all times and forever, by the mouth of every creature that lives, as is written in Your Torah: "You shall eat and be satisfied, and bless Hashem your G-d, for the good Land that He gave you." Blessed are you, Hashem, for the Land and the sustenance.*

HAVE MERCY, *Hashem our G-d, on Israel, Your nation, on Jerusalem, Your city, and on Zion, where Your Glory dwells; on the kingship of the House of David, Your anointed one; and on the great and holy House that is associated with Your Name. Our G-d and Father, guide us, nourish, support and sustain us, and bring us relief. Relieve us of all of our grief, Hashem, our G-d, and please do not cause us to need charity or loans from flesh and blood. Let us be supplied our needs only from Your Hand, which is open, holy, and generously extended to us; so that we never are ashamed or humiliated.*

(On Shabbos add this:)

May it be Your will to strengthen us with Your mitzvos, Hashem, our G-d, also with the mitzvah of this seventh day, the great and holy Shabbos. For this day is great and holy to You, so that we may desist from work on it, and rest, with love for You, as it was Your Will to command. And may it be Your Will, Hashem our G-d, to allow us peace, so that on our day of rest we have no pain, grief or sighs. And show us, Hashem our G-d, Your city Zion finally consoled, Jerusalem Your holy city rebuilt, for from You come salvation and consolation.

OUR G-D *and G-d of our forefathers, may our case and remembrance, and that of our forefathers, rise up to You, and come and arrive and be seen and heard with favor; and that of Mashiach, son of David, Your servant; and that of Jerusalem Your holy city,*

יִשְׂרָאֵל לְפָנֶיךָ, לִפְלֵיטָה, לְטוֹבָה, לְחֵן וּלְחֶסֶד וּלְרַחֲמִים, לְחַיִּים וּלְשָׁלוֹם, בְּיוֹם חַג הַמַּצּוֹת הַזֶּה: זָכְרֵנוּ יְהֹוָה אֱלֹהֵינוּ בּוֹ לְטוֹבָה, וּפָקְדֵנוּ בוֹ לִבְרָכָה, וְהוֹשִׁיעֵנוּ בוֹ לְחַיִּים טוֹבִים. וּבִדְבַר יְשׁוּעָה וְרַחֲמִים, חוּס וְחָנֵּנוּ וְרַחֵם עָלֵינוּ וְהוֹשִׁיעֵנוּ, כִּי אֵלֶיךָ עֵינֵינוּ כִּי אֵל (מֶלֶךְ) חַנּוּן וְרַחוּם אָתָּה:

וּבְנֵה יְרוּשָׁלַיִם עִיר הַקֹּדֶשׁ בִּמְהֵרָה בְיָמֵינוּ. בָּרוּךְ אַתָּה יְהֹוָה. בּוֹנֵה בְרַחֲמָיו יְרוּשָׁלָיִם, אָמֵן:

בָּרוּךְ אַתָּה יְהֹוָה אֱלֹהֵינוּ מֶלֶךְ הָעוֹלָם. הָאֵל, אָבִינוּ, מַלְכֵּנוּ, אַדִּירֵנוּ, בּוֹרְאֵנוּ, גּוֹאֲלֵנוּ, יוֹצְרֵנוּ, קְדוֹשֵׁנוּ קְדוֹשׁ יַעֲקֹב, רוֹעֵנוּ רוֹעֵה יִשְׂרָאֵל, הַמֶּלֶךְ הַטּוֹב וְהַמֵּטִיב לַכֹּל. שֶׁבְּכָל יוֹם וָיוֹם הוּא הֵטִיב הוּא מֵטִיב הוּא יֵיטִיב לָנוּ. הוּא גְמָלָנוּ הוּא גוֹמְלֵנוּ הוּא יִגְמְלֵנוּ לָעַד, לְחֵן וּלְחֶסֶד וּלְרַחֲמִים וּלְרֶוַח הַצָּלָה וְהַצְלָחָה, בְּרָכָה וִישׁוּעָה, נֶחָמָה, פַּרְנָסָה וְכַלְכָּלָה, וְרַחֲמִים וְחַיִּים וְשָׁלוֹם וְכָל טוֹב. וּמִכָּל טוּב לְעוֹלָם אַל יְחַסְּרֵנוּ:

הָרַחֲמָן הוּא יִמְלֹךְ עָלֵינוּ לְעוֹלָם וָעֶד:

הָרַחֲמָן הוּא יִתְבָּרַךְ בַּשָּׁמַיִם וּבָאָרֶץ:

הָרַחֲמָן הוּא יִשְׁתַּבַּח לְדוֹר דּוֹרִים. וְיִתְפָּאַר בָּנוּ לָעַד וּלְנֵצַח נְצָחִים. וְיִתְהַדַּר בָּנוּ לָעַד וּלְעוֹלְמֵי עוֹלָמִים:

הָרַחֲמָן הוּא יְפַרְנְסֵנוּ בְּכָבוֹד:

הָרַחֲמָן הוּא יִשְׁבֹּר עֻלֵּנוּ מֵעַל צַוָּארֵנוּ וְהוּא יוֹלִיכֵנוּ קוֹמְמִיּוּת לְאַרְצֵנוּ:

and that of all of Israel Your nation, before You, for deliverance and well-being, with favor, kindness and mercy; for life and peace on this day, the Festival of Matzos. Hashem, our G-d, remember us today for the good, and decide blessing for us upon it, save us today so that we may live, and pronounce salvation and mercy. Have pity. Spare us and have mercy on us and save us, for our eyes are upon You, for You are G-d and King, and You are loving and merciful.

AND MAY YOU BUILD *the holy city of Jerusalem soon, in our days. Blessed are you, Hashem our G-d, Who builds Jerusalem with His mercy, Amen.*

BLESSED ARE YOU, *Hashem our G-d, King of the Universe, the Almighty, our Father, King, Master, Creator, Redeemer, Maker, and Holy One—the Holy One of Yaakov, Who guides us, Shepherd of Israel—the goodly King Who bestows good to all. For every day He did bestow favors, does bestow favors, and in the future will bestow favors upon us. He gave to us, gives and will give forever, with grace, kindness and mercy, to relieve and spare us, to grant us success and blessing, salvation and consolation, livelihood, sustenance, mercy, life and peace, and all that is good, from all that is good.* MAY *He never leave us in want.*

MAY THE MERCIFUL ONE *be King over us forever.*

MAY THE MERCIFUL ONE *be Blessed in the heavens and on earth.*

MAY THE MERCIFUL ONE *be praised in every generation, and may He be glorified through us forever, and be revered through us for all time.*

MAY THE MERCIFUL ONE *provide us with honorable livelihoods.*

MAY THE MERCIFUL ONE *break off the yoke from our necks, and lead us to our Land, standing erect.*

הָרַחֲמָן הוּא יִשְׁלַח לָנוּ בְּרָכָה מְרֻבָּה בַּבַּיִת הַזֶּה וְעַל שֻׁלְחָן זֶה שֶׁאָכַלְנוּ עָלָיו:

הָרַחֲמָן הוּא יִשְׁלַח לָנוּ אֶת אֵלִיָּהוּ הַנָּבִיא זָכוּר לַטּוֹב וִיבַשֶּׂר לָנוּ בְּשׂוֹרוֹת טוֹבוֹת יְשׁוּעוֹת וְנֶחָמוֹת:

הָרַחֲמָן הוּא יְבָרֵךְ אֶת (אָבִי מוֹרִי) בַּעַל הַבַּיִת הַזֶּה, וְאֶת (אִמִּי מוֹרָתִי) בַּעֲלַת הַבַּיִת הַזֶּה, (אוֹתִי וְאֶת אִשְׁתִּי [בַּעֲלִי] וְאֶת זַרְעִי וְאֶת כָּל אֲשֶׁר לִי וְאֶת כָּל הַמְסֻבִּין כַּאן) אוֹתָם וְאֶת בֵּיתָם וְאֶת זַרְעָם וְאֶת כָּל אֲשֶׁר לָהֶם. אוֹתָנוּ וְאֶת כָּל אֲשֶׁר לָנוּ. כְּמוֹ שֶׁנִּתְבָּרְכוּ אֲבוֹתֵינוּ אַבְרָהָם יִצְחָק וְיַעֲקֹב בַּכֹּל, מִכֹּל, כֹּל. כֵּן יְבָרֵךְ אוֹתָנוּ כֻּלָּנוּ יַחַד בִּבְרָכָה שְׁלֵמָה. וְנֹאמַר אָמֵן:

בַּמָּרוֹם יְלַמְּדוּ עֲלֵיהֶם וְעָלֵינוּ זְכוּת שֶׁתְּהֵא לְמִשְׁמֶרֶת שָׁלוֹם. וְנִשָּׂא בְרָכָה מֵאֵת יְהוָֹה. וּצְדָקָה מֵאֱלֹהֵי יִשְׁעֵנוּ. וְנִמְצָא חֵן וְשֵׂכֶל טוֹב בְּעֵינֵי אֱלֹהִים וְאָדָם:

(On Shabbos add this:)

הָרַחֲמָן הוּא יַנְחִילֵנוּ יוֹם שֶׁכֻּלּוֹ שַׁבָּת וּמְנוּחָה לְחַיֵּי הָעוֹלָמִים:

הָרַחֲמָן הוּא יַנְחִילֵנוּ יוֹם שֶׁכֻּלּוֹ טוֹב. יוֹם שֶׁכֻּלּוֹ אָרוּךְ, יוֹם שֶׁצַּדִּיקִים יוֹשְׁבִים וְעַטְרוֹתֵיהֶם בְּרָאשֵׁיהֶם וְנֶהֱנִים מִזִּיו הַשְּׁכִינָה וִיהִי חֶלְקֵנוּ עִמָּהֶם:

הָרַחֲמָן הוּא יְזַכֵּנוּ לִימוֹת הַמָּשִׁיחַ וּלְחַיֵּי הָעוֹלָם הַבָּא: מִגְדּוֹל יְשׁוּעוֹת מַלְכּוֹ וְעֹשֶׂה חֶסֶד לִמְשִׁיחוֹ לְדָוִד וּלְזַרְעוֹ עַד עוֹלָם:

MAY THE MERCIFUL ONE *send bountiful blessings upon this house, and upon this table where we have eaten.*

MAY THE MERCIFUL ONE *send us Eliyahu the Prophet, of Blessed memory, who will bring good tidings to us, salvation and consolation.*

MAY THE MERCIFUL ONE *bless [my father, my teacher] the master of this house and [my mother, my teacher] the mistress of this house, [me, my wife/husband and my children] and all that is mine, and all who sit here, both them, their household, their children and all that belongs to them, also us and all that is ours, even as our fathers, Avraham, Yitzchak, and Yaakov were Blessed in everything, from everything, and with everything, so may He bless all of us together with a perfect blessing. And let us say, Amen.*

LET THEIR MERITS *and ours be pleaded on high, to give us lasting peace. May we bear blessings from Hashem, kindness from the G-d of our salvation. May we find favor and good consideration in the eyes of both G-d and mankind.*

(On Shabbos add this:)

MAY *the Merciful One cause us to inherit the day which will be wholly Shabbos and rest, for eternal life!*

MAY THE MERCIFUL ONE *cause us to inherit the day which will be totally good, the everlasting day, the day when the righteous sit with crowns on their heads and bask in the glow of the Shechinah—May our portion be with theirs.*

MAY THE MERCIFUL ONE *grant us the days of Mashiach, and life in the World to Come. He Who is a tower of salvation to his king, Who does kindness to His annointed one—to David and*

עֹשֶׂה שָׁלוֹם בִּמְרוֹמָיו הוּא יַעֲשֶׂה שָׁלוֹם עָלֵינוּ וְעַל כָּל יִשְׂרָאֵל וְאִמְרוּ אָמֵן:

יְראוּ אֶת יְהֹוָה קְדֹשָׁיו כִּי אֵין מַחְסוֹר לִירֵאָיו: כְּפִירִים רָשׁוּ וְרָעֵבוּ וְדֹרְשֵׁי יְהֹוָה לֹא יַחְסְרוּ כָל טוֹב: הוֹדוּ לַיהֹוָה כִּי טוֹב כִּי לְעוֹלָם חַסְדּוֹ: פּוֹתֵחַ אֶת יָדֶךָ וּמַשְׂבִּיעַ לְכָל חַי רָצוֹן: בָּרוּךְ הַגֶּבֶר אֲשֶׁר יִבְטַח בַּיְיָ וְהָיָה יְהֹוָה מִבְטַחוֹ: נַעַר הָיִיתִי גַּם זָקַנְתִּי וְלֹא רָאִיתִי צַדִּיק נֶעֱזָב וְזַרְעוֹ מְבַקֶּשׁ לָחֶם: יְהֹוָה עֹז לְעַמּוֹ יִתֵּן יְהֹוָה יְבָרֵךְ אֶת עַמּוֹ בַשָּׁלוֹם:

Before the blessing over the third cup, some say:

הִנְנִי מוּכָן וּמְזוּמָן לְקַיֵּם מִצְוַת כּוֹס שְׁלִישִׁי מֵאַרְבַּע כּוֹסוֹת.

בָּרוּךְ אַתָּה יְהֹוָה אֱלֹהֵינוּ מֶלֶךְ הָעוֹלָם בּוֹרֵא פְּרִי הַגָּפֶן:

Everyone drinks the cup. One should drink the whole cup, or at least most of it, without pausing in the middle, while reclining on the left side. Have in mind that this is the mitzvah of the third of the four cups.
Some now pour the fourth cup of wine, before saying "Pour out Your wrath." Others wait, and pour the fourth cup only after "Pour out Your wrath" and immediately before reciting the second half of Hallel. An extra cup—that of Eliyahu—is poured now, although some pour the Cup of Eliyahu at the beginning of the Seder.
One of the Seder participants now opens the front door of the house, and everyone says, "Pour out Your wrath." (Some stand to say this.)

שְׁפֹךְ חֲמָתְךָ אֶל הַגּוֹיִם אֲשֶׁר לֹא יְדָעוּךָ וְעַל מַמְלָכוֹת אֲשֶׁר בְּשִׁמְךָ לֹא קָרָאוּ: כִּי אָכַל אֶת יַעֲקֹב וְאֶת נָוֵהוּ הֵשַׁמּוּ: שְׁפָךְ עֲלֵיהֶם זַעְמֶךָ וַחֲרוֹן אַפְּךָ יַשִּׂיגֵם: תִּרְדֹּף בְּאַף וְתַשְׁמִידֵם מִתַּחַת שְׁמֵי יְהֹוָה:

his seed—Who makes peace in Heaven ... May He bring peace to us and to all of Israel, and let us say, Amen.

Keep fear for Hashem, His holy ones, for those who fear Him are never in want. Young lions suffer lack and are hungry, but those who seek Hashem will not lack any good. Thank Hashem, for He is Good, and His kindness endures forever. You open Your hand and satisfy the desires of every living thing. Blessed is the man whose trust is in Hashem, for Hashem will protect him. I was young and now I have grown old, and never did I see a righteous man abandoned, or his children begging for bread. Hashem will give strength to His People, and bless them with peace.

Before the blessing over the third cup, some say:
Here I am, ready and willing to fulfill the mitzvah
of drinking the third cup of the Four Cups.

BLESSED ARE YOU, *Hashem our G-d, King of the Universe, Who creates the fruit of the vine.*

Everyone drinks the cup. One should drink the whole cup, or at least most of it, without pausing in the middle, while reclining on the left side. Have in mind that this is the mitzvah of the third of the four cups.
Some now pour the fourth cup of wine, before saying "Pour out Your wrath." Others wait, and pour the fourth cup only after "Pour out Your wrath" and immediately before reciting the second half of Hallel. An extra cup—that of Eliyahu—is poured now, although some pour the Cup of Eliyahu at the beginning of the Seder.
One of the Seder participants now opens the front door of the house, and everyone says, "Pour out Your wrath." (Some stand to say this.)

POUR OUT YOUR WRATH *upon the nations that do not recognize You, upon the kingdoms that do not call in Your Name. For they have devoured Yaakov and laid waste to his abode. Pour out Your fury on them, and have Your indignation consume them. Pursue them in anger, and remove them from under the skies of Hashem.*

הַלֵּל

If the fourth cup was not poured yet, pour it now, and say the second half of Hallel over it. The door of the house is now closed.

לֹא לָנוּ יְהוָה, לֹא לָנוּ, כִּי לְשִׁמְךָ תֵּן כָּבוֹד, עַל חַסְדְּךָ עַל אֲמִתֶּךָ: לָמָּה יֹאמְרוּ הַגּוֹיִם, אַיֵּה נָא אֱלֹהֵיהֶם: וֵאלֹהֵינוּ

אמת ליעקב

"לֹא לָנוּ ה', לֹא לָנוּ, כִּי לְשִׁמְךָ תֵּן כָּבוֹד". הַנִּרְאֶה בַּהֲבָנַת הַכֵּפֶל, עַל פִּי מָשָׁל –

לְעָנִי אֶחָד שֶׁהָיָה לוֹ בַּת בּוֹגֶרֶת, וּבָא אֶל אָחִיו הֶעָשִׁיר לְבַקֵּשׁ מִלְּפָנָיו לָתֵת בַּעֲבוּרָהּ סָךְ יָדוּעַ לִנְדוּנְיָא, וַיִּתֵּן לוֹ אֵיזֶה סָךְ, וַיֵּלֶךְ לְבֵיתוֹ. וַיְהִי הוּא בָּא לְבֵיתוֹ קָרוֹב לְיוֹם־טוֹב, וַיַּעַשׂ לְעַצְמוֹ אֵיזֶה מַלְבּוּשׁ וּלְאִשְׁתּוֹ הָעֲנִיָּה, וְגַם לְבָנָיו שֶׁהָלְכוּ עֲרוּמִּים – וְהוּכְרַח עוֹד הַפַּעַם לָבוֹא אֶל אָחִיו הֶעָשִׁיר, אוּלַי יִתֵּן לוֹ נְדַן בִּתּוֹ.

וַיָּבוֹא אֵלָיו אִישׁ חָכָם וַיֹּאמֶר לוֹ: "סָכָל! אִם תֵּלֵךְ עַתָּה אֶל אָחִיךָ לֹא יִתֵּן לְךָ מְאוּמָה. אֲבָל אִיעָצְךָ: צֵא וְהִתְחַתֵּן תְּחִלָּה, וַעֲשֵׂה תְּנָאִים עִם אֲשֶׁר תִּבְחַר, וְאַחַר כָּךְ תִּקַּח אֶת הֶחָתָן וְתֵלֵךְ עִמּוֹ אֶל אָחִיךָ הֶעָשִׁיר וּתְבַקֵּשׁ מִמֶּנּוּ לֵאמֹר: לֹא בַּעֲבוּרִי אָנֹכִי שׁוֹאֵל מִמְּךָ, וְגַם מַה שֶּׁתִּתֵּן לֹא לְיָדַי תִּתְּנֵהוּ, אֲבָל תֵּן מִיָּדְךָ מַמָּשׁ לִידֵי הֶחָתָן."

וְזֶהוּ מַמָּשׁ שְׁאֵלַת יִשְׂרָאֵל. כִּי בֶּאֱמֶת הַקָּדוֹשׁ בָּרוּךְ הוּא מִתְחַסֵּד עִמָּנוּ וּמְוַתֵּר עֲבוּרֵנוּ בְּכָל עֵת, אֲבָל אֲנַחְנוּ בְּעָנְיֵנוּ אָכַלְנוּ כָּל הַחֲסָדִים הָהֵם לְהַחֲיוֹת נַפְשֵׁינוּ הָעֲטוּפִים בְּרָעָב, וְזֶהוּ שֶׁאֲנַחְנוּ מְבַקְּשִׁים עַתָּה, **"לֹא לָנוּ ה'"**, כְּלוֹמַר לֹא בַּעֲבוּרֵנוּ אֲנַחְנוּ שׁוֹאֲלִים הַחֶסֶד, וְגַם **"לֹא לָנוּ"**, כְּלוֹמַר הַחֶסֶד אֲשֶׁר תִּתֵּן לֹא לְיָדֵינוּ תִּתֵּן אוֹתוֹ, אֲבָל תִּתְּנֵהוּ מִיַּד לְצָרְכֵי הַנִּשּׂוּאִים, וְזֶהוּ **"כִּי לְשִׁמְךָ תֵּן כָּבוֹד"**.

הַכֹּל נִגְמַר – תּוֹדָה לַשֵּׁם יִתְבָּרַךְ!

🕮 Hallel 🕮

If the fourth cup was not poured yet, pour it now, and say the second half of Hallel over it. The door of the house is now closed.

NOT TO US, HASHEM. *Not to us, but to Your Name shall honor be given, for Your kindness and faithfulness. Why*

◦∽ EMES L'YAAKOV ∽◦

"Not to us, Hashem. Not to us, but to Your Name shall honor be given" (*Hallel, Tehillim* 115:1). Why are the words "not to us" repeated here? This can be understood by means of a parable:

A poor man had a daughter of marriageable age but could not afford to pay for her dowry. So he went to his rich brother and asked him for the required sum, which he readily gave him. However, when the poor brother returned home, it was just before Yom Tov and as he was badly in need of a new suit of clothes, he took some of the money to buy himself one. Then he took a look at his wife and realized that she, too, needed some new clothes, so he sent her out to buy what she needed. The children were running around in rags and they also had to be dressed properly for the approaching holy Festival. The money that was left was, of course, no longer enough for the eldest daughter's dowry. The man decided that he would have to go to his brother again and repeat his request for money.

But he met a wise friend who said to him, "If you go back to your brother now, he won't give you a penny. I'll tell you what you should do: Find a prospective husband for your daughter and proceed with the engagement, promising the young man what is necessary. Then take him with you and go to your rich brother and say, "It's not for me that I'm asking you for money, but for this young man, and I'm not even asking you to give it to me for him – would you please give it straight into the bridegroom's hands?"

This is exactly what we are saying to Hashem. He has always been kind and gracious to us in the past, and has provided us with all our needs. However, we have had to use up all His generosity to keep ourselves fed and maintained and now there is nothing left, so we beg of Him, "**'Not to us'** for our own needs, don't even hand it to us to use, but do whatever is necessary to give honor **'to Your Name.'**"

[The work] is all completed, thanks to Hashem Yisbarach!

בַּשָּׁמָיִם, כֹּל אֲשֶׁר חָפֵץ עָשָׂה: עֲצַבֵּיהֶם כֶּסֶף וְזָהָב מַעֲשֵׂה יְדֵי אָדָם: פֶּה לָהֶם וְלֹא יְדַבֵּרוּ, עֵינַיִם לָהֶם וְלֹא יִרְאוּ: אָזְנַיִם לָהֶם וְלֹא יִשְׁמָעוּ, אַף לָהֶם וְלֹא יְרִיחוּן: יְדֵיהֶם וְלֹא יְמִישׁוּן, רַגְלֵיהֶם וְלֹא יְהַלֵּכוּ, לֹא יֶהְגּוּ בִּגְרוֹנָם: כְּמוֹהֶם יִהְיוּ עֹשֵׂיהֶם, כֹּל אֲשֶׁר בּוֹטֵחַ בָּהֶם: יִשְׂרָאֵל בְּטַח בַּיהוָֹה, עֶזְרָם וּמָגִנָּם הוּא: בֵּית אַהֲרֹן בִּטְחוּ בַיהוָֹה, עֶזְרָם וּמָגִנָּם הוּא: יִרְאֵי יְהוָֹה בִּטְחוּ בַיהוָֹה, עֶזְרָם וּמָגִנָּם הוּא:

יְהוָֹה זְכָרָנוּ יְבָרֵךְ, יְבָרֵךְ אֶת בֵּית יִשְׂרָאֵל, יְבָרֵךְ אֶת בֵּית אַהֲרֹן: יְבָרֵךְ יִרְאֵי יְהוָֹה, הַקְּטַנִּים עִם הַגְּדֹלִים: יֹסֵף יְהוָֹה עֲלֵיכֶם, עֲלֵיכֶם וְעַל בְּנֵיכֶם: בְּרוּכִים אַתֶּם לַיהוָֹה עֹשֵׂה שָׁמַיִם וָאָרֶץ: הַשָּׁמַיִם שָׁמַיִם לַיהוָֹה, וְהָאָרֶץ נָתַן לִבְנֵי אָדָם: לֹא הַמֵּתִים יְהַלְלוּ יָהּ, וְלֹא כָּל יֹרְדֵי דוּמָה: וַאֲנַחְנוּ נְבָרֵךְ יָהּ, מֵעַתָּה וְעַד עוֹלָם, הַלְלוּיָהּ:

אָהַבְתִּי כִּי יִשְׁמַע יְהוָֹה אֶת קוֹלִי תַּחֲנוּנָי: כִּי הִטָּה אָזְנוֹ לִי וּבְיָמַי אֶקְרָא: אֲפָפוּנִי חֶבְלֵי מָוֶת, וּמְצָרֵי שְׁאוֹל מְצָאוּנִי, צָרָה וְיָגוֹן אֶמְצָא: וּבְשֵׁם יְהוָֹה אֶקְרָא, אָנָּה יְהוָֹה מַלְּטָה נַפְשִׁי: חַנּוּן יְהוָֹה וְצַדִּיק, וֵאלֹהֵינוּ מְרַחֵם: שֹׁמֵר פְּתָאִים יְהוָֹה, דַּלּוֹתִי וְלִי יְהוֹשִׁיעַ: שׁוּבִי נַפְשִׁי לִמְנוּחָיְכִי, כִּי יְהוָֹה גָּמַל עָלָיְכִי: כִּי חִלַּצְתָּ נַפְשִׁי מִמָּוֶת, אֶת עֵינִי מִן דִּמְעָה, אֶת רַגְלִי מִדֶּחִי: אֶתְהַלֵּךְ לִפְנֵי יְהוָֹה,

should the nations say, "Where is their G-d?" when our G-d is in Heaven and does anything He pleases! Their disgusting idols are silver and gold, the work of men's hands. They have a mouth but will not speak, eyes but will not see. They have ears but they will not hear, a nose but they will not smell. Their hands do not feel, and their feet do not walk. There is no sound in their throats. Those who make them will become like them! So, too, all who trust in them! Israel must trust in Hashem! He is their Help and Shield. The House of Aharon must trust in Hashem. He is their Help and Shield. Those who fear Hashem must trust in Hashem. He is their Help and Shield.

Hashem has been mindful of us, He will send blessing. He will bless the House of Israel. He will bless the House of Aharon. He will bless those that fear Hashem, the small with the great. May Hashem add to your blessing, to yours and to your children's. You are Blessed by Hashem, Creator of Heaven and earth. The Heaven? The Heaven is Hashem's, but the earth He has given to mankind. Not do the dead praise Him, not those who descend into silence. But we will bless G-d, from now to eternity. Praise G-d!

I have had love [for Hashem] for He listens to my voice and my pleadings, for He bends His ear to hear me, and I shall call to Him all my days. I have been gripped by death pangs, and the clutches of the grave found me. Pain and sorrow were upon me, but I will call in the Name of Hashem, "Please, Hashem, deliver my soul!" Hashem is kind and just. Our G-d shows mercy, Hashem protects the simple. Though I had fallen low, He saved me. Return, my soul, and be at rest, for Hashem has been good to you. For You delivered my soul from death, my ears from tears, my feet from stumbling. I will walk in G-d's Presence in the land of the living. I

בְּאַרְצוֹת הַחַיִּים: הֶאֱמַנְתִּי כִּי אֲדַבֵּר, אֲנִי עָנִיתִי מְאֹד: אֲנִי אָמַרְתִּי בְחָפְזִי, כָּל הָאָדָם כֹּזֵב:

מָה אָשִׁיב לַיהֹוָה, כָּל תַּגְמוּלוֹהִי עָלָי: כּוֹס יְשׁוּעוֹת אֶשָּׂא, וּבְשֵׁם יְהֹוָה אֶקְרָא: נְדָרַי לַיהֹוָה אֲשַׁלֵּם, נֶגְדָה נָּא לְכָל עַמּוֹ: יָקָר בְּעֵינֵי יְהֹוָה הַמָּוְתָה לַחֲסִידָיו: אָנָּה יְהֹוָה כִּי אֲנִי עַבְדֶּךָ, אֲנִי עַבְדְּךָ בֶּן אֲמָתֶךָ, פִּתַּחְתָּ לְמוֹסֵרָי: לְךָ אֶזְבַּח זֶבַח תּוֹדָה, וּבְשֵׁם יְהֹוָה אֶקְרָא: נְדָרַי לַיהֹוָה אֲשַׁלֵּם, נֶגְדָה נָּא לְכָל עַמּוֹ: בְּחַצְרוֹת בֵּית יְהֹוָה, בְּתוֹכֵכִי יְרוּשָׁלָיִם, הַלְלוּיָהּ:

הַלְלוּ אֶת יְהֹוָה כָּל גּוֹיִם, שַׁבְּחוּהוּ כָּל הָאֻמִּים:
כִּי גָבַר עָלֵינוּ חַסְדּוֹ,
וֶאֱמֶת יְהֹוָה לְעוֹלָם,
הַלְלוּיָהּ:

If there are at least three participants at the Seder, the leader of the Seder says each of the next four lines out loud, and everyone answers him after each line with "Thank Hashem, for He is good, for His kindness endures forever." If there are not three participants, each person says each of the four lines by himself:

הוֹדוּ לַיהֹוָה כִּי טוֹב   כִּי לְעוֹלָם חַסְדּוֹ:
יֹאמַר נָא יִשְׂרָאֵל   כִּי לְעוֹלָם חַסְדּוֹ:
יֹאמְרוּ נָא בֵית אַהֲרֹן   כִּי לְעוֹלָם חַסְדּוֹ:
יֹאמְרוּ נָא יִרְאֵי יְהֹוָה   כִּי לְעוֹלָם חַסְדּוֹ:

trust in Him, even when I say, "I am suffering greatly," even when I say in my haste, "All people are deceivers."

What can I give in return to Hashem for all the good He has bestowed on me? I will lift up the cup of salvation and I will call in the Name of Hashem. I will pay my vows to Hashem in the presence of His entire nation. How grevious in the eyes of Hashem is the death of His righteous ones! With gratitude, Hashem, I am Your servant, and son of Your handmaid. You have untied my shackles. I will slaughter an offering of thanks, and will call in the Name of Hashem. I will pay my vows to Hashem in the presence of His entire nation, in the courtyards of the House of G-d, in the midst of Jerusalem. Praise G-d!

> *Praise Hashem, all nations! Laud Him, all peoples!*
> *For great is the kindness that He has shown us*
> *and Hashem's Truth endures forever.*
> *Praise G-d!*

> *If there are at least three participants at the Seder, the leader of the Seder says each of the next four lines out loud, and everyone answers him after each line with "Thank Hashem, for He is good, for His kindness endures forever." If there are not three participants, each person says each of the four lines by himself:*

Thank Hashem, for He is good,

                               for His kindness endures forever.

Let Israel say

                               that His kindness endures forever.

Let the House of Aharon say

                               that His kindness endures forever.

Let those who fear Hashem say

                               that His kindness endures forever.

מִן הַמֵּצַר קָרָאתִי יָּהּ, עָנָנִי בַמֶּרְחָב יָהּ: יְהֹוָה לִי לֹא אִירָא מַה יַּעֲשֶׂה לִי אָדָם: יְהֹוָה לִי בְּעֹזְרָי, וַאֲנִי אֶרְאֶה בְשֹׂנְאָי: טוֹב לַחֲסוֹת בַּיהֹוָה, מִבְּטֹחַ בָּאָדָם: טוֹב לַחֲסוֹת בַּיהֹוָה מִבְּטֹחַ בִּנְדִיבִים: כָּל גּוֹיִם סְבָבוּנִי, בְּשֵׁם יְהֹוָה כִּי אֲמִילַם: סַבּוּנִי גַם סְבָבוּנִי, בְּשֵׁם יְהֹוָה כִּי אֲמִילַם: סַבּוּנִי כִדְבֹרִים דֹּעֲכוּ כְּאֵשׁ קוֹצִים, בְּשֵׁם יְהֹוָה כִּי אֲמִילַם: דָּחֹה דְחִיתַנִי לִנְפֹּל, וַיהֹוָה עֲזָרָנִי: עָזִּי וְזִמְרָת יָהּ, וַיְהִי לִי לִישׁוּעָה: קוֹל רִנָּה וִישׁוּעָה בְּאָהֳלֵי צַדִּיקִים, יְמִין יְהֹוָה עֹשָׂה חָיִל: יְמִין יְהֹוָה רוֹמֵמָה, יְמִין יְהֹוָה עֹשָׂה חָיִל: לֹא אָמוּת כִּי אֶחְיֶה, וַאֲסַפֵּר מַעֲשֵׂי יָהּ: יַסֹּר יִסְּרַנִּי יָּהּ, וְלַמָּוֶת לֹא נְתָנָנִי: פִּתְחוּ לִי שַׁעֲרֵי צֶדֶק אָבֹא בָם אוֹדֶה יָהּ: זֶה הַשַּׁעַר לַיהֹוָה צַדִּיקִים יָבֹאוּ בוֹ:

אוֹדְךָ כִּי עֲנִיתָנִי, וַתְּהִי לִי לִישׁוּעָה: אוֹדְךָ כִּי עֲנִיתָנִי, וַתְּהִי לִי לִישׁוּעָה:

אֶבֶן מָאֲסוּ הַבּוֹנִים, הָיְתָה לְרֹאשׁ פִּנָּה: אֶבֶן מָאֲסוּ הַבּוֹנִים, הָיְתָה לְרֹאשׁ פִּנָּה:

מֵאֵת יְהֹוָה הָיְתָה זֹּאת, הִיא נִפְלָאת בְּעֵינֵינוּ: מֵאֵת יְהֹוָה הָיְתָה זֹּאת, הִיא נִפְלָאת בְּעֵינֵינוּ:

זֶה הַיּוֹם עָשָׂה יְהֹוָה, נָגִילָה וְנִשְׂמְחָה בוֹ: זֶה הַיּוֹם עָשָׂה יְהֹוָה, נָגִילָה וְנִשְׂמְחָה בוֹ:

FROM DISTRESSFUL CONSTRICTION I called to Hashem. Hashem answered me with expansive freedom! Hashem is with me, I shall not fear. What could a mere man do to me? Hashem is with me to help me, and I will face my enemies. It is good to take shelter in Hashem, rather than trust in man. It is good to take shelter in Hashem, rather than rely on princes. All the nations encircle me; in the Name of Hashem I will cut them down. They truly surround me; in the Name of Hashem I will wipe them out. They swarm about me like bees; in the Name of Hashem I will make them vanish, like a brushfire is extinguished. You pushed and pushed me, to try to make me fall, but Hashem helped me! Hashem is my Strength and Song, and this has been my salvation. There are voices of rejoicing and salvation in the tents of the righteous: "Hashem's right Hand does valiantly! Hashem's right Hand is triumphant! Hashem's right Hand does valiantly!" No, I will not be killed. For I will live to recount the deeds of Hashem. Hashem has surely chastened me with suffering, but He has not given me over to death. Open for me the gates of righteousness, and I will enter them and thank Hashem. This is the Gate of Hashem! The righteous shall come through it!

I GIVE THANKS to You, for You have answered me, and this has been salvation. I give thanks to You, for You have answered me, and this has been salvation. The stone that the builders rejected became the cornerstone. The stone that the builders rejected became the cornerstone. From Hashem this came; it is a miracle in our eyes. From Hashem this came; it is a miracle in our eyes. This day is a creation of Hashem. Let us be glad and rejoice in Him! This day is a creation of Hashem. Let us be glad and rejoice in Him!

If there are at least three participants at the Seder, the leader first says the first of the following lines by himself, and the others repeat after him. So, too, the second, third, and fourth line. If there are not three participants, each person says each of the four lines by himself:

אָנָּא יְהֹוָה הוֹשִׁיעָה נָּא:

אָנָּא יְהֹוָה הוֹשִׁיעָה נָּא:

אָנָּא יְהֹוָה הַצְלִיחָה נָא:

אָנָּא יְהֹוָה הַצְלִיחָה נָא:

בָּרוּךְ הַבָּא בְּשֵׁם יְהֹוָה, בֵּרַכְנוּכֶם מִבֵּית יְהֹוָה: בָּרוּךְ הַבָּא בְּשֵׁם יְהֹוָה, בֵּרַכְנוּכֶם מִבֵּית יְהֹוָה: אֵל יְהֹוָה וַיָּאֶר לָנוּ, אִסְרוּ חַג בַּעֲבֹתִים, עַד קַרְנוֹת הַמִּזְבֵּחַ: אֵל יְהֹוָה וַיָּאֶר לָנוּ, אִסְרוּ חַג בַּעֲבֹתִים, עַד קַרְנוֹת הַמִּזְבֵּחַ: אֵלִי אַתָּה וְאוֹדֶךָּ, אֱלֹהַי אֲרוֹמְמֶךָּ: אֵלִי אַתָּה וְאוֹדֶךָּ, אֱלֹהַי אֲרוֹמְמֶךָּ: הוֹדוּ לַיהֹוָה כִּי טוֹב, כִּי לְעוֹלָם חַסְדּוֹ: הוֹדוּ לַיהֹוָה כִּי טוֹב, כִּי לְעוֹלָם חַסְדּוֹ:

יְהַלְלוּךָ יְהֹוָה אֱלֹהֵינוּ כָּל מַעֲשֶׂיךָ,
וַחֲסִידֶיךָ צַדִּיקִים עוֹשֵׂי רְצוֹנֶךָ, וְכָל עַמְּךָ בֵּית יִשְׂרָאֵל,
בְּרִנָּה יוֹדוּ וִיבָרְכוּ וִישַׁבְּחוּ וִיפָאֲרוּ וִירוֹמְמוּ
וְיַעֲרִיצוּ וְיַקְדִּישׁוּ וְיַמְלִיכוּ אֶת שִׁמְךָ מַלְכֵּנוּ.
כִּי לְךָ טוֹב לְהוֹדוֹת וּלְשִׁמְךָ נָאֶה לְזַמֵּר,
כִּי מֵעוֹלָם וְעַד עוֹלָם אַתָּה אֵל:

If there are at least three participants at the Seder, the leader first says the first of the following lines by himself, and the others repeat after him. So, too, the second, third, and fourth line. If there are not three participants, each person says each of the four lines by himself:

We plead to You, Hashem, save us!

We plead to You, Hashem, save us!

We plead to You, Hashem, grant us success!

We plead to You, Hashem, grant us success!

BLESSED BE THE ONE *who comes in Hashem's Name. We bless you from the House of Hashem! Blessed be the one who comes in Hashem's Name. We bless you from the House of Hashem! Hashem is All-Mighty, and He will bring us light. Tie the Festival offering with ropes until the corners of the altar! Hashem is All-Mighty, and He will bring us light. Tie the Festival offering with ropes until the corners of the altar! You are my G-d, and I will thank You. You are my G-d, and I will extol You! You are my G-d, and I will thank You. You are my G-d, and I will extol You! Thank Hashem, for He is Good, for His kindness endures forever! Thank Hashem, for He is Good, for His kindness endures forever!*

ALL YOUR WORKS *shall praise You, Hashem our G-d; and Your pious ones, and the righteous who do Your Will. So, too, Your entire nation, the House of Israel, will joyfully thank and bless You, laud and honor You, exalt, revere, sanctify and pay homage to Your Name, our King. For it is good to thank You, and fitting to sing praises to Your Name, because for all eternity You are L-rd.*

הוֹדוּ לַיהֹוָה כִּי טוֹב	כִּי לְעוֹלָם חַסְדּוֹ:
הוֹדוּ לֵאלֹהֵי הָאֱלֹהִים	כִּי לְעוֹלָם חַסְדּוֹ:
הוֹדוּ לַאֲדֹנֵי הָאֲדֹנִים	כִּי לְעוֹלָם חַסְדּוֹ:
לְעֹשֵׂה נִפְלָאוֹת גְּדֹלוֹת לְבַדּוֹ	כִּי לְעוֹלָם חַסְדּוֹ:
לְעֹשֵׂה הַשָּׁמַיִם בִּתְבוּנָה	כִּי לְעוֹלָם חַסְדּוֹ:
לְרוֹקַע הָאָרֶץ עַל הַמָּיִם	כִּי לְעוֹלָם חַסְדּוֹ:
לְעֹשֵׂה אוֹרִים גְּדֹלִים	כִּי לְעוֹלָם חַסְדּוֹ:
אֶת הַשֶּׁמֶשׁ לְמֶמְשֶׁלֶת בַּיּוֹם	כִּי לְעוֹלָם חַסְדּוֹ:
אֶת הַיָּרֵחַ וְכוֹכָבִים לְמֶמְשְׁלוֹת בַּלָּיְלָה	כִּי לְעוֹלָם חַסְדּוֹ:
לְמַכֵּה מִצְרַיִם בִּבְכוֹרֵיהֶם	כִּי לְעוֹלָם חַסְדּוֹ:
וַיּוֹצֵא יִשְׂרָאֵל מִתּוֹכָם	כִּי לְעוֹלָם חַסְדּוֹ:
בְּיָד חֲזָקָה וּבִזְרוֹעַ נְטוּיָה	כִּי לְעוֹלָם חַסְדּוֹ:
לְגֹזֵר יַם סוּף לִגְזָרִים	כִּי לְעוֹלָם חַסְדּוֹ:

Thank Hashem, for He is Good,
>*for His kindness endures forever.*

Thank the G-d of gods,
>*for His kindness endures forever.*

Thank the Master of masters,
>*for His kindness endures forever.*

Who does great wonders on His own,
>*for His kindness endures forever.*

Who, with wisdom, makes the heavens,
>*for His kindness endures forever.*

Who stretches the land upon the waters,
>*for His kindness endures forever.*

Who makes the great lights,
>*for His kindness endures forever.*

The sun, to reign in the day,
>*for His kindness endures forever.*

The moon and the stars to reign at night,
>*for His kindness endures forever.*

Who struck the Egyptians with their firstborn,
>*for His kindness endures forever.*

And took Israel out from their midst,
>*for His kindness endures forever.*

With a strong Hand and an outstretched Arm,
>*for His kindness endures forever.*

Who cut the Sea of Reeds into slices,
>*for His kindness endures forever.*

וְהֶעֱבִיר יִשְׂרָאֵל בְּתוֹכוֹ	כִּי לְעוֹלָם חַסְדּוֹ:
וְנִעֵר פַּרְעֹה וְחֵילוֹ בְיַם סוּף	כִּי לְעוֹלָם חַסְדּוֹ:
לְמוֹלִיךְ עַמּוֹ בַּמִּדְבָּר	כִּי לְעוֹלָם חַסְדּוֹ:
לְמַכֵּה מְלָכִים גְּדֹלִים	כִּי לְעוֹלָם חַסְדּוֹ:
וַיַּהֲרֹג מְלָכִים אַדִּירִים	כִּי לְעוֹלָם חַסְדּוֹ:
לְסִיחוֹן מֶלֶךְ הָאֱמֹרִי	כִּי לְעוֹלָם חַסְדּוֹ:
וּלְעוֹג מֶלֶךְ הַבָּשָׁן	כִּי לְעוֹלָם חַסְדּוֹ:
וְנָתַן אַרְצָם לְנַחֲלָה	כִּי לְעוֹלָם חַסְדּוֹ:
נַחֲלָה לְיִשְׂרָאֵל עַבְדּוֹ	כִּי לְעוֹלָם חַסְדּוֹ:
שֶׁבְּשִׁפְלֵנוּ זָכַר לָנוּ	כִּי לְעוֹלָם חַסְדּוֹ:
וַיִּפְרְקֵנוּ מִצָּרֵינוּ	כִּי לְעוֹלָם חַסְדּוֹ:
נֹתֵן לֶחֶם לְכָל בָּשָׂר	כִּי לְעוֹלָם חַסְדּוֹ:
הוֹדוּ לְאֵל הַשָּׁמָיִם	כִּי לְעוֹלָם חַסְדּוֹ:

And crossed Israel through it,
<blockquote>for His kindness endures forever.</blockquote>

Who tossed Pharaoh and his army in the Sea of Reeds,
<blockquote>for His kindness endures forever.</blockquote>

Who led His people through the desert,
<blockquote>for His kindness endures forever.</blockquote>

Who struck down great kings,
<blockquote>for His kindness endures forever.</blockquote>

And slew mighty rulers,
<blockquote>for His kindness endures forever.</blockquote>

Sichon, king of the Emorites,
<blockquote>for His kindness endures forever.</blockquote>

And Og, king of Bashan,
<blockquote>for His kindness endures forever.</blockquote>

And gave their land as an inheritance,
<blockquote>for His kindness endures forever.</blockquote>

An inheritance for Israel, His servant,
<blockquote>for His kindness endures forever.</blockquote>

Who remembered us in our lowest moments,
<blockquote>for His kindness endures forever.</blockquote>

And delivered us from our oppressors,
<blockquote>for His kindness endures forever.</blockquote>

Who gives bread to all flesh,
<blockquote>for His kindness endures forever.</blockquote>

Give thanks to G-d in Heaven,
<blockquote>for His kindness endures forever!</blockquote>

נִשְׁמַת כָּל חַי

תְּבָרֵךְ אֶת שִׁמְךָ יְהֹוָה אֱלֹהֵינוּ,
וְרוּחַ כָּל בָּשָׂר
תְּפָאֵר וּתְרוֹמֵם זִכְרְךָ מַלְכֵּנוּ תָּמִיד.
מִן הָעוֹלָם וְעַד הָעוֹלָם אַתָּה אֵל.
וּמִבַּלְעָדֶיךָ אֵין לָנוּ מֶלֶךְ גּוֹאֵל וּמוֹשִׁיעַ,
פּוֹדֶה וּמַצִּיל וּמְפַרְנֵס וּמְרַחֵם בְּכָל עֵת צָרָה וְצוּקָה.
אֵין לָנוּ מֶלֶךְ אֶלָּא אָתָּה.

אֱלֹהֵי הָרִאשׁוֹנִים וְהָאַחֲרוֹנִים, אֱלוֹהַּ כָּל בְּרִיּוֹת, אֲדוֹן כָּל תּוֹלָדוֹת, הַמְהֻלָּל בְּרֹב הַתִּשְׁבָּחוֹת, הַמְנַהֵג עוֹלָמוֹ בְּחֶסֶד וּבְרִיּוֹתָיו בְּרַחֲמִים. וַיהֹוָה לֹא יָנוּם וְלֹא יִישָׁן, הַמְעוֹרֵר יְשֵׁנִים, וְהַמֵּקִיץ נִרְדָּמִים, וְהַמֵּשִׂיחַ אִלְּמִים וְהַמַּתִּיר אֲסוּרִים, וְהַסּוֹמֵךְ נוֹפְלִים, וְהַזּוֹקֵף כְּפוּפִים. לְךָ לְבַדְּךָ אֲנַחְנוּ מוֹדִים. אִלּוּ פִינוּ מָלֵא שִׁירָה כַּיָּם, וּלְשׁוֹנֵנוּ רִנָּה כַּהֲמוֹן גַּלָּיו, וְשִׂפְתוֹתֵינוּ שֶׁבַח כְּמֶרְחֲבֵי רָקִיעַ, וְעֵינֵינוּ מְאִירוֹת כַּשֶּׁמֶשׁ וְכַיָּרֵחַ, וְיָדֵינוּ פְרוּשׂוֹת כְּנִשְׁרֵי שָׁמָיִם, וְרַגְלֵינוּ קַלּוֹת כָּאַיָּלוֹת. אֵין אֲנַחְנוּ מַסְפִּיקִים לְהוֹדוֹת לְךָ יְהֹוָה אֱלֹהֵינוּ וֵאלֹהֵי אֲבוֹתֵינוּ, וּלְבָרֵךְ אֶת שִׁמְךָ עַל אַחַת מֵאָלֶף אֶלֶף אַלְפֵי אֲלָפִים וְרִבֵּי רְבָבוֹת פְּעָמִים, הַטּוֹבוֹת שֶׁעָשִׂיתָ עִם אֲבוֹתֵינוּ וְעִמָּנוּ. מִמִּצְרַיִם גְּאַלְתָּנוּ יְהֹוָה אֱלֹהֵינוּ וּמִבֵּית עֲבָדִים פְּדִיתָנוּ, בְּרָעָב זַנְתָּנוּ וּבְשָׂבָע כִּלְכַּלְתָּנוּ, מֵחֶרֶב הִצַּלְתָּנוּ וּמִדֶּבֶר מִלַּטְתָּנוּ, וּמֵחֳלָיִים רָעִים וְנֶאֱמָנִים דִּלִּיתָנוּ. עַד הֵנָּה עֲזָרוּנוּ רַחֲמֶיךָ וְלֹא עֲזָבוּנוּ חֲסָדֶיךָ וְאַל תִּטְּשֵׁנוּ יְהֹוָה אֱלֹהֵינוּ לָנֶצַח.

THE SOUL OF every living thing shall bless Your Name, Hashem, our G-d; and the spirit in all flesh shall ever glorify and exalt the remembrance of You, our King. From eternity to eternity You are the All-Powerful, and besides You we have no king, redeemer, or savior, to deliver us, save or support us, who has mercy at all times of stress and sorrow. We have no King other than You.

G-d of the first ones and the last ones, You are L-rd of all creations, Master of all the generations, extolled with multitudes of praises, Who manages His world with kindness and treats its creatures with mercy. Hashem neither dozes nor sleeps. He awakens sleepers, arouses slumberers, gives speech to the mute, freedom to those in fetters. He upholds those who would fall, straightens the bowed and bent. To You alone do we give thanks! Were our mouths as full as the sea with song, and were our tongues as full of music as its multitude of waves; were our lips opened with praise as wide as the sky, were our eyes to shine like the sun and the moon; were our arms outspread like the wings of eagles, were our feet as swift as gazelles'; we still would not be able to thank You sufficiently, Hashem our G-d, G-d of our fathers, and we could not fittingly bless Your Name, for even one thousandth of the countless millions of favors that You have done for our fathers and for us! You redeemed us from Egypt, Hashem our G-d, and You delivered us from the house of bondage. When there was hunger, You fed us. When there was plenty, You sustained us. You rescued us from the sword, led us in escape from pestilence, and spared us from serious and lasting illness. Until now, Your mercy has always helped us, and Your kindness has never abandoned us. Hashem, our G-d, please do not forsake us! Forever!

עַל כֵּן אֵבָרִים שֶׁפִּלַּגְתָּ בָּנוּ, וְרוּחַ וּנְשָׁמָה שֶׁנָּפַחְתָּ בְּאַפֵּנוּ, וְלָשׁוֹן אֲשֶׁר שַׂמְתָּ בְּפִינוּ, הֵן הֵם יוֹדוּ וִיבָרְכוּ וִישַׁבְּחוּ וִיפָאֲרוּ וִירוֹמְמוּ וְיַעֲרִיצוּ וְיַקְדִּישׁוּ וְיַמְלִיכוּ אֶת שִׁמְךָ מַלְכֵּנוּ. כִּי כָל פֶּה לְךָ יוֹדֶה, וְכָל לָשׁוֹן לְךָ תִשָּׁבַע, וְכָל בֶּרֶךְ לְךָ תִכְרַע, וְכָל קוֹמָה לְפָנֶיךָ תִשְׁתַּחֲוֶה. וְכָל לְבָבוֹת יִירָאוּךָ, וְכָל קֶרֶב וּכְלָיוֹת יְזַמְּרוּ לִשְׁמֶךָ. כַּדָּבָר שֶׁכָּתוּב, כָּל עַצְמֹתַי תֹּאמַרְנָה יְהֹוָה מִי כָמוֹךָ. מַצִּיל עָנִי מֵחָזָק מִמֶּנּוּ וְעָנִי וְאֶבְיוֹן מִגֹּזְלוֹ. מִי יִדְמֶה לָּךְ וּמִי יִשְׁוֶה לָּךְ וּמִי יַעֲרָךְ לָךְ. הָאֵל הַגָּדוֹל הַגִּבּוֹר וְהַנּוֹרָא אֵל עֶלְיוֹן קוֹנֵה שָׁמַיִם וָאָרֶץ: נְהַלֶּלְךָ וּנְשַׁבֵּחֲךָ וּנְפָאֶרְךָ וּנְבָרֵךְ אֶת שֵׁם קָדְשֶׁךָ. כָּאָמוּר, לְדָוִד, בָּרְכִי נַפְשִׁי אֶת יְהֹוָה וְכָל קְרָבַי אֶת שֵׁם קָדְשׁוֹ:

הָאֵל בְּתַעֲצֻמוֹת עֻזֶּךָ, הַגָּדוֹל בִּכְבוֹד שְׁמֶךָ, הַגִּבּוֹר לָנֶצַח וְהַנּוֹרָא בְּנוֹרְאוֹתֶיךָ. הַמֶּלֶךְ הַיּוֹשֵׁב עַל כִּסֵּא רָם וְנִשָּׂא:

שׁוֹכֵן עַד מָרוֹם וְקָדוֹשׁ שְׁמוֹ. וְכָתוּב, רַנְּנוּ צַדִּיקִים בַּיהֹוָה לַיְשָׁרִים נָאוָה תְהִלָּה: בְּפִי יְשָׁרִים תִּתְהַלָּל: וּבְדִבְרֵי צַדִּיקִים תִּתְבָּרַךְ: וּבִלְשׁוֹן חֲסִידִים תִּתְרוֹמָם: וּבְקֶרֶב קְדוֹשִׁים תִּתְקַדָּשׁ:

וּבְמַקְהֲלוֹת רִבְבוֹת עַמְּךָ בֵּית יִשְׂרָאֵל בְּרִנָּה יִתְפָּאַר שִׁמְךָ מַלְכֵּנוּ בְּכָל דּוֹר וָדוֹר, שֶׁכֵּן חוֹבַת כָּל הַיְצוּרִים, לְפָנֶיךָ יְהֹוָה אֱלֹהֵינוּ

Therefore, with the limbs that you have allotted us, and the soul and spirit that You have breathed into our nostrils, and with the tongue that You have put in our mouths—simply with these shall we thank You and bless You, and praise, glorify, extol and revere, hallow and pay homage to Your Name, our King. For every mouth shall one day thank You, every tongue shall swear in Your Name. Every knee shall bend to You, and every person shall bow to the ground. And all hearts shall have fear and awe of You, and the innermost being of all men shall sing praises to Your Name, as it is written, "All my being shall say, O L-rd, Who is like You?" (Tehillim 35:10), Who saves the poor from the one who is stronger, the poor and needy from the one who would rob them. Who resembles You? Who could be like You? Who could even compare to You—O Great, Mighty and Revered G-d, Supreme L-rd, Master of the heavens and earth! We shall praise You, glorify You and laud You, and bless Your holy Name, as is said by David, "Bless Hashem, O my soul. Let my entire being bless His holy Name" (Tehillim 103:1).

The All-Mighty G-d, in the magnitude of Your Strength; the Great One, in the glory of Your Name; the forever Powerful, Instiller of fear through Your awesome deeds—the King, Who sits on high on an exalted throne.

He Who Lives Forever, Holy and Exalted Is His Name! And it is written, "Rejoice, O righteous, in Hashem. It is fitting for the upright to give praise" (Tehillim 33:1). By the mouth of the upright You are praised. With the words of the righteous You are Blessed. By the tongues of the faithful You are extolled. And among Your holy ones You are sanctified.

And by the assemblies of Your people, in the tens of thousands, shall Your Name, our King, be glorified in song, by the House of Israel, throughout the generations. For all things that You created

וֵאלֹהֵי אֲבוֹתֵינוּ, לְהוֹדוֹת לְהַלֵּל לְשַׁבֵּחַ לְפָאֵר לְרוֹמֵם לְהַדֵּר לְבָרֵךְ לְעַלֵּה וּלְקַלֵּס עַל כָּל דִּבְרֵי שִׁירוֹת וְתִשְׁבְּחוֹת דָּוִד בֶּן יִשַׁי עַבְדְּךָ מְשִׁיחֶךָ:

יִשְׁתַּבַּח שִׁמְךָ לָעַד מַלְכֵּנוּ הָאֵל הַמֶּלֶךְ הַגָּדוֹל וְהַקָּדוֹשׁ בַּשָּׁמַיִם וּבָאָרֶץ. כִּי לְךָ נָאֶה יְהֹוָה אֱלֹהֵינוּ וֵאלֹהֵי אֲבוֹתֵינוּ. שִׁיר וּשְׁבָחָה הַלֵּל וְזִמְרָה עֹז וּמֶמְשָׁלָה נֶצַח גְּדֻלָּה וּגְבוּרָה תְּהִלָּה וְתִפְאֶרֶת קְדֻשָּׁה וּמַלְכוּת. בְּרָכוֹת וְהוֹדָאוֹת מֵעַתָּה וְעַד עוֹלָם: בָּרוּךְ אַתָּה יְהֹוָה אֵל מֶלֶךְ גָּדוֹל בַּתִּשְׁבָּחוֹת אֵל הַהוֹדָאוֹת אֲדוֹן הַנִּפְלָאוֹת הַבּוֹחֵר בְּשִׁירֵי זִמְרָה מֶלֶךְ אֵל חֵי הָעוֹלָמִים:

The blessing over wine is said for the last time this night. Then everyone drinks the fourth cup of wine, leaning on the left side. Some say:

הִנְנִי מוּכָן וּמְזוּמָן לְקַיֵּם מִצְוַת כּוֹס רְבִיעִי שֶׁל אַרְבַּע כּוֹסוֹת.

בָּרוּךְ אַתָּה יְהֹוָה אֱלֹהֵינוּ מֶלֶךְ הָעוֹלָם
בּוֹרֵא פְּרִי הַגָּפֶן:

After drinking the fourth cup, the following blessing is said:

בָּרוּךְ אַתָּה יְהֹוָה אֱלֹהֵינוּ מֶלֶךְ הָעוֹלָם עַל הַגֶּפֶן וְעַל פְּרִי הַגֶּפֶן וְעַל תְּנוּבַת הַשָּׂדֶה וְעַל אֶרֶץ חֶמְדָּה טוֹבָה וּרְחָבָה שֶׁרָצִיתָ וְהִנְחַלְתָּ לַאֲבוֹתֵינוּ לֶאֱכֹל מִפִּרְיָהּ וְלִשְׂבֹּעַ מִטּוּבָהּ. רַחֵם

have this duty towards You, our G-d and G-d of our forefathers, to thank and praise, glorify and laud, extol and honor, bless, exalt and celebrate You, even beyond all the words of song and praise said by David, son of Yishai, Your servant, Your anointed one.

PRAISED BE Your Name forever, our King, great and holy G-d and King, in Heaven and earth; for to You, Hashem our G-d and G-d of our fathers, is fitting song and praise, glorification and hymns, strength and dominion, victory, greatness and might, renown and glory, holiness and kingship, blessings and thanks from now until eternity. Blessed are you, Hashem, G-d, King, great in hymns of praise, G-d of thanksgivings, L-rd of wonders, who chooses hymns of song, King, G-d, Life of the world.

The blessing over wine is said for the last time this night. Then everyone drinks the fourth cup of wine, leaning on the left side. Some say:

Here I am, ready and willing to fulfill the mitzvah of drinking the fourth cup of the Four Cups.

*B*LESSED ARE YOU, Hashem our G-d, King of the Universe, Who creates the fruit of the vine.

After drinking the fourth cup, the following blessing is said:

*B*LESSED ARE YOU, Hashem our G-d, King of the Universe, for the vine and for the fruit of the vine, and for the produce of the field, and for the desirable, goodly, and expansive Land that pleased You to give as an inheritance to our forefathers,

נָא יְהֹוָה אֱלֹהֵינוּ עַל יִשְׂרָאֵל עַמֶּךָ וְעַל יְרוּשָׁלַיִם עִירֶךָ וְעַל צִיּוֹן מִשְׁכַּן כְּבוֹדֶךָ וְעַל מִזְבְּחֶךָ וְעַל הֵיכָלֶךָ. וּבְנֵה יְרוּשָׁלַיִם עִיר הַקֹּדֶשׁ בִּמְהֵרָה בְיָמֵינוּ וְהַעֲלֵנוּ לְתוֹכָהּ וְשַׂמְּחֵנוּ בְּבִנְיָנָהּ וְנֹאכַל מִפִּרְיָהּ וְנִשְׂבַּע מִטּוּבָהּ וּנְבָרֶכְךָ עָלֶיהָ בִּקְדֻשָּׁה וּבְטָהֳרָה. (בשבת: וּרְצֵה וְהַחֲלִיצֵנוּ בְּיוֹם הַשַּׁבָּת הַזֶּה) וְשַׂמְּחֵנוּ בְּיוֹם חַג הַמַּצּוֹת הַזֶּה. כִּי אַתָּה יְהֹוָה טוֹב וּמֵטִיב לַכֹּל וְנוֹדֶה לְךָ עַל הָאָרֶץ וְעַל פְּרִי הַגָּפֶן:

בָּרוּךְ אַתָּה יְהֹוָה עַל הָאָרֶץ וְעַל פְּרִי הַגָּפֶן (בא״י: גַּפְנָהּ):

נִרְצָה

חֲסַל סִדּוּר פֶּסַח כְּהִלְכָתוֹ
כְּכָל מִשְׁפָּטוֹ וְחֻקָּתוֹ.
כַּאֲשֶׁר זָכִינוּ לְסַדֵּר אוֹתוֹ.
כֵּן נִזְכֶּה לַעֲשׂוֹתוֹ. זָךְ שׁוֹכֵן מְעוֹנָה.
קוֹמֵם קְהַל עֲדַת מִי מָנָה.
בְּקָרוֹב נַהֵל נִטְעֵי כַנָּה.
פְּדוּיִם לְצִיּוֹן בְּרִנָּה:

Three times:

לְשָׁנָה הַבָּאָה בִּירוּשָׁלָיִם:

to eat of its fruit and be satiated through its good. Have mercy, Hashem our G-d, on Your People Israel, on Your city Jerusalem, on Zion the dwelling-place of Your Glory, on Your altar and Your Sanctuary. Rebuild Your holy city Jerusalem, soon, in our days. And allow us to go up to it, and rejoice in its reconstruction. And we will eat of its fruit, and be satiated through its good, and we will bless You for it in holiness and purity. [On Shabbos add: May it be Your Will to give us strength on this Shabbos.] And we will rejoice over this Festival of Matzos, for You are Hashem, Who is good and does good to all, and we thank You for the Land and for the fruit of the vine. Blessed are you, Hashem, for the Land and for the fruit of the vine. [If the wine was made in the Land of Israel, then say: for the Land and for the fruit of its vines.]

Nirtzah — Acceptance

*E*NDED IS THE ORDER of the Pesach Seder, as its laws require—in accordance with all of its statutes and ordinances. Just as we were found worthy to arrange it tonight, may we also be found worthy to do it (i.e., to actually bring the Pesach offering in the future). O Pure One, Who dwells on High, Whose congregation cannot be numbered—cause Your congregation to stand once more! Take in hand the offspring of Your plantings, soon, and lead them back to Zion, redeemed, in joyous song.

Three times:

NEXT YEAR IN JERUSALEM!

Outside of the Land of Israel, where two Seders are held, this song is sung on the first night:

וּבְכֵן וַיְהִי בַּחֲצִי הַלַּיְלָה:

אָז רֹב נִסִּים הִפְלֵאתָ בַּלַּיְלָה.
בְּרֹאשׁ אַשְׁמוֹרֶת זֶה הַלַּיְלָה.
גֵּר צֶדֶק נִצַּחְתּוֹ כְּנֶחֱלַק לוֹ לַיְלָה.

וַיְהִי בַּחֲצִי הַלַּיְלָה:

דַּנְתָּ מֶלֶךְ גְּרָר בַּחֲלוֹם הַלַּיְלָה.
הִפְחַדְתָּ אֲרַמִּי בְּאֶמֶשׁ לַיְלָה.
וַיָּשַׂר יִשְׂרָאֵל לְמַלְאָךְ וַיּוּכַל לוֹ לַיְלָה.

וַיְהִי בַּחֲצִי הַלַּיְלָה:

זֶרַע בְּכוֹרֵי פַתְרוֹס מָחַצְתָּ בַּחֲצִי הַלַּיְלָה.
חֵילָם לֹא מָצְאוּ בְּקוּמָם בַּלַּיְלָה.
טִיסַת נְגִיד חֲרֹשֶׁת סִלִּיתָ בְּכוֹכְבֵי לַיְלָה.

וַיְהִי בַּחֲצִי הַלַּיְלָה:

יָעַץ מְחָרֵף לְנוֹפֵף אִוּוּי הוֹבַשְׁתָּ פְגָרָיו בַּלַּיְלָה.
כָּרַע בֵּל וּמַצָּבוֹ בְּאִישׁוֹן לַיְלָה.
לְאִישׁ חֲמוּדוֹת נִגְלָה רָז חֲזוֹת לַיְלָה.

וַיְהִי בַּחֲצִי הַלַּיְלָה:

מִשְׁתַּכֵּר בִּכְלֵי קֹדֶשׁ נֶהֱרַג בּוֹ בַּלַּיְלָה.
נוֹשַׁע מִבּוֹר אֲרָיוֹת פּוֹתֵר בִּעֲתוּתֵי לַיְלָה.
שִׂנְאָה נָטַר אֲגָגִי וְכָתַב סְפָרִים בַּלַּיְלָה.

וַיְהִי בַּחֲצִי הַלַּיְלָה:

עוֹרַרְתָּ נִצְחֲךָ עָלָיו בְּנֶדֶד שְׁנַת לַיְלָה.
פּוּרָה תִדְרוֹךְ לְשׁוֹמֵר מַה מִּלַּיְלָה.
צָרַח כַּשּׁוֹמֵר וְשָׂח אָתָא בֹקֶר וְגַם לַיְלָה.

וַיְהִי בַּחֲצִי הַלַּיְלָה:

*Outside of the Land of Israel, where two Seders are
held, this song is sung on the first night:*

Uv'chen vaYehi baChatzi haLaylah
(And Now, It Happened at Midnight)

It was then that You did many wondrous miracles	at night.
At the start of this watch	at night.
To the righteous convert You gave victory	
when his camp he divided	at night.
It happened at midnight!	
You judged the King of Gerar in a dream	at night.
You frightened the Aramean earlier	at night.
And Israel wrestled the angel and bested him	at night.
It happened at midnight!	
You crushed Egypt's firstborn at half of	the night.
They did not find their wealth when they arose	at night.
You dispelled Sisera's armies with the stars	of night.
It happened at midnight!	
Sancheriv shook his fist at Jerusalem,	
and his dead You made wither	at night.
The idol Bel and its pedestal You broke in the dark	of night.
To Daniel, Your treasure, You revealed secrets	at night.
It happened at midnight!	
He who got drunk with the holy vessels was killed	at night.
You saved from the lions' den	
the one who interpreted the fearful	at night.
The Aggagite bore hate and wrote his letters	at night.
It happened at midnight!	
You began his defeat by disturbing sleep	at night.
You will work the wine-press for those who watch	from night.
Shout as a watchman saying: Comes morning and also	night.
It happened at midnight!	

קָרֵב יוֹם אֲשֶׁר הוּא לֹא יוֹם וְלֹא לַיְלָה.
רָם הוֹדַע כִּי לְךָ הַיּוֹם אַף לְךָ הַלַּיְלָה.
שׁוֹמְרִים הַפְקֵד לְעִירְךָ כָּל הַיּוֹם וְכָל הַלַּיְלָה.
תָּאִיר כְּאוֹר יוֹם חֶשְׁכַּת לַיְלָה.

וַיְהִי בַּחֲצִי הַלַּיְלָה:

Outside the Land of Israel, where two Seders are held, this song is sung on the second night:

וּבְכֵן וַאֲמַרְתֶּם זֶבַח פֶּסַח:

אֹמֶץ גְּבוּרוֹתֶיךָ הִפְלֵאתָ בַּפֶּסַח.
בְּרֹאשׁ כָּל מוֹעֲדוֹת נִשֵּׂאתָ פֶּסַח.
גִּלִּיתָ לְאֶזְרָחִי חֲצוֹת לֵיל פֶּסַח.

וַאֲמַרְתֶּם זֶבַח פֶּסַח:

דְּלָתָיו דָּפַקְתָּ כְּחֹם הַיּוֹם בַּפֶּסַח.
הִסְעִיד נוֹצְצִים עֻגוֹת מַצּוֹת בַּפֶּסַח.
וְאֶל הַבָּקָר רָץ זֵכֶר לְשׁוֹר עֵרֶךְ פֶּסַח.

וַאֲמַרְתֶּם זֶבַח פֶּסַח:

זֹעֲמוּ סְדוֹמִים וְלֹהֲטוּ בָּאֵשׁ בַּפֶּסַח.
חֻלַּץ לוֹט מֵהֶם וּמַצּוֹת אָפָה בְּקֵץ פֶּסַח.
טִאטֵאתָ אַדְמַת מֹף וְנֹף בְּעָבְרְךָ בַּפֶּסַח.

וַאֲמַרְתֶּם זֶבַח פֶּסַח:

יָהּ רֹאשׁ כָּל אוֹן מָחַצְתָּ בְּלֵיל שִׁמּוּר פֶּסַח.
כַּבִּיר עַל בֵּן בְּכוֹר פָּסַחְתָּ בְּדַם פֶּסַח.
לְבִלְתִּי תֵּת מַשְׁחִית לָבֹא בִּפְתָחַי בַּפֶּסַח.

וַאֲמַרְתֶּם זֶבַח פֶּסַח:

Bring the day that is day and not	night.
Show, Most High, that Yours is the day and	night.
Appoint watchmen for Your city, for all the day and	night.
Light up as day the darkness	of night.

It happened at midnight!

Outside the Land of Israel, where two Seders are held, this song is sung on the second night:

VaAmartem Zevach Pesach
(And You Shall Say, "It Is a Pesach Offering!")

You displayed Your great power	on Pesach.
You raised up above all Festivals	Pesach.
To Avraham You revealed Yourself at midnight	of Pesach.

And you shall say, "It is a Pesach Offering!"

You knocked on his door at the heat of the day	on Pesach.
You fed fiery angels matzah cakes	on Pesach.
And to the cattle he ran, to choose a remembrance of the beast that is offered	on Pesach.

And you shall say, "It is a Pesach Offering!"

Sodomites angered You and were consumed by fire	on Pesach.
Lot was rescued, having made matzah cakes for the angels at the close	of Pesach.
You swept clean Moph and Noph [Egyptian cities] when You passed over Egypt	on Pesach.

And you shall say, "It is a Pesach Offering!"

Hashem, You struck down their firstborn on the night that is guarded	Pesach.
Mighty One, You spared our firstborn in the merit of the blood of	the Pesach.
You refused the destroyer permission to come through our doors	on Pesach.

And you shall say, "It is a Pesach Offering!"

מְסֻגֶּרֶת סֻגָּרָה בְּעִתּוֹתֵי פֶּסַח.
נִשְׁמְדָה מִדְיָן בִּצְלִיל שְׂעוֹרֵי עֹמֶר פֶּסַח.
שׂוֹרְפוּ מִשְׁמַנֵּי פּוּל וְלוּד בִּיקַד יְקוֹד פֶּסַח.

וַאֲמַרְתֶּם זֶבַח פֶּסַח:

עוֹד הַיּוֹם בְּנֹב לַעֲמֹד עַד גָּעָה עוֹנַת פֶּסַח.
פַּס יַד כָּתְבָה לְקַעֲקֵעַ צוּל בַּפֶּסַח.
צָפֹה הַצָּפִית עָרוֹךְ הַשֻּׁלְחָן בַּפֶּסַח.

וַאֲמַרְתֶּם זֶבַח פֶּסַח:

קָהָל כִּנְּסָה הֲדַסָּה צוֹם לְשַׁלֵּשׁ בַּפֶּסַח.
רֹאשׁ מִבֵּית רָשָׁע מָחַצְתָּ בְּעֵץ חֲמִשִּׁים בַּפֶּסַח.
שְׁתֵּי אֵלֶּה רֶגַע תָּבִיא לְעוּצִית בַּפֶּסַח.
תָּעֹז יָדְךָ וְתָרוּם יְמִינְךָ כְּלֵיל הִתְקַדֵּשׁ חַג פֶּסַח.

וַאֲמַרְתֶּם זֶבַח פֶּסַח:

כִּי לוֹ נָאֶה. כִּי לוֹ יָאֶה

אַדִּיר בִּמְלוּכָה. בָּחוּר כַּהֲלָכָה. גְּדוּדָיו יֹאמְרוּ לוֹ: לְךָ וּלְךָ. לְךָ כִּי לְךָ. לְךָ אַף לְךָ. לְךָ יְהֹוָה הַמַּמְלָכָה.

כִּי לוֹ נָאֶה. כִּי לוֹ יָאֶה:

דָּגוּל בִּמְלוּכָה. הָדוּר כַּהֲלָכָה. וָתִיקָיו יֹאמְרוּ לוֹ: לְךָ וּלְךָ. לְךָ כִּי לְךָ. לְךָ אַף לְךָ. לְךָ יְהֹוָה הַמַּמְלָכָה.

כִּי לוֹ נָאֶה. כִּי לוֹ יָאֶה:

זַכַּאי בִּמְלוּכָה. חָסִין כַּהֲלָכָה. טַפְסְרָיו יֹאמְרוּ לוֹ: לְךָ וּלְךָ. לְךָ כִּי לְךָ. לְךָ אַף לְךָ. לְךָ יְיָ הַמַּמְלָכָה.

כִּי לוֹ נָאֶה. כִּי לוֹ יָאֶה:

Jericho was besieged during their fears of Pesach.
Midyan was destroyed by Gideon's omer of barley on Pesach.
Sancheriv's army led by Pul and Lud was burned on Pesach.
And you shall say, "It is a Pesach Offering!"

Sancheriv threatened to be at Nob,
but retribution came to him at the time of Pesach.
The hand wrote on the wall of Bavel's fall on Pesach.
Balshazar's watchmen set the festive table on Pesach.
And you shall say, "It is a Pesach Offering!"

Esther gathered the people to fast three days on Pesach.
The heir of Amalek was hanged on the gallows on Pesach.
Double misfortune will You bring upon Edom on Pesach.
May Your Hand be strong, Your right upraised,
as the night You sanctified the Festival of Pesach.
And you shall say, "It is a Pesach Offering!"

Ki Lo Na'eh

(Because to Him It Is Fitting)

Mighty in His Kingship, truly Supreme. His companies of angels say to Him: To You and to You; To You because it is to You; To You and only to You; To You, Hashem, is the Kingship.

Because to Him it is fitting. Because to Him it is due.

Celebrated in His Kingship, truly Glorious is faithful say to Him: To You and to You; To You because it is to You; To You and only to You; To You, Hashem, is the Kingship.

Because to Him it is fitting. Because to Him it is due.

Pristine in His Kingship, truly Powerful. His princely angels say to Him: To You and to You; To You because it is to You; To You and only to You; To You, Hashem, is the Kingship.

Because to Him it is fitting. Because to Him it is due.

יָחִיד בִּמְלוּכָה. כַּבִּיר כַּהֲלָכָה. לִמּוּדָיו יֹאמְרוּ לוֹ: לְךָ וּלְךָ. לְךָ כִּי לְךָ. לְךָ אַף לְךָ. לְךָ יְיָ הַמַּמְלָכָה.

כִּי לוֹ נָאֶה. כִּי לוֹ יָאֶה:

מוֹשֵׁל בִּמְלוּכָה. נוֹרָא כַּהֲלָכָה. סְבִיבָיו יֹאמְרוּ לוֹ: לְךָ וּלְךָ. לְךָ כִּי לְךָ. לְךָ אַף לְךָ. לְךָ יְיָ הַמַּמְלָכָה.

כִּי לוֹ נָאֶה. כִּי לוֹ יָאֶה:

עָנָו בִּמְלוּכָה. פּוֹדֶה כַּהֲלָכָה. צַדִּיקָיו יֹאמְרוּ לוֹ: לְךָ וּלְךָ. לְךָ כִּי לְךָ. לְךָ אַף לְךָ. לְךָ יְיָ הַמַּמְלָכָה.

כִּי לוֹ נָאֶה. כִּי לוֹ יָאֶה:

קָדוֹשׁ בִּמְלוּכָה. רַחוּם כַּהֲלָכָה. שִׁנְאַנָּיו יֹאמְרוּ לוֹ: לְךָ וּלְךָ. לְךָ כִּי לְךָ. לְךָ אַף לְךָ. לְךָ יְיָ הַמַּמְלָכָה.

כִּי לוֹ נָאֶה. כִּי לוֹ יָאֶה:

תַּקִּיף בִּמְלוּכָה. תּוֹמֵךְ כַּהֲלָכָה. תְּמִימָיו יֹאמְרוּ לוֹ: לְךָ וּלְךָ. לְךָ כִּי לְךָ. לְךָ אַף לְךָ. לְךָ יְיָ הַמַּמְלָכָה.

כִּי לוֹ נָאֶה. כִּי לוֹ יָאֶה:

אַדִּיר הוּא

אַדִּיר הוּא יִבְנֶה בֵיתוֹ בְּקָרוֹב. בִּמְהֵרָה בִּמְהֵרָה בְּיָמֵינוּ בְּקָרוֹב.

אֵל בְּנֵה אֵל בְּנֵה. בְּנֵה בֵיתְךָ בְּקָרוֹב:

בָּחוּר הוּא. גָּדוֹל הוּא. דָּגוּל הוּא. יִבְנֶה בֵיתוֹ בְּקָרוֹב. בִּמְהֵרָה בִּמְהֵרָה בְּיָמֵינוּ בְּקָרוֹב.

אֵל בְּנֵה אֵל בְּנֵה. בְּנֵה בֵיתְךָ בְּקָרוֹב:

Alone in Kingship, truly Mighty. His disciples say to Him:
To You and to You; To You because it is to You; To You
and only to You; To You, Hashem, is the Kingship.
Because to Him it is fitting. Because to Him it is due.

Ruler in Kingship, truly Awesome. Those around Him say:
To You and to You; To You because it is to You; To You
and only to You; To You, Hashem, is the Kingship.
Because to Him it is fitting. Because to Him it is due.

Humble in Kingship, truly a Redeemer. His righteous ones say to
Him: To You and to You; To You because it is to You; To You
and only to You; To You, Hashem, is the Kingship.
Because to Him it is fitting. Because to Him it is due.

Holy in Kingship, truly merciful. His choruses of angels say to Him:
To You and to You; To You because it is to You; To You
and only to You; To You, Hashem, is the Kingship.
Because to Him it is fitting. Because to Him it is due.

Powerful in Kingship, truly Sustaining. His perfect ones say to Him:
To You and to You; To You because it is to You; To You
and only to You; To You, Hashem, is the Kingship.
Because to Him it is fitting. Because to Him it is due.

Adir Hu
(Mighty Is He)

Mighty is He; May He build His House soon.
Speedily, speedily, in our days. Soon!
Build O G-d, build! Build O G-d, build! Build Your House! Soon!

Supreme is He; Great is He; Celebrated is He; May He build
His House soon. Speedily, speedily, in our days. Soon!
Build O G-d, build! Build O G-d, build! Build Your House! Soon!

הָדוּר הוּא. וָתִיק הוּא. זַכַּאי הוּא. חָסִיד הוּא. יִבְנֶה בֵיתוֹ בְּקָרוֹב. בִּמְהֵרָה בִּמְהֵרָה בְּיָמֵינוּ בְּקָרוֹב.

אֵל בְּנֵה אֵל בְּנֵה. בְּנֵה בֵיתְךָ בְּקָרוֹב:

טָהוֹר הוּא. יָחִיד הוּא. כַּבִּיר הוּא. לָמוּד הוּא. מֶלֶךְ הוּא. יִבְנֶה בֵיתוֹ בְּקָרוֹב. בִּמְהֵרָה בִּמְהֵרָה בְּיָמֵינוּ בְּקָרוֹב.

אֵל בְּנֵה אֵל בְּנֵה. בְּנֵה בֵיתְךָ בְּקָרוֹב:

נוֹרָא הוּא. שַׂגִּיב הוּא. עִזּוּז הוּא. פּוֹדֶה הוּא. צַדִּיק הוּא. יִבְנֶה בֵיתוֹ בְּקָרוֹב. בִּמְהֵרָה בִּמְהֵרָה בְּיָמֵינוּ בְּקָרוֹב.

אֵל בְּנֵה אֵל בְּנֵה. בְּנֵה בֵיתְךָ בְּקָרוֹב:

קָדוֹשׁ הוּא. רַחוּם הוּא. שַׁדַּי הוּא. תַּקִּיף הוּא. יִבְנֶה בֵיתוֹ בְּקָרוֹב. בִּמְהֵרָה בִּמְהֵרָה בְּיָמֵינוּ בְּקָרוֹב.

אֵל בְּנֵה אֵל בְּנֵה. בְּנֵה בֵיתְךָ בְּקָרוֹב:

סְפִירַת הָעוֹמֶר

Outside of the Land of Israel, those who have not yet counted the Omer on the second night of Pesach do so now.

בָּרוּךְ אַתָּה יְהוָה אֱלֹהֵינוּ מֶלֶךְ הָעוֹלָם אֲשֶׁר קִדְּשָׁנוּ בְּמִצְוֹתָיו וְצִוָּנוּ עַל סְפִירַת הָעוֹמֶר:

הַיּוֹם יוֹם אֶחָד לָעוֹמֶר:

יְהִי רָצוֹן מִלְּפָנֶיךָ יְהוָה אֱלֹהֵינוּ וֵאלֹהֵי אֲבוֹתֵינוּ שֶׁיִּבָּנֶה בֵּית הַמִּקְדָּשׁ בִּמְהֵרָה בְיָמֵינוּ וְתֵן חֶלְקֵנוּ בְּתוֹרָתֶיךָ. וְשָׁם נַעֲבָדְךָ בְּיִרְאָה כִּימֵי עוֹלָם וּכְשָׁנִים קַדְמוֹנִיּוֹת:

אֶחָד מִי יוֹדֵעַ

אֶחָד אֲנִי יוֹדֵעַ. אֶחָד אֱלֹהֵינוּ שֶׁבַּשָּׁמַיִם וּבָאָרֶץ:

שְׁנַיִם מִי יוֹדֵעַ. שְׁנַיִם אֲנִי יוֹדֵעַ. שְׁנֵי לוּחוֹת הַבְּרִית. אֶחָד אֱלֹהֵינוּ שֶׁבַּשָּׁמַיִם וּבָאָרֶץ:

Splendid is He; Faithful is He; Just is He; Righteous is He; May He build His House soon. Speedily, speedily, in our days. Soon!
Build O G-d, build! Build O G-d, build! Build Your House! Soon!

Pure is He; Unique is He; Mighty is He; Victorious is He; King is He; Awesome is He; May He build His House soon. Speedily, speedily, in our days. Soon!
Build O G-d, build! Build O G-d, build! Build Your House! Soon!

Sublime is He; Strong is He; a Redeemer is He; Upright is He; Holy is He; Merciful is He; Unlimited is He; Powerful is He: May He build His House soon. Speedily, speedily, in our days. Soon!
Build O G-d, build! Build O G-d, build! Build Your House! Soon!

COUNTING THE OMER

Outside of the Land of Israel, those who have not yet counted the Omer on the second night of Pesach do so now.

BLESSED ARE YOU, Hashem our G-d, King of the Universe, Who has sanctified us with His mitzvos, and has commanded us regarding the counting of the Omer.

TODAY IS THE FIRST DAY OF THE OMER.

MAY IT BE YOUR WILL, Hashem, our G-d and G-d of our fathers, that the Temple be speedily rebuilt in our days, and give us our portion in your Torah, so that we may serve You there with awe as in the days of old and as in former years.

Echad Mi Yode'a
(Who Knows One?)

WHO KNOWS ONE? I know one: One is our G-d Who is in Heaven and earth.

WHO KNOWS TWO? I know two: two Tablets of the Covenant; One is our G-d Who is in Heaven and earth.

שְׁלֹשָׁה מִי יוֹדֵעַ. שְׁלֹשָׁה אֲנִי יוֹדֵעַ. שְׁלֹשָׁה אָבוֹת. שְׁנֵי לוּחוֹת הַבְּרִית. אֶחָד אֱלֹהֵינוּ שֶׁבַּשָּׁמַיִם וּבָאָרֶץ:

אַרְבַּע מִי יוֹדֵעַ. אַרְבַּע אֲנִי יוֹדֵעַ. אַרְבַּע אִמָּהוֹת. שְׁלֹשָׁה אָבוֹת. שְׁנֵי לוּחוֹת הַבְּרִית. אֶחָד אֱלֹהֵינוּ שֶׁבַּשָּׁמַיִם וּבָאָרֶץ:

חֲמִשָּׁה מִי יוֹדֵעַ. חֲמִשָּׁה אֲנִי יוֹדֵעַ. חֲמִשָּׁה חֻמְשֵׁי תוֹרָה. אַרְבַּע אִמָּהוֹת. שְׁלֹשָׁה אָבוֹת. שְׁנֵי לוּחוֹת הַבְּרִית. אֶחָד אֱלֹהֵינוּ שֶׁבַּשָּׁמַיִם וּבָאָרֶץ:

שִׁשָּׁה מִי יוֹדֵעַ. שִׁשָּׁה אֲנִי יוֹדֵעַ. שִׁשָּׁה סִדְרֵי מִשְׁנָה. חֲמִשָּׁה חֻמְשֵׁי תוֹרָה. אַרְבַּע אִמָּהוֹת. שְׁלֹשָׁה אָבוֹת. שְׁנֵי לוּחוֹת הַבְּרִית. אֶחָד אֱלֹהֵינוּ שֶׁבַּשָּׁמַיִם וּבָאָרֶץ:

שִׁבְעָה מִי יוֹדֵעַ. שִׁבְעָה אֲנִי יוֹדֵעַ. שִׁבְעָה יְמֵי שַׁבַּתָּא. שִׁשָּׁה סִדְרֵי מִשְׁנָה. חֲמִשָּׁה חֻמְשֵׁי תוֹרָה. אַרְבַּע אִמָּהוֹת. שְׁלֹשָׁה אָבוֹת. שְׁנֵי לוּחוֹת הַבְּרִית. אֶחָד אֱלֹהֵינוּ שֶׁבַּשָּׁמַיִם וּבָאָרֶץ:

שְׁמוֹנָה מִי יוֹדֵעַ. שְׁמוֹנָה אֲנִי יוֹדֵעַ. שְׁמוֹנָה יְמֵי מִילָה. שִׁבְעָה יְמֵי שַׁבַּתָּא. שִׁשָּׁה סִדְרֵי מִשְׁנָה. חֲמִשָּׁה חֻמְשֵׁי תוֹרָה. אַרְבַּע אִמָּהוֹת. שְׁלֹשָׁה אָבוֹת. שְׁנֵי לוּחוֹת הַבְּרִית. אֶחָד אֱלֹהֵינוּ שֶׁבַּשָּׁמַיִם וּבָאָרֶץ:

תִּשְׁעָה מִי יוֹדֵעַ. תִּשְׁעָה אֲנִי יוֹדֵעַ. תִּשְׁעָה יַרְחֵי לֵדָה. שְׁמוֹנָה יְמֵי מִילָה. שִׁבְעָה יְמֵי שַׁבַּתָּא. שִׁשָּׁה סִדְרֵי מִשְׁנָה. חֲמִשָּׁה חֻמְשֵׁי תוֹרָה. אַרְבַּע אִמָּהוֹת. שְׁלֹשָׁה אָבוֹת. שְׁנֵי לוּחוֹת הַבְּרִית. אֶחָד אֱלֹהֵינוּ שֶׁבַּשָּׁמַיִם וּבָאָרֶץ:

עֲשָׂרָה מִי יוֹדֵעַ. עֲשָׂרָה אֲנִי יוֹדֵעַ. עֲשָׂרָה דִבְּרַיָּא. תִּשְׁעָה יַרְחֵי לֵדָה. שְׁמוֹנָה יְמֵי מִילָה. שִׁבְעָה יְמֵי שַׁבַּתָּא. שִׁשָּׁה סִדְרֵי מִשְׁנָה. חֲמִשָּׁה חוּמְשֵׁי תוֹרָה. אַרְבַּע אִמָּהוֹת. שְׁלֹשָׁה אָבוֹת. שְׁנֵי לוּחוֹת הַבְּרִית. אֶחָד אֱלֹהֵינוּ שֶׁבַּשָּׁמַיִם וּבָאָרֶץ:

אַחַד עָשָׂר מִי יוֹדֵעַ. אַחַד עָשָׂר אֲנִי יוֹדֵעַ. אַחַד עָשָׂר כּוֹכְבַיָּא. עֲשָׂרָה דִבְּרַיָּא. תִּשְׁעָה יַרְחֵי לֵדָה. שְׁמוֹנָה יְמֵי מִילָה. שִׁבְעָה יְמֵי שַׁבַּתָּא. שִׁשָּׁה סִדְרֵי מִשְׁנָה. חֲמִשָּׁה חֻמְשֵׁי תוֹרָה. אַרְבַּע אִמָּהוֹת. שְׁלֹשָׁה אָבוֹת. שְׁנֵי לוּחוֹת הַבְּרִית. אֶחָד אֱלֹהֵינוּ שֶׁבַּשָּׁמַיִם וּבָאָרֶץ:

WHO KNOWS THREE? I know three: three Fathers, two Tablets of the Covenant; One is our G-d Who is in Heaven and earth.

WHO KNOWS FOUR? I know four: four Mothers, three Fathers, two Tablets of the Covenant; One is our G-d Who is in Heaven and earth.

WHO KNOWS FIVE? I know five: five Books of the Chumash, four Mothers, three Fathers, two Tablets of the Covenant; One is our G-d Who is in Heaven and earth.

WHO KNOWS SIX? I know six: six Orders of the Mishnah, five Books of the Chumash, four Mothers, three Fathers, two Tablets of the Covenant; One is our G-d Who is in Heaven and earth.

WHO KNOWS SEVEN? I know seven: seven days in a Shabbos [week], six Orders of the Mishnah, five Books of the Chumash, four Mothers, three Fathers, two Tablets of the Covenant; One is our G-d Who is in Heaven and earth.

WHO KNOWS EIGHT? I know eight: eight days until a *Bris*, seven days in a Shabbos, six Orders of the Mishnah, five Books of the Chumash, four Mothers, three Fathers, two Tablets of the Covenant; One is our G-d Who is in Heaven and earth.

WHO KNOWS NINE? I know nine: nine months until a birth, eight days until a *Bris*, seven days in a Shabbos, six Orders of the Mishnah, five Books of the Chumash, four Mothers, three Fathers, two Tablets of the Covenant; One is our G-d Who is in Heaven and earth.

WHO KNOWS TEN? I know ten: ten Commandments, nine months until a birth, eight days until a *Bris*, seven days in a Shabbos, six Orders of the Mishnah, five Books of the Chumash, four Mothers, three Fathers, two Tablets of the Covenant; One is our G-d Who is in Heaven and earth.

WHO KNOWS ELEVEN? I know eleven: eleven stars [in Yosef's dream], ten Commandments, nine months until a birth, eight days until a *Bris*, seven days in a Shabbos, six Orders of the Mishnah, five Books of the Chumash, four Mothers, three Fathers, two Tablets of the Covenant; One is our G-d Who is in Heaven and earth.

שְׁנֵים עָשָׂר מִי יוֹדֵעַ. שְׁנֵים עָשָׂר אֲנִי יוֹדֵעַ. שְׁנֵים עָשָׂר שִׁבְטַיָּא. אַחַד עָשָׂר כּוֹכְבַיָּא. עֲשָׂרָה דִבְּרַיָּא. תִּשְׁעָה יַרְחֵי לֵדָה. שְׁמוֹנָה יְמֵי מִילָה. שִׁבְעָה יְמֵי שַׁבַּתָּא. שִׁשָּׁה סִדְרֵי מִשְׁנָה. חֲמִשָּׁה חֻמְשֵׁי תוֹרָה. אַרְבַּע אִמָּהוֹת. שְׁלֹשָׁה אָבוֹת. שְׁנֵי לוּחוֹת הַבְּרִית. אֶחָד אֱלֹהֵינוּ שֶׁבַּשָּׁמַיִם וּבָאָרֶץ:

שְׁלֹשָׁה עָשָׂר מִי יוֹדֵעַ. שְׁלֹשָׁה עָשָׂר אֲנִי יוֹדֵעַ. שְׁלֹשָׁה עָשָׂר מִדַּיָּא. שְׁנֵים עָשָׂר שִׁבְטַיָּא. אַחַד עָשָׂר כּוֹכְבַיָּא. עֲשָׂרָה דִבְּרַיָּא. תִּשְׁעָה יַרְחֵי לֵדָה. שְׁמוֹנָה יְמֵי מִילָה. שִׁבְעָה יְמֵי שַׁבַּתָּא. שִׁשָּׁה סִדְרֵי מִשְׁנָה. חֲמִשָּׁה חֻמְשֵׁי תוֹרָה. אַרְבַּע אִמָּהוֹת. שְׁלֹשָׁה אָבוֹת. שְׁנֵי לוּחוֹת הַבְּרִית. אֶחָד אֱלֹהֵינוּ שֶׁבַּשָּׁמַיִם וּבָאָרֶץ:

חַד גַּדְיָא

חַד גַּדְיָא, חַד גַּדְיָא. דְּזַבִּין אַבָּא בִּתְרֵי זוּזֵי.

חַד גַּדְיָא, חַד גַּדְיָא.

וְאָתָא שׁוּנְרָא, וְאָכְלָה לְגַדְיָא, דְּזַבִּין אַבָּא בִּתְרֵי זוּזֵי.

חַד גַּדְיָא, חַד גַּדְיָא.

וְאָתָא כַלְבָּא, וְנָשַׁךְ לְשׁוּנְרָא, דְּאָכְלָה לְגַדְיָא, דְּזַבִּין אַבָּא בִּתְרֵי זוּזֵי.

חַד גַּדְיָא, חַד גַּדְיָא.

וְאָתָא חֻטְרָא, וְהִכָּה לְכַלְבָּא, דְּנָשַׁךְ לְשׁוּנְרָא, דְּאָכְלָה לְגַדְיָא, דְּזַבִּין אַבָּא בִּתְרֵי זוּזֵי.

חַד גַּדְיָא, חַד גַּדְיָא.

וְאָתָא נוּרָא, וְשָׂרַף לְחֻטְרָא, דְּהִכָּה לְכַלְבָּא, דְּנָשַׁךְ לְשׁוּנְרָא, דְּאָכְלָה לְגַדְיָא, דְּזַבִּין אַבָּא בִּתְרֵי זוּזֵי.

חַד גַּדְיָא, חַד גַּדְיָא.

וְאָתָא מַיָּא, וְכָבָה לְנוּרָא, דְּשָׂרַף לְחֻטְרָא, דְּהִכָּה לְכַלְבָּא, דְּנָשַׁךְ לְשׁוּנְרָא, דְּאָכְלָה לְגַדְיָא, דְּזַבִּין אַבָּא בִּתְרֵי זוּזֵי.

חַד גַּדְיָא, חַד גַּדְיָא.

WHO KNOWS TWELVE? I know twelve: twelve tribes, eleven stars, ten Commandments, nine months until a birth, eight days until a *Bris*, seven days in a Shabbos, six Orders of the Mishnah, five Books of the Chumash, four Mothers, three Fathers, two Tablets of the Covenant; One is our G-d Who is in Heaven and earth.

WHO KNOWS THIRTEEN? I know thirteen: thirteen *Middos* [*HaKadosh Baruch Hu*'s attributes of mercy], twelve tribes, eleven stars, ten Commandments, nine months until a birth, eight days until a *Bris*, seven days in a Shabbos, six Orders of the Mishnah, five Books of the Chumash, four Mothers, three Fathers, two Tablets of the Covenant; One is our G-d Who is in Heaven and earth.

Chad Gadya
(One Kid)

One kid, one kid, that my father bought for two *zuzim*.
One kid, one kid.

Then came a cat and ate the kid my father bought for two *zuzim*.
One kid, one kid.

Then came a dog and bit the cat that ate
the kid my father bought for two *zuzim*.
One kid, one kid.

Then came a stick and hit the dog that bit the cat that ate the
kid my father bought for two *zuzim*.
One kid, one kid.

Then came fire and burned the stick that hit the dog that bit
the cat that ate the kid my father bought for two *zuzim*.
One kid, one kid.

Then came water and put out the fire that burned the stick that hit the
dog that bit the cat that ate the kid my father bought for two *zuzim*.
One kid, one kid.

וְאָתָא תוֹרָא, וְשָׁתָה לְמַיָּא, דְּכָבָה לְנוּרָא, דְּשָׂרַף לְחֻטְרָא, דְּהִכָּה לְכַלְבָּא, דְּנָשַׁךְ לְשׁוּנְרָא, דְּאָכְלָה לְגַדְיָא, דְּזַבִּין אַבָּא בִּתְרֵי זוּזֵי.

חַד גַּדְיָא, חַד גַּדְיָא.

וְאָתָא הַשּׁוֹחֵט, וְשָׁחַט לְתוֹרָא, דְּשָׁתָה לְמַיָּא, דְּכָבָה לְנוּרָא, דְּשָׂרַף לְחֻטְרָא, דְּהִכָּה לְכַלְבָּא, דְּנָשַׁךְ לְשׁוּנְרָא, דְּאָכְלָה לְגַדְיָא, דְּזַבִּין אַבָּא בִּתְרֵי זוּזֵי.

חַד גַּדְיָא, חַד גַּדְיָא.

וְאָתָא מַלְאַךְ הַמָּוֶת, וְשָׁחַט לְשׁוֹחֵט, דְּשָׁחַט לְתוֹרָא, דְּשָׁתָה לְמַיָּא, דְּכָבָה לְנוּרָא, דְּשָׂרַף לְחוּטְרָא, דְּהִכָּה לְכַלְבָּא, דְּנָשַׁךְ לְשׁוּנְרָא, דְּאָכְלָה לְגַדְיָא, דְּזַבִּין אַבָּא בִּתְרֵי זוּזֵי.

חַד גַּדְיָא, חַד גַּדְיָא.

וְאָתָא הַקָּדוֹשׁ בָּרוּךְ הוּא, וְשָׁחַט לְמַלְאַךְ הַמָּוֶת דְּשָׁחַט לְשׁוֹחֵט, דְּשָׁחַט לְתוֹרָא, דְּשָׁתָה לְמַיָּא, דְּכָבָה לְנוּרָא, דְּשָׂרַף לְחוּטְרָא, דְּהִכָּה לְכַלְבָּא, דְּנָשַׁךְ לְשׁוּנְרָא, דְּאָכְלָה לְגַדְיָא, דְּזַבִּין אַבָּא בִּתְרֵי זוּזֵי.

חַד גַּדְיָא, חַד גַּדְיָא.

Then came a bull and drank the water that put out the fire that burned the stick that hit the dog that bit the cat that ate the kid my father bought for two *zuzim*.
One kid, one kid.

Then came the *shochet* and slaughtered the bull that drank the water that put out the fire that burned the stick that hit the dog that bit the cat that ate the kid my father bought for two *zuzim*.
One kid, one kid.

Then came the Angel of Death and slaughtered the *shochet* who slaughtered the bull that drank the water that put out the fire that burned the stick that hit the dog that bit the cat that ate the kid my father bought for two *zuzim*.
One kid, one kid.

Then came the Holy One, Blessed is He and slaughtered the Angel of Death that slaughtered the *shochet* who slaughtered the bull that drank the water that put out the fire that burned the stick that hit the dog that bit the cat that ate the kid my father bought for two *zuzim*.
One kid, one kid.

🕮 שיר השירים 🕮

פרק א

א שִׁיר הַשִּׁירִים אֲשֶׁר לִשְׁלֹמֹה: ב יִשָּׁקֵנִי מִנְּשִׁיקוֹת פִּיהוּ כִּי־טוֹבִים דֹּדֶיךָ מִיָּיִן: ג לְרֵיחַ שְׁמָנֶיךָ טוֹבִים שֶׁמֶן תּוּרַק שְׁמֶךָ עַל־כֵּן עֲלָמוֹת אֲהֵבוּךָ: ד מָשְׁכֵנִי אַחֲרֶיךָ נָּרוּצָה הֱבִיאַנִי הַמֶּלֶךְ חֲדָרָיו נָגִילָה וְנִשְׂמְחָה בָּךְ נַזְכִּירָה דֹדֶיךָ מִיַּיִן מֵישָׁרִים אֲהֵבוּךָ: ה שְׁחוֹרָה אֲנִי וְנָאוָה בְּנוֹת יְרוּשָׁלָםִ כְּאָהֳלֵי קֵדָר כִּירִיעוֹת שְׁלֹמֹה: ו אַל־תִּרְאוּנִי שֶׁאֲנִי שְׁחַרְחֹרֶת שֶׁשֱּׁזָפַתְנִי הַשָּׁמֶשׁ בְּנֵי אִמִּי נִחֲרוּ־בִי שָׂמֻנִי נֹטֵרָה אֶת־הַכְּרָמִים כַּרְמִי שֶׁלִּי לֹא נָטָרְתִּי: ז הַגִּידָה לִּי שֶׁאָהֲבָה נַפְשִׁי אֵיכָה תִרְעֶה אֵיכָה תַּרְבִּיץ בַּצָּהֳרָיִם שַׁלָּמָה אֶהְיֶה כְּעֹטְיָה עַל עֶדְרֵי חֲבֵרֶיךָ: ח אִם־לֹא תֵדְעִי לָךְ הַיָּפָה בַּנָּשִׁים צְאִי־לָךְ בְּעִקְבֵי הַצֹּאן וּרְעִי אֶת־גְּדִיֹּתַיִךְ עַל מִשְׁכְּנוֹת הָרֹעִים: ט לְסֻסָתִי בְּרִכְבֵי פַרְעֹה דִּמִּיתִיךְ רַעְיָתִי: י נָאווּ לְחָיַיִךְ בַּתֹּרִים צַוָּארֵךְ בַּחֲרוּזִים: יא תּוֹרֵי זָהָב נַעֲשֶׂה־לָּךְ עִם נְקֻדּוֹת הַכָּסֶף: יב עַד־שֶׁהַמֶּלֶךְ בִּמְסִבּוֹ נִרְדִּי נָתַן רֵיחוֹ: יג צְרוֹר הַמֹּר | דּוֹדִי לִי בֵּין שָׁדַי יָלִין: יד אֶשְׁכֹּל הַכֹּפֶר | דּוֹדִי לִי בְּכַרְמֵי עֵין גֶּדִי: טו הִנָּךְ יָפָה רַעְיָתִי הִנָּךְ יָפָה עֵינַיִךְ יוֹנִים: טז הִנְּךָ יָפֶה דוֹדִי אַף נָעִים אַף־עַרְשֵׂנוּ רַעֲנָנָה: יז קֹרוֹת בָּתֵּינוּ אֲרָזִים רחיטנו [רַהִיטֵנוּ] בְּרוֹתִים:

פרק ב

א אֲנִי חֲבַצֶּלֶת הַשָּׁרוֹן שׁוֹשַׁנַּת הָעֲמָקִים: ב כְּשׁוֹשַׁנָּה בֵּין הַחוֹחִים כֵּן רַעְיָתִי בֵּין הַבָּנוֹת: ג כְּתַפּוּחַ בַּעֲצֵי הַיַּעַר כֵּן דּוֹדִי בֵּין הַבָּנִים בְּצִלּוֹ

חִמַּדְתִּי וְיָשַׁבְתִּי וּפִרְיוֹ מָתוֹק לְחִכִּי׃ ד הֱבִיאַנִי אֶל־בֵּית הַיָּיִן וְדִגְלוֹ
עָלַי אַהֲבָה׃ ה סַמְּכוּנִי בָּאֲשִׁישׁוֹת רַפְּדוּנִי בַּתַּפּוּחִים כִּי־חוֹלַת אַהֲבָה
אָנִי׃ ו שְׂמֹאלוֹ תַּחַת לְרֹאשִׁי וִימִינוֹ תְּחַבְּקֵנִי׃ ז הִשְׁבַּעְתִּי אֶתְכֶם בְּנוֹת
יְרוּשָׁלַםִ בִּצְבָאוֹת אוֹ בְּאַיְלוֹת הַשָּׂדֶה אִם־תָּעִירוּ | וְאִם־תְּעוֹרְרוּ
אֶת־הָאַהֲבָה עַד שֶׁתֶּחְפָּץ׃ ח קוֹל דּוֹדִי הִנֵּה־זֶה בָּא מְדַלֵּג עַל־
הֶהָרִים מְקַפֵּץ עַל־הַגְּבָעוֹת׃ ט דּוֹמֶה דוֹדִי לִצְבִי אוֹ לְעֹפֶר הָאַיָּלִים
הִנֵּה־זֶה עוֹמֵד אַחַר כָּתְלֵנוּ מַשְׁגִּיחַ מִן־הַחַלֹּנוֹת מֵצִיץ מִן־הַחֲרַכִּים׃
י עָנָה דוֹדִי וְאָמַר לִי קוּמִי לָךְ רַעְיָתִי יָפָתִי וּלְכִי־לָךְ׃ יא כִּי־הִנֵּה הַסְּתָו
עָבָר הַגֶּשֶׁם חָלַף הָלַךְ לוֹ׃ יב הַנִּצָּנִים נִרְאוּ בָאָרֶץ עֵת הַזָּמִיר הִגִּיעַ
וְקוֹל הַתּוֹר נִשְׁמַע בְּאַרְצֵנוּ׃ יג הַתְּאֵנָה חָנְטָה פַגֶּיהָ וְהַגְּפָנִים | סְמָדַר
נָתְנוּ רֵיחַ קוּמִי לכי [לָךְ] רַעְיָתִי יָפָתִי וּלְכִי־לָךְ׃ יד יוֹנָתִי בְּחַגְוֵי
הַסֶּלַע בְּסֵתֶר הַמַּדְרֵגָה הַרְאִינִי אֶת־מַרְאַיִךְ הַשְׁמִיעִינִי אֶת־קוֹלֵךְ
כִּי־קוֹלֵךְ עָרֵב וּמַרְאֵיךְ נָאוֶה׃ טו אֶחֱזוּ־לָנוּ שׁוּעָלִים שׁוּעָלִים
קְטַנִּים מְחַבְּלִים כְּרָמִים וּכְרָמֵינוּ סְמָדַר׃ טז דּוֹדִי לִי וַאֲנִי לוֹ הָרֹעֶה
בַּשּׁוֹשַׁנִּים׃ יז עַד שֶׁיָּפוּחַ הַיּוֹם וְנָסוּ הַצְּלָלִים סֹב דְּמֵה־לְךָ דוֹדִי לִצְבִי
אוֹ לְעֹפֶר הָאַיָּלִים עַל־הָרֵי בָתֶר׃

פרק ג

א עַל־מִשְׁכָּבִי בַּלֵּילוֹת בִּקַּשְׁתִּי אֵת שֶׁאָהֲבָה נַפְשִׁי בִּקַּשְׁתִּיו וְלֹא
מְצָאתִיו׃ ב אָקוּמָה נָּא וַאֲסוֹבְבָה בָעִיר בַּשְּׁוָקִים וּבָרְחֹבוֹת אֲבַקְשָׁה
אֵת שֶׁאָהֲבָה נַפְשִׁי בִּקַּשְׁתִּיו וְלֹא מְצָאתִיו׃ ג מְצָאוּנִי הַשֹּׁמְרִים
הַסֹּבְבִים בָּעִיר אֵת שֶׁאָהֲבָה נַפְשִׁי רְאִיתֶם׃ ד כִּמְעַט שֶׁעָבַרְתִּי
מֵהֶם עַד שֶׁמָּצָאתִי אֵת שֶׁאָהֲבָה נַפְשִׁי אֲחַזְתִּיו וְלֹא אַרְפֶּנּוּ עַד־
שֶׁהֲבֵיאתִיו אֶל־בֵּית אִמִּי וְאֶל־חֶדֶר הוֹרָתִי׃ ה הִשְׁבַּעְתִּי אֶתְכֶם

בְּנוֹת יְרוּשָׁלַםִ בִּצְבָאוֹת אוֹ בְּאַיְלוֹת הַשָּׂדֶה אִם־תָּעִירוּ | וְאִם־
תְּעוֹרְרוּ אֶת־הָאַהֲבָה עַד שֶׁתֶּחְפָּץ׃ ו מִי זֹאת עֹלָה מִן־הַמִּדְבָּר
כְּתִימְרוֹת עָשָׁן מְקֻטֶּרֶת מוֹר וּלְבוֹנָה מִכֹּל אַבְקַת רוֹכֵל׃ ז הִנֵּה מִטָּתוֹ
שֶׁלִּשְׁלֹמֹה שִׁשִּׁים גִּבֹּרִים סָבִיב לָהּ מִגִּבֹּרֵי יִשְׂרָאֵל׃ ח כֻּלָּם אֲחֻזֵי חֶרֶב
מְלֻמְּדֵי מִלְחָמָה אִישׁ חַרְבּוֹ עַל־יְרֵכוֹ מִפַּחַד בַּלֵּילוֹת׃ ט אַפִּרְיוֹן
עָשָׂה לוֹ הַמֶּלֶךְ שְׁלֹמֹה מֵעֲצֵי הַלְּבָנוֹן׃ י עַמּוּדָיו עָשָׂה כֶסֶף רְפִידָתוֹ
זָהָב מֶרְכָּבוֹ אַרְגָּמָן תּוֹכוֹ רָצוּף אַהֲבָה מִבְּנוֹת יְרוּשָׁלָםִ׃ יא צְאֶינָה |
וּרְאֶינָה בְּנוֹת צִיּוֹן בַּמֶּלֶךְ שְׁלֹמֹה בָּעֲטָרָה שֶׁעִטְּרָה־לּוֹ אִמּוֹ בְּיוֹם
חֲתֻנָּתוֹ וּבְיוֹם שִׂמְחַת לִבּוֹ׃

פרק ד

א הִנָּךְ יָפָה רַעְיָתִי הִנָּךְ יָפָה עֵינַיִךְ יוֹנִים מִבַּעַד לְצַמָּתֵךְ שַׂעְרֵךְ
כְּעֵדֶר הָעִזִּים שֶׁגָּלְשׁוּ מֵהַר גִּלְעָד׃ ב שִׁנַּיִךְ כְּעֵדֶר הַקְּצוּבוֹת שֶׁעָלוּ
מִן־הָרַחְצָה שֶׁכֻּלָּם מַתְאִימוֹת וְשַׁכֻּלָה אֵין בָּהֶם׃ ג כְּחוּט הַשָּׁנִי
שִׂפְתֹתַיִךְ וּמִדְבָּרֵיךְ נָאוֶה כְּפֶלַח הָרִמּוֹן רַקָּתֵךְ מִבַּעַד לְצַמָּתֵךְ׃
ד כְּמִגְדַּל דָּוִיד צַוָּארֵךְ בָּנוּי לְתַלְפִּיּוֹת אֶלֶף הַמָּגֵן תָּלוּי עָלָיו כֹּל
שִׁלְטֵי הַגִּבּוֹרִים׃ ה שְׁנֵי שָׁדַיִךְ כִּשְׁנֵי עֳפָרִים תְּאוֹמֵי צְבִיָּה הָרוֹעִים
בַּשּׁוֹשַׁנִּים׃ ו עַד שֶׁיָּפוּחַ הַיּוֹם וְנָסוּ הַצְּלָלִים אֵלֶךְ לִי אֶל־הַר הַמּוֹר
וְאֶל־גִּבְעַת הַלְּבוֹנָה׃ ז כֻּלָּךְ יָפָה רַעְיָתִי וּמוּם אֵין בָּךְ׃ ח אִתִּי
מִלְּבָנוֹן כַּלָּה אִתִּי מִלְּבָנוֹן תָּבוֹאִי תָּשׁוּרִי | מֵרֹאשׁ אֲמָנָה מֵרֹאשׁ
שְׂנִיר וְחֶרְמוֹן מִמְּעֹנוֹת אֲרָיוֹת מֵהַרְרֵי נְמֵרִים׃ ט לִבַּבְתִּנִי אֲחֹתִי כַלָּה
לִבַּבְתִּינִי באחד [בְּאַחַת] מֵעֵינַיִךְ בְּאַחַד עֲנָק מִצַּוְּרֹנָיִךְ׃ י מַה־יָּפוּ
דֹדַיִךְ אֲחֹתִי כַלָּה מַה־טֹּבוּ דֹדַיִךְ מִיַּיִן וְרֵיחַ שְׁמָנַיִךְ מִכָּל־בְּשָׂמִים׃
יא נֹפֶת תִּטֹּפְנָה שִׂפְתוֹתַיִךְ כַּלָּה דְּבַשׁ וְחָלָב תַּחַת לְשׁוֹנֵךְ וְרֵיחַ

שַׂלְמֹתַ֖יִךְ כְּרֵ֥יחַ לְבָנֽוֹן׃ יב גַּ֥ן ׀ נָע֖וּל אֲחֹתִ֣י כַלָּ֑ה גַּ֥ל נָע֖וּל מַעְיָ֥ן
חָתֽוּם׃ יג שְׁלָחַ֙יִךְ֙ פַּרְדֵּ֣ס רִמּוֹנִ֔ים עִ֖ם פְּרִ֣י מְגָדִ֑ים כְּפָרִ֖ים עִם־נְרָדִֽים׃
יד נֵ֣רְדְּ ׀ וְכַרְכֹּ֗ם קָנֶה֙ וְקִנָּמ֔וֹן עִ֖ם כָּל־עֲצֵ֣י לְבוֹנָ֑ה מֹ֚ר וַאֲהָל֔וֹת עִ֖ם
כָּל־רָאשֵׁ֥י בְשָׂמִֽים׃ טו מַעְיַ֣ן גַּנִּ֔ים בְּאֵ֖ר מַ֣יִם חַיִּ֑ים וְנֹזְלִ֖ים מִן־לְבָנֽוֹן׃
טז ע֤וּרִי צָפוֹן֙ וּב֣וֹאִי תֵימָ֔ן הָפִ֥יחִי גַנִּ֖י יִזְּל֣וּ בְשָׂמָ֑יו יָבֹ֤א דוֹדִי֙ לְגַנּ֔וֹ
וְיֹאכַ֖ל פְּרִ֥י מְגָדָֽיו׃

פרק ה

א בָּ֣אתִי לְגַנִּי֮ אֲחֹתִ֣י כַלָּה֒ אָרִ֤יתִי מוֹרִי֙ עִם־בְּשָׂמִ֔י אָכַ֤לְתִּי יַעְרִי֙
עִם־דִּבְשִׁ֔י שָׁתִ֥יתִי יֵינִ֖י עִם־חֲלָבִ֑י אִכְל֣וּ רֵעִ֔ים שְׁת֥וּ וְשִׁכְר֖וּ
דּוֹדִֽים׃ ב אֲנִ֥י יְשֵׁנָ֖ה וְלִבִּ֣י עֵ֑ר ק֣וֹל ׀ דּוֹדִ֣י דוֹפֵ֗ק פִּתְחִי־לִ֞י
אֲחֹתִ֤י רַעְיָתִי֙ יוֹנָתִ֣י תַמָּתִ֔י שֶׁרֹּאשִׁי֙ נִמְלָא־טָ֔ל קְוֻּצּוֹתַ֖י רְסִ֥יסֵי לָֽיְלָה׃
ג פָּשַׁ֙טְתִּי֙ אֶת־כֻּתָּנְתִּ֔י אֵיכָ֖כָה אֶלְבָּשֶׁ֑נָּה רָחַ֥צְתִּי אֶת־רַגְלַ֖י אֵיכָ֥כָה
אֲטַנְּפֵֽם׃ ד דּוֹדִ֗י שָׁלַ֤ח יָדוֹ֙ מִן־הַחֹ֔ר וּמֵעַ֖י הָמ֥וּ עָלָֽיו׃ ה קַ֥מְתִּֽי אֲנִ֖י
לִפְתֹּ֣חַ לְדוֹדִ֑י וְיָדַ֣י נָֽטְפוּ־מ֗וֹר וְאֶצְבְּעֹתַי֙ מ֣וֹר עֹבֵ֔ר עַ֖ל כַּפּ֥וֹת הַמַּנְעֽוּל׃
ו פָּתַ֤חְתִּֽי אֲנִי֙ לְדוֹדִ֔י וְדוֹדִ֖י חָמַ֣ק עָבָ֑ר נַפְשִׁי֙ יָֽצְאָ֣ה בְדַבְּר֔וֹ בִּקַּשְׁתִּ֙יהוּ֙
וְלֹ֣א מְצָאתִ֔יהוּ קְרָאתִ֖יו וְלֹ֥א עָנָֽנִי׃ ז מְצָאֻ֧נִי הַשֹּׁמְרִ֛ים הַסֹּבְבִ֥ים בָּעִ֖יר
הִכּ֣וּנִי פְצָע֑וּנִי נָשְׂא֤וּ אֶת־רְדִידִי֙ מֵעָלַ֔י שֹׁמְרֵ֖י הַחֹמֽוֹת׃ ח הִשְׁבַּ֥עְתִּי
אֶתְכֶ֖ם בְּנ֣וֹת יְרוּשָׁלִָ֑ם אִֽם־תִּמְצְאוּ֙ אֶת־דּוֹדִ֔י מַה־תַּגִּ֣ידוּ ל֔וֹ שֶׁחוֹלַ֥ת
אַהֲבָ֖ה אָֽנִי׃ ט מַה־דּוֹדֵ֣ךְ מִדּ֔וֹד הַיָּפָ֖ה בַּנָּשִׁ֑ים מַה־דּוֹדֵ֣ךְ מִדּ֔וֹד שֶׁכָּ֖כָה
הִשְׁבַּעְתָּֽנוּ׃ י דּוֹדִ֥י צַח֙ וְאָד֔וֹם דָּג֖וּל מֵרְבָבָֽה׃ יא רֹאשׁ֖וֹ כֶּ֣תֶם פָּ֑ז
קְוּצּוֹתָיו֙ תַּלְתַּלִּ֔ים שְׁחֹר֖וֹת כָּעוֹרֵֽב׃ יב עֵינָ֕יו כְּיוֹנִ֖ים עַל־אֲפִ֣יקֵי מָ֑יִם
רֹֽחֲצוֹת֙ בֶּֽחָלָ֔ב יֹשְׁב֖וֹת עַל־מִלֵּֽאת׃ יג לְחָיָו֙ כַּעֲרוּגַ֣ת הַבֹּ֔שֶׂם מִגְדְּל֖וֹת
מֶרְקָחִ֑ים שִׂפְתוֹתָיו֙ שֽׁוֹשַׁנִּ֔ים נֹטְפ֖וֹת מ֥וֹר עֹבֵֽר׃ יד יָדָיו֙ גְּלִילֵ֣י זָהָ֔ב

מְמֻלָּאִים בַּתַּרְשִׁישׁ מֵעָיו עֶשֶׁת שֵׁן מְעֻלֶּפֶת סַפִּירִים׃ טו שׁוֹקָיו
עַמּוּדֵי שֵׁשׁ מְיֻסָּדִים עַל־אַדְנֵי־פָז מַרְאֵהוּ כַּלְּבָנוֹן בָּחוּר כָּאֲרָזִים׃
טז חִכּוֹ מַמְתַקִּים וְכֻלּוֹ מַחֲמַדִּים זֶה דוֹדִי וְזֶה רֵעִי בְּנוֹת יְרוּשָׁלִָם׃

פרק ו

א אָנָה הָלַךְ דּוֹדֵךְ הַיָּפָה בַּנָּשִׁים אָנָה פָּנָה דוֹדֵךְ וּנְבַקְשֶׁנּוּ עִמָּךְ׃
ב דּוֹדִי יָרַד לְגַנּוֹ לַעֲרוּגוֹת הַבֹּשֶׂם לִרְעוֹת בַּגַּנִּים וְלִלְקֹט שׁוֹשַׁנִּים׃
ג אֲנִי לְדוֹדִי וְדוֹדִי לִי הָרֹעֶה בַּשּׁוֹשַׁנִּים׃ ד יָפָה אַתְּ רַעְיָתִי
כְּתִרְצָה נָאוָה כִּירוּשָׁלִָם אֲיֻמָּה כַּנִּדְגָּלוֹת׃ ה הָסֵבִּי עֵינַיִךְ מִנֶּגְדִּי
שֶׁהֵם הִרְהִיבֻנִי שַׂעְרֵךְ כְּעֵדֶר הָעִזִּים שֶׁגָּלְשׁוּ מִן־הַגִּלְעָד׃ ו שִׁנַּיִךְ
כְּעֵדֶר הָרְחֵלִים שֶׁעָלוּ מִן־הָרַחְצָה שֶׁכֻּלָּם מַתְאִימוֹת וְשַׁכֻּלָה אֵין
בָּהֶם׃ ז כְּפֶלַח הָרִמּוֹן רַקָּתֵךְ מִבַּעַד לְצַמָּתֵךְ׃ ח שִׁשִּׁים הֵמָּה מְלָכוֹת
וּשְׁמֹנִים פִּילַגְשִׁים וַעֲלָמוֹת אֵין מִסְפָּר׃ ט אַחַת הִיא יוֹנָתִי תַמָּתִי
אַחַת הִיא לְאִמָּהּ בָּרָה הִיא לְיוֹלַדְתָּהּ רָאוּהָ בָנוֹת וַיְאַשְּׁרוּהָ מְלָכוֹת
וּפִילַגְשִׁים וַיְהַלְלוּהָ׃ י מִי־זֹאת הַנִּשְׁקָפָה כְּמוֹ־שָׁחַר יָפָה כַלְּבָנָה
בָּרָה כַּחַמָּה אֲיֻמָּה כַּנִּדְגָּלוֹת׃ יא אֶל־גִּנַּת אֱגוֹז יָרַדְתִּי לִרְאוֹת
בְּאִבֵּי הַנָּחַל לִרְאוֹת הֲפָרְחָה הַגֶּפֶן הֵנֵצוּ הָרִמֹּנִים׃ יב לֹא יָדַעְתִּי נַפְשִׁי
שָׂמַתְנִי מַרְכְּבוֹת עַמִּי־נָדִיב׃

פרק ז

א שׁוּבִי שׁוּבִי הַשּׁוּלַמִּית שׁוּבִי שׁוּבִי וְנֶחֱזֶה־בָּךְ מַה־תֶּחֱזוּ בַּשּׁוּלַמִּית
כִּמְחֹלַת הַמַּחֲנָיִם׃ ב מַה־יָּפוּ פְעָמַיִךְ בַּנְּעָלִים בַּת־נָדִיב חַמּוּקֵי יְרֵכַיִךְ
כְּמוֹ חֲלָאִים מַעֲשֵׂה יְדֵי אָמָּן׃ ג שָׁרְרֵךְ אַגַּן הַסַּהַר אַל־יֶחְסַר הַמָּזֶג
בִּטְנֵךְ עֲרֵמַת חִטִּים סוּגָה בַּשּׁוֹשַׁנִּים׃ ד שְׁנֵי שָׁדַיִךְ כִּשְׁנֵי עֳפָרִים

191 שיר השירים

תָּאֳמֵי צְבִיָּה׃ ה צַוָּארֵךְ כְּמִגְדַּל הַשֵּׁן עֵינַיִךְ בְּרֵכוֹת בְּחֶשְׁבּוֹן עַל־
שַׁעַר בַּת־רַבִּים אַפֵּךְ כְּמִגְדַּל הַלְּבָנוֹן צוֹפֶה פְּנֵי דַמָּשֶׂק׃ ו רֹאשֵׁךְ
עָלַיִךְ כַּכַּרְמֶל וְדַלַּת רֹאשֵׁךְ כָּאַרְגָּמָן מֶלֶךְ אָסוּר בָּרְהָטִים׃ ז מַה־
יָּפִית וּמַה־נָּעַמְתְּ אַהֲבָה בַּתַּעֲנוּגִים׃ ח זֹאת קוֹמָתֵךְ דָּמְתָה לְתָמָר
וְשָׁדַיִךְ לְאַשְׁכֹּלוֹת׃ ט אָמַרְתִּי אֶעֱלֶה בְתָמָר אֹחֲזָה בְּסַנְסִנָּיו וְיִהְיוּ־נָא
שָׁדַיִךְ כְּאֶשְׁכְּלוֹת הַגֶּפֶן וְרֵיחַ אַפֵּךְ כַּתַּפּוּחִים׃ י וְחִכֵּךְ כְּיֵין הַטּוֹב
הוֹלֵךְ לְדוֹדִי לְמֵישָׁרִים דּוֹבֵב שִׂפְתֵי יְשֵׁנִים׃ יא אֲנִי לְדוֹדִי וְעָלַי
תְּשׁוּקָתוֹ׃ יב לְכָה דוֹדִי נֵצֵא הַשָּׂדֶה נָלִינָה בַּכְּפָרִים׃ יג נַשְׁכִּימָה
לַכְּרָמִים נִרְאֶה אִם פָּרְחָה הַגֶּפֶן פִּתַּח הַסְּמָדַר הֵנֵצוּ הָרִמּוֹנִים שָׁם
אֶתֵּן אֶת־דֹּדַי לָךְ׃ יד הַדּוּדָאִים נָתְנוּ־רֵיחַ וְעַל־פְּתָחֵינוּ כָּל־מְגָדִים
חֲדָשִׁים גַּם־יְשָׁנִים דּוֹדִי צָפַנְתִּי לָךְ׃

פרק ח

א מִי יִתֶּנְךָ כְּאָח לִי יוֹנֵק שְׁדֵי אִמִּי אֶמְצָאֲךָ בַחוּץ אֶשָּׁקְךָ גַּם לֹא־
יָבוּזוּ לִי׃ ב אֶנְהָגְךָ אֲבִיאֲךָ אֶל־בֵּית אִמִּי תְּלַמְּדֵנִי אַשְׁקְךָ מִיַּיִן הָרֶקַח
מֵעֲסִיס רִמֹּנִי׃ ג שְׂמֹאלוֹ תַּחַת רֹאשִׁי וִימִינוֹ תְּחַבְּקֵנִי׃ ד הִשְׁבַּעְתִּי
אֶתְכֶם בְּנוֹת יְרוּשָׁלָםִ מַה־תָּעִירוּ | וּמַה־תְּעֹרְרוּ אֶת־הָאַהֲבָה עַד
שֶׁתֶּחְפָּץ׃ ה מִי זֹאת עֹלָה מִן־הַמִּדְבָּר מִתְרַפֶּקֶת עַל־דּוֹדָהּ
תַּחַת הַתַּפּוּחַ עוֹרַרְתִּיךָ שָׁמָּה חִבְּלַתְךָ אִמֶּךָ שָׁמָּה חִבְּלָה יְלָדַתְךָ׃
ו שִׂימֵנִי כַחוֹתָם עַל־לִבֶּךָ כַּחוֹתָם עַל־זְרוֹעֶךָ כִּי־עַזָּה כַמָּוֶת אַהֲבָה
קָשָׁה כִשְׁאוֹל קִנְאָה רְשָׁפֶיהָ רִשְׁפֵּי אֵשׁ שַׁלְהֶבֶתְיָה׃ ז מַיִם רַבִּים לֹא
יוּכְלוּ לְכַבּוֹת אֶת־הָאַהֲבָה וּנְהָרוֹת לֹא יִשְׁטְפוּהָ אִם־יִתֵּן אִישׁ אֶת־
כָּל־הוֹן בֵּיתוֹ בָּאַהֲבָה בּוֹז יָבוּזוּ לוֹ׃ ח אָחוֹת לָנוּ קְטַנָּה וְשָׁדַיִם
אֵין לָהּ מַה־נַּעֲשֶׂה לַאֲחֹתֵנוּ בַּיּוֹם שֶׁיְּדֻבַּר־בָּהּ׃ ט אִם־חוֹמָה הִיא נִבְנֶה

עָלֶיהָ טִירַת כָּסֶף וְאִם־דֶּלֶת הִיא נָצוּר עָלֶיהָ לוּחַ אָרֶז׃ י אֲנִי חוֹמָה
וְשָׁדַי כַּמִּגְדָּלוֹת אָז הָיִיתִי בְעֵינָיו כְּמוֹצְאֵת שָׁלוֹם׃ יא כֶּרֶם הָיָה
לִשְׁלֹמֹה בְּבַעַל הָמוֹן נָתַן אֶת־הַכֶּרֶם לַנֹּטְרִים אִישׁ יָבִא בְּפִרְיוֹ אֶלֶף
כָּסֶף׃ יב כַּרְמִי שֶׁלִּי לְפָנָי הָאֶלֶף לְךָ שְׁלֹמֹה וּמָאתַיִם לְנֹטְרִים אֶת־פִּרְיוֹ׃
יג הַיּוֹשֶׁבֶת בַּגַּנִּים חֲבֵרִים מַקְשִׁיבִים לְקוֹלֵךְ הַשְׁמִיעִנִי׃ יד בְּרַח ׀
דּוֹדִי וּדְמֵה־לְךָ לִצְבִי אוֹ לְעֹפֶר הָאַיָּלִים עַל הָרֵי בְשָׂמִים׃

In Memoriam

Six Generations
From the Family Tree of the Maggid of Dubno

Rabbi Zeev (Wolf) Kranz of Zetil
m Rebbetzin Hinda bas HaRav HaGaon R' Nochum of Kobryn

Maggid Mesharim Rabbi Yaakov Ben Zeev (Wolf) Kranz 1741–1804 b Zetil
m Rebbetzin Adel Kranz of Miedzyrzec Podlaski 1755–1811

Maggid Mesharim Rabbi Yitzchak Kranz 1779–1831
m Rebbetzin Chana Berenstayn-Berkovic
b Miedzyrzec Podlaski

R' Nochum ben M"M Rabbi Yitzchak Kranz; b 1803 in Zamosc;
m Gitla Szlam b 1805 in Zamosc

R' Avraham Pinchas ben R' Nochum Kranz b 1823 in Zamosc
m (in Lublin) Sheindle Leah Schwalbe b 1820

R' Berko ben
R' Avraham
Pinchas Kranz z"l
b 1849 in Zamosc
m Sophie
Perlis z"l

Chana bas
R' Avraham
Pinchas Kranz z"l
b in Zamosc
m R' Yaakov
Frankel z"l

R' Yankel ben
R' Avraham
Pinchas Kranz z"l Hy"d
b 1846 in Zamosc
m Ruchel bas
R' Simcha Rafalovski
of Bialystok z"l Hy"d

© S. Grossnass, The Yaacov Maggid of Dubno Fund, UK

Original inscription on the gravestone (which is missing today)
of the Maggid of Dubno in Zamosc

שנת יבא יעקב שלם לפ'ק
הרב הדרשן הגדול המפורסם
אשר שמעו הלך בכל המדינות
לפניו לא היה ואחריו
לא יקום כמוהו איש
אשר רוח א-לקים דובר בו
מ'ו ר' יעקב מגיד מ'
דפה בן מ'ו ר'זאב ז'ל

And Yaakov will come in peace…
The great and famous Rabbi and Preacher,
whose teachings spread to all nations
He had no peer before him, and after him
there will not arise another like him
One through whom spoke
the Spirit of Elokim,
Our teacher and Rabbi, Rabbi Yaakov
Maggid Mesharim, here,
son of our teacher and Rabbi,
Rabbi Zeev, of blessed memory

YAAKOV THE MAGGID

YIZKOR

5532–5591   1771–1831

לעלוי נשמת

MAGGID MESHARIM RABBI AND TEACHER,
Rabbi Yitzchak ben Rabbi Yaakov Kranz זצ״ל

*In whose great merit the works of
Torah and mitzvos of his father,
the Holy Maggid of Dubno,
live on throughout the generations.*

Departed his earthly home in Miedzyrzec Podlaski,
Poland, on 17 Nisan 5591, 30 March 1831, aged 60

and

his devoted wife, the righteous
Rebbetzin Chana née Berenstayn זצ״ל

ת.נ.צ.ב.ה.

YIZKOR
לעלוי נשמתם

IN EVERLASTING MEMORY OF OUR SAINTLY,
BELOVED GREAT-GRANDPARENTS

R' Yankel ben R' Avraham Pinchas Kranz
(*b. 1846 in Zamosc*)

and

Mrs. Ruchel bas R' Simcha (Rafalovski) Kranz
(*b. in Bialystok*)

who were ruthlessly and brutally murdered in their home
in Reivitz (Rejowiec) in sanctification of His Holy Name,
circa 1917.

*Their home and orchard is still remembered to this day
as the "Kranzecha" where the community would
purchase fresh produce.*

There is no trace of their matzeivos.

ת.נ.צ.ב.ה.

YIZKOR
THE HOLY JEWISH COMMUNITY OF ZAMOSC

1588–1942

First populated by Spanish Jews, descendants of those who fled the Inquisition, they purchased the land for burial, then outside of the town. They were followed by an influx of Ashkenazi Jews. Despite many hardships and restrictions, the population grew physically and spiritually and Zamosc became a center of Torah and mitzvos, inviting the Maggid of Dubno to be its official Preacher and Rosh Yeshiva for fifteen years. By 1939 the Jewish population numbered around 12,500 souls. Alas, within a few short years, 1940–1942, the unspeakable monsters of Nazi Germany wrought their horrific destruction on this over-350-year-old righteous community, most of whose citizens were never seen again. The final liquidation of the Zamosc ghetto took place on October 16th 1942.

May the pure souls of the former holy Jewish congregation of Zamosc forever inspire us and may their merit protect and guard us!

REIVITZ (REJOWIEC)

Lublin District

Righteous Jews populated this tiny township since the 17th century, and by 1939 numbered about 3000. In addition to the main synagogue, many different *shtieblach* (small congregations) served their religious needs. Its 70 brokenhearted Holocaust survivors bear witness to the unspeakable horror, murders, and suffering under the Nazis, *yemach shemam ve'zichram*. The first deportation took place on 20 Nisan 5702, the fourth day of Chol HaMoed Pesach, 7 April 1942

May their sacred memories be forever blessed, Hy"d

ת.נ.צ.ב.ה.

Ancient map of Zamosc, 1651 *(Courtesy of the British Library, London)*

Post-war photograph of the grounds of Zamosc's ancient cemetery, obliterated and disguised as a park.
(*Courtesy of the National Center for the Study of Historical Monuments and Their Documentation, Warsaw*)

לע"נ ר' **דוד** ב"ר **נתן משה קלמנוביץ'** ע"ה
נלב"ע כ' מרחשון תש"י

ולע"נ מרת **הענא לינה** בת ר' **יעקב קרנץ** ע"ה
נלב"ע כ"ד שבט תשכ"א

מאת נכדתם מרת שרה שיינגל (פינצ'בסקי) גרוסנס תחי'

In loving memory of
R' Dovid ben R' Nosan Moshe Kalmanowicz *z"l*
who passed away on 20 Cheshvan 5710 – 12 November 1949

and in loving memory of
Mrs. Henya Lena Kalmanowicz bas R' Yaacov Kranz *z"l*
who passed away on 24 Shevat 5721 – 7 February 1961

ת.נ.צ.ב.ה

Submitted by their granddaughter, Mrs. S. Grossnass 'תחי

לע"נ א"א ר' **מרדכי** ב"ר **אליעזר הלוי גרוסנס** הי"ד
נלב"ע כ"ז אלול תש"ב
אשר מסר את נפשו הטהורה על קידוש השם

ולע"נ הא"צ מרת **שאשא** בת ר' **יהודה ליב שומר** הי"ד
נלב"ע כ"ז אלול תש"ב
אשר מסרה את נפשה הטהורה על קידוש השם (אושוויץ)

מאת בנם וכלתם ר' שמעון גרוסנס ורעיתו לאי"ט

In loving memory of
R' Mordechai (Marcus) ben R' Eliezer HaLevi Grossnass *z"l Hy"d*

and in loving memory of
Mrs. Sosha (Sophie) Grossnass bas R' Yehuda Leib Schumer *z"l Hy"d*
who gave their pure souls in sanctification of Hashem
on 27 Elul 5702 – 9 September 1942 (Auschwitz)

ת.נ.צ.ב.ה.

Submitted by their son and daughter-in-law, Mr. and Mrs. S. Grossnass לאי"ט

לע"נ הת"ח ר' **אלכסנדר** ב"ר **יעקב ברנשטין** הי"ד
נלב"ע כ"ח תמוז תש"ג
אשר מסר את נפשו הטהורה על קידוש השם (אושוויץ).

ולע"נ הא"צ מרת **רבקה מינדל** בת ר' **מרדכי הלוי גרוסנס** הי"ד
וילדיהם הנעימים הי"ד
נלב"ע י"ח כסלו תש"ג
אשר מסרו את נפשותיהם הטהורים על קידוש השם – נלב"ע תש"ג (אושוויץ)

מעת אחיה, גיסו ודודם ר' שמעון גרוסנס נ"י

In loving memory of
R' Alexander ben R' Yaacov Bernstein *z"l Hy"d*
who gave his pure life in sanctification of Hashem
on 28 Tammuz 5703 – 31 July 1943 (Auschwitz)

and in loving memory of
**Mrs. Rivka Mindel (Regina) Bernstein bas
R' Mordechai HaLevi Grossnass** *z"l Hy"d* **and their children** *z"l Hy"d*
who gave their pure lives in sanctification of Hashem
on 18 Kislev 5703 – 27 November 1942

ת.נ.צ.ב.ה.

Submitted by their brother, brother-in-law, and uncle, Mr. S. Grossnass נ"י

לע"נ ר' **חיים שמשון אליעזר** ב"ר **פנחס פאגעל** ע"ה
נלב"ע ט' שבט תשמ"ז

מאת בני דודים משפחת ר' שמעון גרוסנס לאי"ט

In loving memory of
R' Chaim Shimshon Eliezer ben R' Pinchas Vogel *z"l*
who passed away on 9 Shevat 5747 – 8 February 1987

ת.נ.צ.ב.ה.

Submitted by Mr. and Mrs. S. Grossnass לאי"ט

לע"נ ר' **יעקב צבי יוסף אשר** ב"ר הת"ח ר' **בנימין שרגא פינצבסקי** ע"ה
נלב"ע ב' אייר י"ז לעומר תשמ"ו

ולע"נ מרת **גיטלה** בת ר' **דוד קלמנוביץ'** ע"ה
נלב"ע י"א תשרי תשמ"ה

מאת בתם וחתנם ר' שמעון ושרה-ש' גרוסנס לאי"ט

In loving memory of
R' Yaacov Zvi Yosef Asher Pinczewski (Pinches) ben R' Benyomin Shraga *z"l*
who passed away on 2 Iyar 5746 – 11 May 1986

and in loving memory of
Mrs. Gitla (Kitty) Pinczewski (Pinches) bas R' Dovid Kalmanowicz *z"l*
who passed away on 11 Tishrei 5746 – 26 September 1985

ת.נ.צ.ב.ה.

Submitted by their daughter and son-in-law, Mr. and Mrs. S. Grossnass לאי"ט

לע"נ ר' **שמואל** בן ר' **שלמה יעקבזון** ע"ה
נלב"ע י' אדר ב' תשכ"ז

לע"נ מרת **אסתר** בת ר' **דוד קלמנוביץ'** ע"ה
נלב"ע י"ז ניסן (ב' לעומר) תשמ"ד

מאת בנם מר משה דזאי (יעקבזון) נ"י

In loving memory of
R' Shmuel (Samuel) ben R' Shlomo Jay (Jacobson) *z"l*
who passed away on 10 Adar II 5727 – 22 March 1967

and in loving memory of
Mrs. Esther Jay (Jacobson) bas R' Dovid Kalmanowicz *z"l*
who passed away on 17 Nisan 5744 – 2nd day of Omer, 19 April 1984

ת.נ.צ.ב.ה.

Submitted by their son, Mr. Moshe Jay נ"י

לע"נ ר' **משה אברהם** בן ר' **דב קרדש** ע"ה
נלב"ע י"ז חשון תשל"ט

לע"נ מרת **חוה ברכה** בת ר' **דוד קלמנוביץ'** ע"ה
נלב"ע א' טבת תשי"ט

מאת בנם מר חיים לייב קרדש וב"ב לאי"ט, ונכדם מר ירמיהו דוד קרדש וב"ב לאי"ט

In loving memory of
R' Moshe (Moss) ben R' Dov Cardash *z"l*
who passed away on 17 Cheshvan 5739 – 17 November 1978

and in loving memory of
Mrs. Chava Brucha (Betty) Cardash bas R' Dovid Kalmanowicz *z"l*
who passed away on 1 Teves 5719 – 12 December 1958

ת.נ.צ.ב.ה.

Submitted by their son, Mr. Henry Cardash נ"י, *grandson Mr. Jeremy Cardash* נ"י,
and their families לאי"ט

לע"נ ר' **שלמה** בן ר' **אהרן ריס** ע"ה
נלב"ע ביום שבת קודש כ"א אלול תשנ"ב

לע"נ מרת **מניה** בת ר' **דוד קלמנוביץ'** ע"ה
נלב"ע ט' שבט תשכ"ח

מאת בנותיהם מרת שיינה לאה סטוארט, מרת דינה ריס ומרת שרה גרוס לאי"ט

In loving memory of
R' Shlomo (Solomon) ben R' Aharon Rees *z"l*
who passed away on 21 Elul 5752 – 19 September 1992

and in loving memory of
Mrs. Manya Rees bas R' Dovid Kalmanowicz *z"l*
who passed away on 9 Shevat 5728 – 8 February 1968

ת.נ.צ.ב.ה.

Submitted by their daughters Mrs. June (née Rees) Stuart תחי',
Ms. Diane Rees תחי', *and Mrs. Sandra (née Rees) Gross* תחי'

לע"נ מרת רייזל בת ר' שלמה ריס ע"ה
נלב"ע כ"ד אב תשמ"ז

מאת אחיותיה מרת שיינה לאה סטוארט, מרת דינה ריס ומרת שרה גרוס לאי"ט

In loving memory of
Mrs. Reizel (Regina) Fenton bas R' Shlomo (Solomon) Rees *z"l*
who passed away on 24 Av 5747 – 19 August 1987

ת.נ.צ.ב.ה.

Submitted by her sisters, Mrs. June (née Rees) Stuart תחי',
Ms Diane Rees תחי', *and Mrs Sandra (née Rees) Gross* תחי'

לע"נ הסבא ר' ברוך (ארי') לייב לווי קרנץ ע"ה
נולד בסטאניסלאו ג' אלול תרמ"ב נלב"ע י"ט טבת תש"ג

לע"נ של הסבתא מרת חנה צירל רייס קרנץ ע"ה
נולדה בניסקו ט"ז חשון תר"ס נלב"ע כ"ד טבת תשמ"ב

מאת נכדיהם הרב ארי ומרת שרה קרנץ לאי"ט
ומר אהרן ומרת בת-שבע קרייסווירט לאי"ט – לייקווד, ניו ז'רזי

In loving memory of our grandparents
R' Baruch (Arye) Leib Louis Kranz *z"l*
born in Stanislaw, 18 August 1882
who passed away on 19 Teves 5703 – 27 December 1942

and Mrs. Hanna Tzirel Reiss Kranz *z"l*
born in Nisko, 20 October 1899
who passed away on 24 Teves 5742 – 19 January 1982

ת.נ.צ.ב.ה.

Submitted by their grandchildren, Arye and Sara Kranz לאי"ט
and Aron and Bathsheva Kreiswirth לאי"ט, *Lakewood, NJ*

לע"נ הסבא רבה ר' **אברהם הורנהולץ** ע"ה
נולד בסטניסלאו תרט"ו, נלב"ע תרנ"ו

לע"נ של הסבתא רבה מרת **גיטל קרנץ** ע"ה
נולדה בבהורודצ'אני תרי"ג, נלב"ע אייר תרצ"ה

מאת נכדיהם הרב ארי ומרת שרה קרנץ לאי"ט
ומר אהרן ומרת בת-שבע קרייסווירט לאי"ט – לייקווד, ניו ז'רזי

In loving memory of our great-grandfather
R' Avraham Hornholz *z"l*
born 5615 – 1854 in Stanislaw
who passed away in 5656 – 1895

and in loving memory of our great-grandmother
Mrs. Gitel Kranz *z"l*
born in Bohorodczany in 5614 – 1853
and who passed away in Iyar 5695 – May 1935

ת.נ.צ.ב.ה.

Submitted by their great-grandchildren, Arye and Sara Kranz לאי"ט
and Aron and Bathsheva Kreiswirth לאי"ט*, Lakewood, NJ*

לע"נ הסבא והסבתא רבה-רבה
ר' **שמואל** ומרת **מרים קרנץ** ע"ה מבהורודצ'אני

מאת בני נכדיהם הרב ארי ומרת שרה קרנץ לאי"ט
ומר אהרן ומרת בת-שבע קרייסווירט לאי"ט – לייקווד, ניו ז'רזי

In loving memory of our great-great grandparents
R' Shmuel *z"l* **and Mrs. Miriam Kranz** *z"l* **of Borodczany (Galicia)**

ת.נ.צ.ב.ה.

Submitted by their great-great grandchildren, Arye and Sara Kranz לאי"ט
and Aron and Bathsheva Kreiswirth לאי"ט*, Lakewood, NJ*

לע"נ מו"ר **אלכסנדר זושא** בן **מרדכי מנחם נייווירטה** ע"ה

נלב"ע ב' אדר ראשון תש"ס

לע"נ מרת **מלכה** בת **משה נייווירטה** ע"ה

נלב"ע כ"ט שבט תנש"א

מאת בנם מר אברהם י. נייווירטה נ"י

In loving memory of

R' Alexander Zushe Neuwirth *z"l*

who passed away on 2 Adar I 5760 – 8 February 2000

and in loving memory of

Mrs. Malka Neuwirth *z"l*

who passed away on 29 Shevat 5751 – 13 February 1991

ת.נ.צ.ב.ה.

Submitted by their son, Mr. Avrohom Y. Neuwirth נ"י

לע"נ דודתינו הגדולה מרת **מלה** בת ר' **מכאל קרנץ** ע"ה

בעלה ע"ה (שוחט) **וילדיהם** ע"ה מהעיר לודז' – פולין

אשר מסרו את חייהם על קידוש ה'

בשנת תש"ב – הי"ד

מאת האחיין דור שני מרטין קרנץ ובו"ב לאי"ט

והאחיינית דור שני ז'ולי גורדון וב"ב לאי"ט

In loving memory of our great-aunt

Mala *z"l* **daughter of Michoel Kranz** *z"l*

her husband (a shochet) and their family *z"l*

of Lodz, Poland who gave their lives in sanctification of Hashem, 1942 – 5702 *Hy"d*

ת.נ.צ.ב.ה.

Submitted by their great niece, Julie Gordon and Family לאי"ט

and great nephew, Martin Krantz and family לאי"ט

לע"נ ר' **מיכאל** ומרת **בתי-ה וינר** ע"ה מרמת גן
לע"נ עו"ד **קורט נתן** ומרת **טובה גולדשמיט** ע"ה מרמת חן
לע"נ ר' **גרשון שוורץ ורעיתו** ע"ה מרמת גן

מאת ר' שמעון גרוסנס ורעיתו לאי"ט

In loving memory of
Mr. Michoel and Mrs. Betty Weiner *z"l* of Ramat Gan, Israel
Adv. Kurt Nathan and Mrs. Tova Goldschmidt *z"l* of Ramat Chen
and Mr. and Mrs. Gershon Schwartz *z"l* of Ramat Gan

ת.נ.צ.ב.ה.
Submitted by Mr. and Mrs. S. Grossnass לאי"ט